(탈)냉전과 한국의 민주주의

(탈)냉전과 한국의 민주주의

초판 1쇄 발행 2011년 12월 30일

기 획 | 민주화운동기념사업회 한국민주주의연구소
편 자 | 정근식
발행인 | 윤관백
발행처 | 선인

편 집 | 이경남 · 김민희 · 하초롱 · 소성순 · 안수진
표 지 | 김현진
제 작 | 김지학
영 업 | 이주하

인 쇄 | 대덕인쇄
제 본 | 광신제책

등록 | 제5-77호(1998.11.4)
주소 | 서울시 마포구 마포동 324-1 곶마루 B/D 1층
전화 | 02)718-6252 / 6257 팩스 | 02)718-6253
E-mail | sunin72@chol.com
Homepage | www.suninbook.com

정가 20,000원
ISBN 978-89-5933-499-5 93300

(탈)냉전과 한국의 민주주의

민주화운동기념사업회 한국민주주의연구소 기획

정근식 편

선인
도서출판

책머리에

한국의 민주주의는 약 한 세대 전에 독재 또는 권위주의로부터 벗어나 비약적인 발전을 이루었지만, 그것의 역사적 원천이나 사회적 기반을 둘러싸고 다양한 입장들이 존재해왔다. 한국이 민주공화국임을 규정한 제헌헌법이 3 · 1운동과 임시정부에서 법통을 찾고 있다는 점을 강조하는 입장이 있는 반면, 미군정하에서 보통선거나 의회민주주의의 원리가 제도화되었다는 점에 주목하여 민주주의의 이식론을 인정하는 입장도 있다. 또한 한국 민주주의의 사회적 기반이나 민주화의 원동력을 둘러싸고 경제성장과 이의 주요 수혜층인 중간층의 확대에 따른 효과를 중시하는 입장과 기층민중이나 학생들의 아래로부터의 요구와 주체적 실천에 의해 민주화가 가능했다는 입장이 맞서 있다.

그러나 한국 민주주의의 발전은 제도화의 역사나 민주화운동사 어느 하나만으로는 설명될 수 없다. 한편으로는 한국사회의 제도와 주체적 역량의 결합이나 조응양상을 파악해야 하고, 다른 한편으로는 일국적 범위를 넘어서는 거시적 맥락, 즉 시간적으로 보면, 식민주의와 이에 대항했던 경험이 남긴 역사적 유산들, 공간적으로 보면, 한국을 둘러싸고 있는 동아시아의 국제정치적, 지정학적 조건들을 고려해야만 보다 균형 잡힌 설명이 가능해진다. 이런 점에서 한국 민주주의에 관한 보다 폭넓은 이해를 위해서는 탈식민 프로젝트와 민주주의의 관계, 그리고 동아시아의 냉전 또는 탈냉전과 민주주의의 관계를 분석해야 한다.

장기적으로 보면, 동아시아에서의 냉전체제는 근대 이래 일본 주도의 제국체제에서 벗어나 평화체제로 가는 과도기적 단계에서 성립한 역사적 지배체제이다. 제국주의적 질서는 전쟁을 통해 재편성되거나 약화되었으며, 전후 냉전질서로의 이행은 여러 지역에서 국가폭력 또는 체제형성 폭력을 수반했다. 이것은 민주주의의 원리를 침해했고, 식민 유산의 해체를 지연시켰다. 냉전과 탈냉전은 한국 민주주의를 제약하거나 발전시킨 중요한 외부적 조건이었을 뿐 아니라 민주화는 냉전 분단체제의 해체를 촉진하거나 영향을 미치는 독립변수이기도 하였다. 탈냉전은 유럽에서는 이미 지나간 과거이지만, 동아시아에서는 아직도 진행 중이거나 성취되어야 할 미래이다. 이런 점에서 민주화는 보통선거를 통한 다수의 지배를 실현하는 것이지만, 보다 진전된 민주주의는 필연적으로 식민지유산의 극복, 그리고 냉전하에서 자행된 국가폭력의 유산들을 치유하는 것까지를 포함한다.

주지하다시피 오랫동안 식민지배에 시달린 지역의 주민들에게 탈식민의 과제란 식민주의가 남긴 부정적 유산을 걷어내고, 민주적이고 자주적인 주권국가를 수립하는 것이었다. 그러나 그것을 실현하는 과정에는 내전과 빈곤 그리고 군부독재라는 장애물이 가로놓여 있었다. 한국은 식민지를 경험한 지역이 일반적으로 걸었던 경로를 넘어서서 민족 및 영토 분단을 경험했고, 내전이면서 동시에 국제적인 한국전쟁을 경험했다. 전쟁은 안전보장과 평화의 중요성을 동시에 깨우쳐 주었지만, 현실적으로는 체제경쟁과 대결, 사회적 동원을 낳았다. 안전보장과 민주주의의 확보는 새로운 국가를 형성하는 정치공동체의 가장 중요한 두

가지 가치라고 할 수 있는데, 한국의 국가형성은 이 두 축의 조화보다는 긴장과 대립의 과정을 걸었다.

유럽에서의 냉전하 평화와는 달리 한반도와 동아시아에서는 국가 폭력과 독재 또는 권위주의가 오랫동안 유지되었다. 민주주의 실현의 기반으로서의 법률을 본다면, 한국사회에는 헌법과 함께 이와 모순되는 법률로서의 국가보안법이 공존해왔다. 헌법은 민주주의를 보장하고 있는 반면 국가보안법은 종종 안전보장을 내세워 이를 훼손할 수 있는 가능성을 열어놓았다. 그러나 매우 역설적이게도 한국은 냉전분단체제하에서 산업화와 민주화를 동시에 달성하였다. 냉전하의 한국경제의 성장이 발전국가의 몫인가, 경제를 담당했던 자본이나 노동의 몫인가, 아니면 자본주의적 발전의 모범사례를 창출하기 위한 미국의 정책의 효과인가는 논란거리로 남았다.

한국의 민주화와 세계적 탈냉전은 동시적으로 진행되었다고 볼 수 있다. 민주화의 이행기라고 불리는 1980년대 후반과 세계적 탈냉전기인 1990년을 전후한 시기에 한국은 '87년체제'로 불리는 민주주의 헌정질서를 회복하였고, 이어서 적대국이었던 러시아와 중국과 수교했으며, 남북한이 유엔에 동시에 가입하였다. 시기적으로 보면 민주주의로의 이행이 탈냉전보다 약간 일찍 시작되었으나 탈냉전이 민주화를 촉진시키는 강력한 요인이자 조건이었던 것은 분명하다.

이처럼 냉전, 분단과 민주주의는 복잡한 관계를 맺고 있다. 분단체제는 경제성장이나 민주주의를 억압하기도 하고 촉진하기도 한다. 한국의 민주주의는 분단체제 때문에 많은 제약을 받기도 했지만, 동시에 분단체제에도 '불구하고' 성취된 것이라고도 할 수 있다. 경제력의 우위와 함께 높은 수준의 민주주의는 체제경쟁의 중요한 수단으로 기능한 측면이 있다.

그렇다면 한국 민주주의의 발전과 성숙이 아직까지도 완전하지 않은 동아시아의 탈냉전이나 한반도의 탈분단을 촉진시킬 가능성은 없는가. 우리는 1972년의 남북회담과 2000년에 이루어진 남북정상회담의 비교를 통하여 냉전과 탈냉전, 그리고 권위주의와 민주주의간의 복합적 관계를 다시 생각해볼 수 있다. 또한 동일하게 민주적 선거에 의해 집권했다고 하더라도 보수주의 정부와 진보주의 정부 사이에는 탈냉전, 탈분단 정책에서 상당한 차이가 있다는 것을 근래에 확인할 수 있었다.

흔히 미국과 소련을 축으로 하는 세계적 냉전, 한국전쟁을 계기로 현재화된 미국과 중국을 축으로 한 '자유진영'과 '사회주의 진영'간의 동아시아 냉전은 한국의 민주주의의 수준과 양상을 규정하는 외부의 구조적 조건이었다. 이런 조건하에서 이승만의 권위주의, 4월혁명, 그리고 박정희 군사쿠데타와 18년간의 지배가 이루어졌다. 이 기간에 발생한 베트남전쟁은 동아시아 냉전체제를 해체시킨 최초의 계기였다. 이것은 미국과 중국의 관계개선, 오키나와의 일본 반환이라는 방향과는 달리 한국에서는 오히려 남북간 안보경쟁과 정권의 권위주의화를 촉진시킨 요인이었다. 한국의 민주주의의 후퇴와 이에 저항하는 민주화운동은 동아시아의 냉전과 불가분의 관계를 가진 것이다.

1990년을 전후로 한 세계적 냉전의 해체는 독일의 통일, 소련의 해체 등으로 나타났는데, 동아시아에서는 1990년 한국과 러시아의 수교, 1991년 남북한의 유엔 동기가입, 1992년 한국과 중국의 수교로 나타났다. 이런 점에서 1990년부터 1992년까지의 3년간은 매우 중요한 변동의 시기였다. 이 3년간은 한국의 민주주의로의 이행의 측면에서도 중요한 시기이다.

이 책은 2010년 6월에 이루어진 민주화운동기념사업회 주최의 6월항쟁 제23주년 기념 학술토론회에서 발표된 논문들을 수정하고, 두 편의 논문을 추가하여 한데 묶은 것이다. 민주화운동기념사업회는 2001년 설립 이래 한국의 민주화운동사를 정리하고 민주주의에 관한 사상이나 제도, 현재적 쟁점들을 연구해왔는데, 이런 연구에서 다루는 범위는 내용적으로는 민주화운동이나 민주주의 담론의 틀 내에서 국가-사회관계의 변화에 초점을 맞추어 왔고, 시기적으로는 4월혁명부터 1990년대 초반까지의 한정된 기간을 연구대상으로 삼아왔다. 그러나 한국의 민주화운동이나 민주주의의 실현이라는 과제는 이를 둘러싼 보다 거시적인 구조나 외부적 조건들에 관한 충분한 논의 없이는 충분하게 설명할 수 없다. 따라서 민주화운동기념사업회의 한국민주주의연구소는 2010년의 주요 연구과제로 50주년을 맞는 4월혁명을 집중적으로 논의하는 한편, 탈식민이나 탈냉전이라는 역사적 과제들이 민주화운동이나 보다 진전된 민주주의의 확장과 심화에 어떤 영향을 미치고 있는가를 질문하기로 하였다. 이 책은 이런 2010년의 질문들에 대한 답변의 일부인 셈이다.

이 책은 한국 민주주의의 역사적 배경에 해당하는 3편의 글, 즉 한국현대사에서 안보와 자유의 문제, 반공주의가 한국민주주의에 끼친 영향, 박정희체제하 사회통제와 민주주의를 전반부에 배치하고, 동아시아 냉전해체와 한국민주주의, 민주화와 국가보안법 개폐논쟁, 냉전/탈냉전하에서의 언론과 일반 시민들의 경험, 탈냉전과 한반도 평화 그리고 민주주의 등 5편의 글을 후반부로 배치하여 구성하였다. 완벽한 것은 아니나 (탈)냉전과 민주주의라는 주제에 합당한 논문들을 모은 셈이다.

이 책을 출판하기까지 많은 분의 도움을 받았다. 민주화운동기념사업회의 전 이사장으로 재직하였던 함세웅 신부님의 격려는 이 연구의 출발점이었다. 현재 기념사업회를 이끌고 있는 정성헌 이사장의 배려도 이 책의 출판에 큰 힘이 되었다. 2010년의 학술토론회에서 발표를 담당한 여러분은 물론이고, 이 발표에 대하여 귀중한 토론을 해준, 이영제, 이삼성, 강상현, 이동연, 마상윤, 정영철 선생 등 여러분께 감사를 드린다. 학술토론회 이후 이 책의 출판을 위하여 필자들은 논문을 기꺼이 다듬어 주었고, 연구소의 권형택 연구위원은 보다 나은 편집을 위해 번거로운 작업을 흔쾌하게 담당하여 주었다. 어려운 상황에도 불구하고 기꺼이 출판을 담당해준 선인출판사의 윤관백 사장의 한결같은 호의에 감사드린다.

2012년이 한국 민주주의가 새로운 도약을 하는 해가 되기를 기원하는 가운데, 한반도의 냉전과 탈냉전의 한 축을 담당했던 북한의 '영도자'가 사망했다는 소식이 들려오고 있다. 탈냉전과 민주주의의 성숙이 평화통일로 이어지기를 기원하며, 독자들의 질정을 바란다.

2012년 12월 18일

민주화운동기념사업회 한국민주주의연구소를 대표하여 정근식 씀

목차

책머리에 4

1장 한국현대사에서 안보와 자유 : 한미관계와 자유주의 통치성 정일준

1. 머리말 13
2. 한미관계와 한국의 정치경제: 안보와 자유의 관계변화 15
3. 나가는 말 29

2장 반공주의가 한국 민주주의에 끼친 영향 김득중

1. 머리말 37
2. 반공체제 구축과 민주주의 40
3. 1950년대 민주주의의 양상 52
4. 맺음말 79

3장 박정희시대의 사회통제와 저항 정근식

1. 머리말: 역사와 기억 83
2. 박정희 체제의 사회통제를 보는 시각 86
3. 예외상태의 일상화와 사회적 배제 93
4. 사회적 조직화와 동원 112
5. 박정희 체제의 사회통제의 유산들 122

4장 동아시아 냉전해체와 한국 민주주의 : 6월 항쟁과 북방정책 전재성

1. 서론 131
2. 북방정책의 수립과 전개: 탈냉전 국제체제의 요인 133
3. 민주화운동과 북방정책 139
4. 맺음말 152

5장 국가보안법과 민주주의의 제약 한상희

1. 국가보안법의 본질 155
2. 국가보안법 개정의 역사와 민주화 158
3. 국가보안법의 포괄성과 '반국가단체' 규정의 문제 173
4. 표현의 자유와 국가보안법의 충돌 184
5. 결론 198

6장 냉전과 탈냉전의 체제변화와 한국방송 : 6월항쟁과 북방정책 이창현

1. 서론 203
2. 냉전체제하의 한국방송 206
3. 탈냉전, 화해와 협력시대의 한국방송 211
4. 이명박 정부 시기의 방송 215
5. 결론 : 남북관계와 방송의 역할변화 220

7장 냉전과 탈냉전 속 작은 사람들의 이야기 김귀옥

1. 들어가며 227
2. 작은 사람들의 목소리와 민주주의의 만남 230
3. 냉전과 탈냉전시대의 세 사람 이야기 233
4. 맺음말: 작은 사람들에게는 여전히 불완전한, 불안전한 한국의 민주화 265

8장 탈냉전과 한반도 평화 그리고 민주주의 김근식

1. 문제제기 271
2. 한반도 냉전구조의 세 차원 273
3. 탈냉전, 한반도 평화, 한국 민주주의의 진전 275
4. 한반도 평화의 확장: 탈냉전의 완성 279
5. 한반도 평화체제의 핵심: 남북관계의 진전 284
6. 한반도 평화체제 정착과 민주주의의 진전 292
7. 결론: 민주평화론을 넘어 평화민주론으로 294

찾아보기 301

1장 한국현대사에서 안보와 자유

한미관계와 자유주의 통치성

정일준

1. 머리말

냉전, 탈냉전 그리고 탈냉전 이후의 G2 시대에 한국에서 안보와 민주주의의 상호관계는 무엇인가? 전쟁과 정치경제의 상호관계는 무엇인가? 전쟁관계와 권력관계는 다른 것인가? 안보와 자유의 관계는 상호배타적인가? 현대사회에서는 전쟁과 그 영향력을 과소평가한다. 그렇지만 "현대정치는 다른 수단에 의한 전쟁의 연속"일 따름이다(Chung, 2008, pp.527~555). 한국은 탄생 이래 영원한 '국방상의 긴급상황'에 놓여 있는지 모른다(Beck, 2000). 전쟁은 국가의 특성에 그치지 않는다. 그것은 현대 한국 국가의 역사적인 정체성 형성과 변형 그리고 한국 시민의 정치적 주체성 구성과도 관련되어 있다. 따라서 전쟁과 국가, 한국의 정치경제형성과 변형 그리고 국민/시민/민중의 형성과 변형을 함께 살펴봐야 한다. 새롭게 떠오르는, 상쟁하는 전쟁형태와 정치형태 그리고 삶의 형태 사이의 상호관계를 역사적으로 문제삼아야 하는 것이다. 지금 여기서 역사적 존재로서의 우리를 문제삼고, 어떻게 현재를 통치할 것인지를 고민해야 한다(Miller and Rose, 2008; Lemke, 2011).

이 글은 6·25전쟁과 한미동맹이 현재 한국정치의 장에 끼치는 권력효과를 안보와 자유의 관계에 초점을 맞춰 역사적으로 고찰하는 한편, 한국 정치경제의 형성과 변형을 통치(governing)라는 관점에서 성찰하면서 냉전문화정치의 효과를 비판적으로 고찰하기 위한 시도이다. 요컨대 한국 현대사를 한미관계를 축으로 삼아 민주주의 및 자본주의와의 함수관계로 자리매김하고자 하는 시도의 연장에 있다(졸고, 2010가, 80~117쪽). 한국 현대사를 통치라는 관점에서 바라본다는 것은 역사로서의 현재에 작용하는 안팎과 위아래의 힘들을 존재론적으로 전제한다. 또한 국가의 형성과 변형을 개별 시민주체의 형성 및 변형과 동시에 추적하고자 한다. 자유주의 통치성(liberal governmentality)의 형성과 변형을 중심으로 한국 현대사를 정리할 때 배면에 전제된 한미관계를 소홀히 하거나, 역동적으로 변하는 한국 정치경제의 성격을 교조적으로 재단할 때 발생하는 위험을 경계해야 한다.[1] 나아가 민족통일이 상위의 목표냐 국가안보가 우선이냐, 개인의 자유가 먼저냐 국가안보가 먼저냐 하는 오래된, 그렇지만 낯선 질문에 답하고자 한다. 여기서는 양자택일, 제로섬이 아닌 안보와 자유의 관계에 대한 개념화를 통해 문제에 접근하고자 한다. 탈냉전과 지구화를 통해 안보개념의 내포가 변했고, 한국 시민이 누리는 자유의 양과 질도 내용적으로 변화했기 때문이다.

---

1) 통치성 개념에 대해서는 Lemke, Thomas, *Foucault, Governmentality, and Critique*, Boulder · London: Paradigm Publishers, 2011 참조.

2. 한미관계와 한국의 정치경제: 안보와 자유의 관계변화

1950년 6월 25일에 발발한 한국전쟁은 종결되지 않았다. 정전은 종전이 아니며 분단체제는 평화체제가 아니다(졸고, 2007, 55~112쪽). 한반도에는 냉전체제가 지속되고 있다. 2차 세계대전 이후 동아시아 국제체제는 냉전을 성립조건으로 형성되었다. 동아시아 냉전국가체제는 1950년을 전후로 샌프란시스코 강화조약과 미일안보체제 확립, 그리고 한국전쟁을 계기로 성립했다. 유럽지역의 경우 장기간에 걸친 국민국가 성숙과정이 진행되었다. 그렇지만 동북아시아 지역의 경우 유럽에서와 같은 열국체제(列國體制, inter-state system) 성숙 과정이 지극히 희박했다. 현재 동북아시아의 한 · 중 · 일 삼국은 불완전한 국민국가이다. 이러한 불완전성은 냉전에 의해 만들어진 동북아 냉전국가체제가 극복되지 못했기 때문이다. 세계시간(World time)에서는 냉전이 끝났다고 한다. 그렇지만 동북아 지역시간(Regional time)과 한반도시간(Korea time)에서는 여전히 냉전이 진행 중이다. 한반도를 둘러싼 동북아에서 냉전의 출구가 확실하게 시야에 들어오지 않는다. 이는 아마도 냉전체제가 우리의 집단 무의식 속에 작동하면서 강고한 현실을 주조해내기 때문일 것이다.

한미군사동맹은 남북한관계뿐 아니라 중국과 일본까지 포함하는 동북아질서를 고정시키는 핀이다. 냉전이 형성되고 냉전이 지속될 때는 물론이거니와 냉전 이후에도 한미군사동맹은 굳건하다. 한미관계의 핵심은 한미군사동맹이지만 압축적 자본주의 산업화를 통해 한국은 미국이 주도하는 세계경제질서에도 깊숙이 편입되었다. 한국은 군사적으로뿐 아니라 정치경제적으로도 미국과 긴밀한 관계를 맺고 있다. 이처럼 미국의 존재는 너무나 익숙한 한국현실의 일부가 된 나머지 정작 한미관계의 성격과 한미관계가 한국의 정치경제변동에 끼친 영향에 대해서는 거리를 두고 관찰하기 어렵게 되었다.

세계의 다른 어떤 국가도 한국만큼 미국문화의 영향을 폭넓고도 깊게 받은 예는 없다. 1980년대에 이르러 반미감정(反美感情)이 표출될 때까지 한국은 반미운동의 무풍지대라 불릴 만큼 친미일변도였다. 미국이 한국의 우방이고 미국인이 한국인의 친구라는 사실은 의심의 여지없이 받아들여졌다. 미국의 입장에서 한국은 냉전문화정치(Cold War Cultural Politics)의 성공작임에 틀림없다.[2] 사실 냉전초기에 미국은 소련만큼 냉전문화정치에 적극적이지 않았다.[3] 그렇지만 한국전쟁 휴전 이후 미국은 한국을 군사적으로 방어하고 경제를 재건하는 과업만큼이나 문화영역에도 적극적으로 관여하기 시작했다.[4]

한국전쟁 이후 북한과 적대감이 깊어지고 대치가 길어질수록 남한은 미국과 친해지고자 애썼다. 미국 또한 반공의 최전선에 위치한 한국인의 마음을 얻고자 각별하게 노력했다. 북한의 직간접침략을 저지하는 반공전선을 강화하면서 미국은 적국인 북한에 대해서뿐만 아니라 우방

---

2) 군사동맹이나 경제적 교류관계와는 다른 문화 차원에서의 국가간 교류를 "문화외교정책(Cultural Foreign Policy)"이라 부른다. 그렇지만 냉전기의 한미관계에서 미국의 문화적 영향력이 국가간의 정상적인 외교를 통해서보다는 미국의 직접적이고도 압도적인 대한통치정책의 일환으로 전개되었다고 보기 때문에 냉전문화정치라는 개념을 사용했다.

3) 미국과 소련이 각각 남북한을 분할점령 중이던 1945년에서 1950년까지 한반도에서 펼친 문화냉전양상에 대해서는 Armstrong, Charles K. "The Cultural Cold War in Korea, 1945-1950," *The Journal of Asian Studies* 62, no. 1(February 2003), pp.71~99 참조.

4) 한국전쟁 종료 후 냉전문화정치를 통해 친미적인 문화를 장려하려는 기획에는 주한미공보원이나 미군 같은 미국의 정식국가기구 이외에도 많은 문화기관들이 관여했다. 각종 기독교조직들, 보이스카웃이나 4-H클럽 같은 자발적인 조직들, 록펠러, 포드, 카네기 그리고 아시아파운데이션 같은 사설 기금들이 중요한 냉전문화정치의 기구였다(정일준, 「미국의 냉전문화정치와 한국인 친구만들기: 1950, 60년대 미공보원의 조직과 활동을 중심으로」, 학술단체연합회 편, 『우리 학문 속의 미국』, 2003나).

인 남한에 대해서도 냉전문화정치를 펼쳤다(Osgood, 2006). 적 만들기[5]와 친구 만들기는 동전의 양면이었다. 전 지구적 차원에서 볼 때 미국이 주도한 반공캠페인은 소련을 우두머리로 확정하고 중국이나 북한 공산집단을 '괴뢰'로 낙인찍는 선전(Propaganda)과정이자, 남한주민을 비롯해서 자유세계 전반에 걸쳐 친미적인 '시민'을 창출하는 문화교류과정이기도 했다.[6] 하지만 공동의 적을 앞에 둔 전우라고 해서 상대방의 사고방식을 쉽게 이해하거나 더욱이 상이한 생활양식을 수월하게 받아들일 수는 없었다. 한국인과 미국인 사이도 그랬다. 북한을 미워하는 감정과 친미정서 사이에 만리장성이 가로놓여 있는 것은 아니었지만, 그래도 극복하기 힘든 문화적 차이가 가로놓여 있는 것은 분명했다. 혹독한 전쟁을 겪고 나서도 민족감정은 수그러들지 않았다. 민족주의가 미국까지 무차별적으로 포함하는 배타적 반외세로 흐르지 않고, 미국의 후견을 필요로 하는 근대화 같은 진보적 민족주의로 전화되도록 하기 위해 미국은 특히 문화영역에서 전방위적 활동을 펼쳤다(허은, 2008).

기존의 한미관계 연구는 주로 군사, 정치, 경제 분야에만 집중되어, 문화영역은 소홀히 취급되었다. 그나마 문화분야를 다룬 일부 선행 연구도 주로 미국이 한국교육제도 수립에 끼친 영향이나 교육원조를 통해

---

5) 냉전기 군학복합체(Military-Intellectual Complex)에 의해 '적'의 이미지를 만드는 작업이 미국에서 어떻게 진행되었는지에 대한 실증적인 연구로는 Robin, Ron, *The making of the Cold War Enemy: Culture and Politics in the Military-Intellectual Complex*, Princeton: Princeton University Press, 2001 ; Simpson, Christopher, *Science of Coercion: Communication Research and Psychological Warfare, 1945-1960*, 1994(정용욱 옮김, 『강압의 과학: 커뮤니케이션 연구와 심리전, 1945-1960』, 선인, 2009) 참조.

6) 공산권에 대한 미국의 냉전문화정치를 다룬 저서로는 Hixson, Walter L. *Parting the Curtain: Propaganda, Culture, and the Cold War*, 1945-1961, New York: St. Martin's Griffin, 1998 ; Berghahn, Volker R., *American and the Intellectual Cold Wars in Europe*, Princeton University Press, 2001 참조.

친미엘리트를 형성하는 과정에 초점을 맞추고 있다(손인수, 1992; 임대식, 1998, 128~185쪽). 접근 방식도 포괄적이고 실증적이기보다는 미국문화의 부정적 측면과 왜곡된 한미관계를 드러내어 비판하는데 집중되었다. 냉전에는 군사, 정치, 경제 차원뿐 아니라 문화도 중요한 차원이었다. 상대적으로 소홀히 취급되어온 이 문화차원의 한미관계 형성을 되짚어보면서 "오늘날 우리에게 미국은 무엇인가?"에서 한 걸음 더 나아가 보다 근본적으로 "도대체 '우리'는 미국과의 상호작용과정을 통해 어떻게 만들어졌는가?"를 물을 수 있다(졸고, 1995, 307~347쪽).[7] 미국은 '우리' 바깥에 있는 것이 아니다. '우리 안의 미국', 아니 아비투스(habitus)로 견고하게 자리 잡은 '미국화된 우리'의 형성과정을 추적함으로써 오늘날의 우리가 어떻게 탄생했는지를 계보학적으로 살펴볼 수 있다. 따라서 한국과 미국이라는 실체를 전제로 한 '한미관계(South Korea-U. S. Relationship)'에 대한 고찰을 넘어서 미국이 '어떤 한국(Which South Korea)'을 만들려고 했던가로 나아가고자 한다. 군사영역이나 경제영역과는 달리 문화영역에서 미국의 영향력을 식별해내기는 쉽지 않다. 가령 한국이 미국으로부터 얼마만큼의 군사원조나 경제원조를 받았는지는 숫자로 확인할 수 있다. 그런데 미국의 문화원조 규모가 얼마였는지 또 그것의 효과가 어떠했는지는 가늠하기가 쉽지 않다. 왜냐면 이는 '사람의 문제'이기 때문이다. 한국전쟁 이후 미국의 냉전문화정치 영향 아래서 한국인이 경험한 현대성(modernity)은 현대적 주체성(subjectivity)의 형성과정과 표리관계라 할 수 있다(김덕호 외, 2008).

[7] 필자는 푸고(Foucault)를 따라 근본주의적인 그 어떠한 주체형성의 원리도 배격한다. 주체는 구체적인 시공간 안에서 타자와의 상호작용을 통해 역동적으로 구성/변형/해체/재구성된다고 본다.

한미관계를 총체적으로 이해하기 위해서는 먼저 미국의 제국으로서의 성격을 이해해야 한다. 미국을 제국주의(imperialism)로 보는 것과 제국(Empire)으로 보는 것은 매우 다르다(Nederveen Pieterse, 2004). 제국은 제국주의적이지 않으면서 제국통치를 행할 수 있다. 한미관계를 동등한 주권국가들 사이의 수평적 외교관계로 보느냐, 수직적 지배와 종속관계로 보느냐, 아니면 후원-수혜관계로 보느냐 입장이 엇갈린다. 또 한미관계를 군사동맹관계를 중심에 두고 보느냐, 자본주의 경제관계를 핵심으로 보느냐, 아니면 사회문화적 교류를 강조하느냐에 따라 달리 볼 수 있다. 처음에 군사동맹, 나중에 경제교류, 최근에 문화적 동화로 강조점이 이동되었다고 볼 수도 있다. 또한 한미관계는 일방적으로 전개되지 않았다.

1) 국가형성기의 한미관계와 한국의 정치경제(1945~1960)

한국현대사는 제2차 세계대전과 6·25전쟁이라는 두 차례의 세계대전을 중심에 두지 않고는 이해할 수 없다. 6·25전쟁은 '제3차 세계대전의 대체전(代替戰)'이라고 부를 만하다(Stueck, 1995). 이처럼 한국의 탄생과 유지는 전쟁을 빼고 이야기할 수 없다. 대한민국 만들기 과정은 전쟁에 이르는(1945년 8월~1950년 6월), 전쟁을 통한(1950년 6월~1953년 7월), 그리고 다른 방식으로 지속된 전쟁(1953년 7월~현재)의 연속이었다고 볼 수 있다.

한반도가 일본 제국주의의 식민지에서 해방될 수 있었던 것은 주로 미국제국이 일본제국과의 전쟁에서 이겼기 때문이다. 그런데 미국제국은 영토를 추구하지 않았다. 전쟁 막바지에 38선을 분단선으로 삼아 남북한을 소련제국과 분할점령하기는 했다. 그렇지만 이는 어디까지나 잠정적인 조치였다. 한반도 분할점령과 모스크바 3상회의 결정 그리고 미소공동위원회 개최가 모두 조선해방의 국제적 차원을 가리킨다. 남한을 군사적으로 점령한 미국제국은 3년에 걸친 미군정(Lauterbach, 1946; Meade, 1951; 서대숙 외, 1991; 정용욱, 2003)을 실시했다. 이때 미국 주도 아래 한국정부가 수립되기도 전에 한국군과 교육제도를 미국식으로 만들었다는 점이 이후의 한미관계에서 결정적으로 중요하다.

6·25전쟁은 미국제국이 냉전체제를 구축하는 데 결정적인 전환점이었다.[8] 한국전쟁이 없었더라면 미국은 평화시에 전 지구에 걸친 냉전체제를 구축할 수 없었다. 철수도 반격(roll back)도 아닌 제3의 선택이 봉쇄정책(containment policy)이었다(Gaddis, 1997; Gaddis, 2005a; Gaddis, 2005b). 6·25전쟁은 미국제국이 소련제국 및 중국제국에 맞선 제3차 세계대전의 대체전이었다. 그것은 국제화된 내전이었다. 이 전쟁을 통해 한국은 미국제국의 변방초소로 자리잡았다(Lee, 1995). 한국은 미국제국의 불가분한 구성요소였다.

이승만 정권시기 평화는 금기의 단어였다. 수단과 방법을 가리지 않는 조속한 통일이 국시였다. 북한의 김일성 정권이 북한주민을 완전장악하기 전에 그들을 구출하고 해방시키자는 것이 명분이었다. 시간이 흘렀다. 이승만 대통령은 국제정세가 변할 때마다 미국에 채근했다. 우리가 사람을 공급할 테니 미국은 무기를 대라는 요구였다. 미국제국은 거절했다. 시간이 더욱 흘렀다. 변화는 바깥이 아니라 안에서 일어났다.

---

8) UN군과 중국군이 직접 개입한 한국전쟁은 그 자체가 국제전이었다. '내전(civil war)', '제한전(limited war)', '잘못된 전쟁(wrong war)', '잊혀진 전쟁(forgotten war)', '동족상잔(同族相殘)' 등 뭐라 부르던 간에 해방8년사는 결국 전쟁사로 정리된다.

한국전쟁이 휴전으로 마무리된 지 불과 7년 만에 이승만 정권이 무너진 것이다. 이승만 정권 몰락의 직접적 원인은 학생을 비롯한 시민의 봉기였다. 그렇지만 막전막후에서 이승만을 끌어내리고자 했던 미국제국의 역할도 적지 않았다(졸고, 2010다, 341~392쪽). 결정적으로 한국 군부가 이승만 정권에 대한 충성을 거부했다.

2) 국민형성기의 한미관계와 한국의 정치경제(1961~1979)

이승만 정권 아래에서 1950년대 내내 조국통일이라는 담론이 국가안보나 자유라는 담론을 압도했다. 1960년대 들어 박정희 정권은 국가안보를 좁은 의미의 군사안보에서 경제발전을 통한 '지속가능한 안보'로 전환했다. 1970년대 박정희는 국가안보를 경제성장에 맞춰 성숙하는 정치체제를 통해 안정시키고자 하기보다 유신체제라는 준전시동원체제인 강권체제로 재편했다. '자유 없는 안보'를 추구한 것이다.

냉전체제가 군사적 대결 우위의 구형냉전에서 경제적 경쟁 중심의 신형냉전으로 바뀜에 따라 미국제국의 입장에서 이승만 정권은 자산에서 부채로 바뀌었다. 미국제국은 이승만 정권 몰락에 일조했다. 뒤이은 장면 정권이 박정희 소장을 중심으로 하는 군사쿠데타에 의해 전복되자 이를 지원했다. 그렇지만 조건이 있었다. 민정이양, 즉 문민화와 근대화를 통한 국민형성이었다(이완범, 1999; 이완범, 2002, 109~172쪽). 근대화 프로젝트는 기실 미국제국의 지구통치 전략이었다(Ekbladh, 2010; Latham, 2000; Latham, 2003, pp.1~22; Gilman, 2003a; Gilman, 2003b, pp.47~80; Haefele, 2003, pp.81~103). 개혁적 개입(Macdonald, 1992)을 통해 당사국 국가를 개혁하여 전 사회적인 정치경제의 변화를 촉진시키는 예방혁명이 목표였다(Pastor, 1991, pp.54~86).

박정희는 국가프로젝트로 조국근대화를 추진했다(졸고, 2003가, 125~147쪽; Brazinsky, 2007). 이승만 시대의 경제는 국가중심, 군사중시, 폐쇄경제였다. 박정희의 경제는 국가주도, 군사중시, 개방경제였다. 박정희 정권 시기 통일을 전쟁이 아닌 다른 방법, 즉 경제성장을 통해 추구했다. 1960년 중후반 한국의 베트남 파병과 관련하여 남북한 사이에 긴장이 고조되었다. 그렇지만 국지적인 게릴라전 양상이었고 '1 · 21사태' 같은 특공대 파견 수준이었지 전면전의 위협은 아니었다. 정작 커다란 '안보위기'는 남베트남 패망과 더불어 닥쳐왔다. 휴전 이후 한국의 안보위기는 남북한 사이의 군사대결에서 문제가 발생하기보다 국제정세의 변화와 연동되었다(졸고, 2006, 149~178쪽).

3) 자유화/민주화 시기의 한미관계와 한국의 정치경제(1980~1997)

전두환의 신군부정권은 1980년대 광주항쟁 이후 민정당을 중심으로 '지속가능한 정권'을 창출하기 위한 프로젝트를 발진시켰다. 그리하여 선거를 통해 노태우 정권과 김영삼 정권 창출이 가능했다. 여야간 정권교체는 1997년에야 이루어졌다. 이는 한국에서 안보라는 쟁점이 자유라는 쟁점을 압도하고 있었음을 보여준다. 미국제국은 한국에서 민주주의보다는 다두제(polyarchy)를 선호한 것으로 보인다(Robinson, 1996).

신군부의 권력획득 과정에서 광주학살이 발생했다. 한국 시민은 국가폭력을 직접 경험하거나 간접적으로 전해 들었다. 자유를 누리기 위해서는 국가를 지키는 만큼 죽을 각오를 해야 한다는 사실을 깨달았다(졸고, 2004, 103~123쪽). 1980년 광주항쟁이 한국 민주주의의 전환점이 된 것은 시민들의 밑으로부터의 자각을 통해 국가안보와 시민자유가 동전의 양면에 다름 아니라는 인식에 도달했기 때문이다. 그리하여 1980년대 내내 서울을 비롯한 전국의 도심이 준전시와 같은 전쟁 상황에 돌입해서야 지배층의 양보와 타협으로 '6 · 29선언'이 나올 수 있었다. 미국제국은 5공화국 내내 한국정치의 문민화(civilianizing)(졸고, 2010나, 296~332쪽)를 강조했다.

군사권위주의 정권 시기 안보와 자유 그리고 민주주의의 관계는 단순했다. 국가안보를 극대화하기 위해 개인의 자유는 유보되거나 제한되어야 한다. 국가안보가 가장 우선되는 가치였고 개별 시민의 자유나 민주주의는 부차적인 가치였다. 이승만 정권과 박정희 정권 그리고 전두환 정권은 민주주의 없는 국가안보의 허구성을 드러내며 몰락했다. 권위주의 통치자들은 국가안보를 정권안보와 동일시했지만 정권실패와 정권몰락에도 불구하고 국가실패로 이어지지는 않았다.

1987년 민주주의로의 이행 이후 민주화시대에 안보와 자유 그리고 민주주의의 관계는 변했다. 국가안보는 이미 보장되었다는 전제가 확산되었다. 일부에서는 미군주둔을 문제삼고 통일운동을 벌였지만, 대부분의 한국시민은 미군을 국가안보의 축으로 수용했다. 문제는 개인의 자유를 극대화시키는 일이었다. 민주주의의 확장과 심화를 통해 국가안보는 더욱 튼튼해지고 자유는 확장된다고 생각했다. 그렇지만 민주주의가 진전되고 개인의 자유가 확장되자 안보에 대한 관심은 줄어들었다. 한국에서는 군부의 30여 년에 걸친 정치참여 이후 아직까지 문민통제(civilian control) 또는 문민우위(civilian supremacy)가 확립되지 못했다(졸고, 2008, 109~136쪽).

주목할 점은 전두환 정권 아래서 경제자유화가 진전되었다는 사실이다. 정치민주화에 가려 이 점은 주목받지 못했다. 국가주도적인 자본주의 산업화가 시장지배적인 신자유주의로 전환되기 시작한 것이다(Jang, 2006; Kang, 2010, pp.519~554).

4) 한미관계의 현재와 한국의 정치경제(1997~현재)

한국 국가의 계보는 안보국가(이승만 정권, 1948~1960 "북진통일")에서 발전국가(박정희 정권, 1961~1979 "조국근대화"), 그리고 발전국가 이후(전두환 정권, 노태우 정권, 1980~1992 "선진조국"), 나아가 신자유주의 국가(김영삼 정권, 김대중 정권, 노무현 정권, 1993~2008, "세계화", "선진화")로 이어진다.[9] 다음 〈그림 1〉은 이를 정리한 것이다(졸고, 2009, 217~261쪽).

〈그림 1〉 한국 국가의 정체성 변화

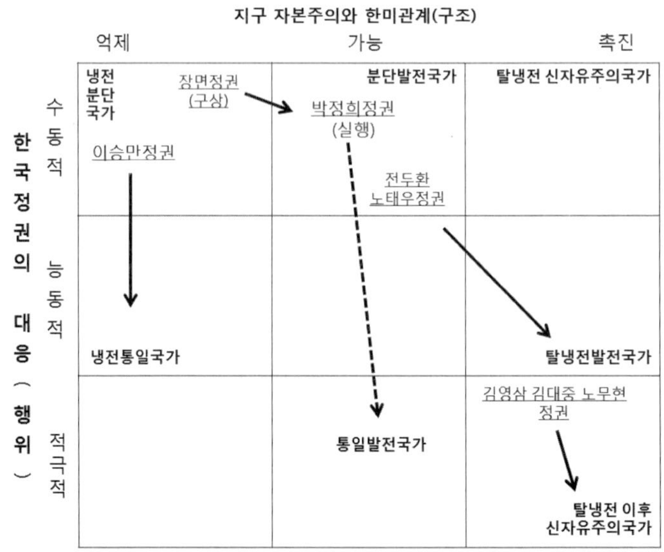

9) 한국에서의 선진국 담론에 대해서는 다음 연구를 참조하라. Kim, Jongtae, "The Discourse of Sŏnjin'guk: South Korea's Eurocentric Modern Identities and World views," Ph. D. dissertation, University of Illinois at Urbana-Champaign, 2011.

한미관계를 군사동맹이나 양국간 권력엘리트관계로 환원시킬 수 없다. 미국제국이 한국을 자신의 영향력 안에 붙들어두기 위해서 주로 사용하는 것은 연성권력(Soft Power)이다(졸고, 2003나, 21~50쪽). 한국이 군사적으로뿐만 아니라 정치, 경제, 사회, 문화적으로도 얼마나 미국화되었는지를 보여주는 것이 다음의 〈그림 2〉이다.

〈그림 2〉 한국사회의 미국식 변형

변형의 차원

시간	군사	정치	경제	문화 (주체형성)
1950년대	제도화 1: 군대	제도화 2: (민간) 엘리트	원조경제	GI문화
1960년대	과대성장한 군	군의 정치개입	경제성장	군대문화
1970년대	자주국방	일인독재 제도화 (유신체제)	군수산업화 (부국강병)	사회의 병영화
1980년대	신냉전	권력승계 제도화	구조조정 1 (경제자유화)	사회의 자유화
1990년대	탈냉전	정권교체 제도화	구조조정 2 (산업지구화)	문화의 지구화
2000년대	협력적 자주국방	다두제 제도화	구조조정 3 (금융지구화)	일상생활의 지구화

한국사회의 미국식 변형은 사회 각 영역 제도차원에서 어떻게 미국화가 진행되었는지를 나타낸다. 주지하다시피 미국은 2차 대전 후 38선이남의 한반도 절반을 점령하고 군정을 펼쳤다. 대한민국이 탄생하기도 전에 미국 주도로 한국군과 국립서울대학이 만들어졌다. 한국전쟁을 통해 사회와의 관계에서 과대성장한 군부는 1961년 5·16 쿠데타 이후 30여 년에 걸쳐 한국정치를 담당했다. 군부출신의 대통령이 군의 지원을 배경

으로 통치하면서 '조국근대화' 프로젝트를 통해 종속적 자본주의 발전을 겪었다(졸고, 2003가, 125~147쪽). 한국 민주주의의 성격에서뿐 아니라 한미관계에서도 유신체제는 예외적인 시기였다. 박정희 대통령이 '한국적 민주주의'를 들고 나왔을 때는 '미국식 민주주의'를 하지 않겠다는 의지가 깔려 있었다. 한미관계는 최악이었다(졸고, 2006, 149~178쪽). 그렇지만 아무리 강제력을 독점했다 하더라도 대통령 혼자의 힘으로는 사회전반의 미국화 흐름을 막거나 거스를 수 없었다(졸고, 2010나, 296~332쪽),[10] 1980년대 들어 군사 차원에서는 신냉전이 도래했다. 경제 차원에서는 신자유주의적인 구조조정이 시작되었다.[11] 군사권위주의 정권 시절 국가안보는 지나치게 강조되고, 개인의 자유는 억압되거나 과소평가되었다. 그렇지만 군부출신 대통령들은 단기간에 압축적으로 자본주의 경제성장을 이끌었다. 제3세계의 많은 나라들에서 군사쿠데타가 일어나고 시민의 자유가 억압되었지만 정작 경제성장을 이룬 나라는 거의 없다. 중산층의 성장으로 정치안정의 사회적 기반이 마련되었다. 이 점에서 한국의 군사권위주의 정권들은 다른 나라의 사례들과 구분된다. 즉 한국의 권위주의정권은 통치를 할 때 외부와 단절되지 않고 군사안보와 경제번영에서 외부와 적극적인 연계(linkage)를 추구했다. 이는 '경쟁력 있는 권위주의정권'(competitive Authorian Regime)이었던 것이다(Levitsky and Way, 2010). 한국의 군사정권은 정치실패를 통해서라기보다 경제성공과 사회안정을 통해서 권력을 넘겨줄 수 있었다.[12]

---

10) 전두환 정권의 제5공화국은 광주학살과 광주항쟁으로 시작되어 처음부터 반민주적인 정권으로 낙인찍혔다. 그렇지만 한미관계는 유신체제의 갈등기를 넘어 밀월기였다.

11) 흔히 1997년 IMF 위기부터 신자유주의가 전면화된 것으로 이해한다. 그렇지만 한국경제의 신자유주의적 전환은 전두환 정권에서 이미 시작되었다. 이는 경제를 안보나 통일과 연결시키는 민족주의적 발상이 탈각되었음을 의미한다.

1990년대 세계수준의 냉전체제가 해체된다. 한국에서는 정권교체가 제도화되어 자유주의적인 정치질서가 자리 잡는다. 이 시기 문화의 지구화 현상이 두드러지고 한국 사회에서도 문화가 주도적인 층위로 올라선다. 2000년대 들어오면 정치적으로는 다두제가 제도화된다. 경제적으로는 금융지구화와 더불어 문화적으로 일상생활의 지구화가 급진전한다. 1997년 IMF 위기 이후 급속히 가속화된 신자유주의적 세계화는 억압보다는 배제를 통한 통치를 전면화시켰다. 지구화/개인화의 급진전으로 말미암아 개인의 사회적 위치에 따라 각자가 누리는 자유의 양과 질 그리고 안보에 대한 관점이 상이하다.

끝으로 다음의 〈표 1〉은 안보와 자유의 상호관계에 따른 평화와 통일의 전망이다.

〈표 1〉 안보와 자유의 상호관계에 따른 평화와 통일의 전망

		자유의 향유에 따른 정체성		
		민중(저항적)	시민(타협적)	국민(순응적)
쟁점	통일	민중지향적 통일 (민족우선, 국가무시)	시민지향적 통일 (연방제)	국민지향적 통일 (흡수통일)
	평화	민중지향적 평화 (민주화, 자주화)	시민지향적 평화 (남북교류, 상호이해)	국민지향적 평화 (현상유지, 북한무시)
	안보	민중지향적 안보 (안보쟁점 무시)	시민지향적 안보 (안보 부차화)	국민지향적 안보 (국가우선, 대결만능)

가로축은 자유의 향유여부와 정도에 따라 늘어놓았다. 국가에 순응하면 국민(國民)으로서의 정체성을 가진다고 본다. 저항하면 민중(民衆)으로서의 정체성을 가진 것이다. 양자사이에서 타협적 자세를 보이면 시

12) 밑으로부터의 사회운동을 통한 한국현대사 이해에서는 이와는 사뭇 다른 평가를 내릴 수 있다. 그렇지만 통치라는 관점에서 바라볼 때는 이러한 해석이 가능하다.

민(市民)이라는 정체성으로 볼 수 있다. 그렇지만 타협적이라고 해서 비판을 중지한 것은 아니다. 오히려 국가권위를 존중하면서도 시시비비(是是非非)를 가리는 성숙한 자세를 의미한다.

세로축은 안보, 평화, 통일이라는 쟁점을 제시했다. 국민지향적 안보는 국가를 우선하고 국가를 중심으로 북한과 대결하는 자세를 뜻한다. 역대 권위주의 정권에서 추구된 대북자세이다. 시민지향적 평화는 시민중심으로 남북교류를 촉진하고 북한에 대한 이해를 증진시키는 입장을 뜻한다. 김대중 정권과 노무현 정권에서 추진된 대북정책이 대체로 이에 해당한다. 민중지향적 통일은 국가를 무시하고 민족을 우선시하면서 밑으로부터의 통일을 추구하는 시각이다. 1960년대 4월혁명 국면에서의 통일운동이나, 1980년대 말에서 1990년 초까지 이어진 학생운동 중심의 통일운동이 이에 해당한다. 국민지향적 통일을 추구하면 남한 중심으로 북한을 흡수통일하자는 이야기가 된다. 국민지향적 평화는 남한중심으로 군사적으로는 현상유지하면서 북한과의 교류협력을 등한시하는 입장이다. 북한내부의 민주화와 인권향상을 선결조건으로 강조한다. 반면에 민중지향적 안보라는 개념은 성립되지 않는다. 왜냐하면 민중이라는 전복적 정체성을 가진 사람들은 국가안보라는 쟁점을 무시하기 때문이다. 민중지향적 평화는 민주화의 확산과 자주화의 진전이라는 국내투쟁을 강조한다. 시민지향적 안보는 안보라는 쟁점을 인식하고 그것의 중요성을 인정하기는 하지만, 다른 여타의 쟁점보다 우선한다거나 가장 중요하다는 가치판단을 하지는 않는다. 요컨대 안보쟁점을 상대화하는 태도이다. 시민지향적 통일은 결국 북한을 상대방으로 승인하고 비교적 장기간의 과도기를 두는 연방제 형태의 남북통합 방안을 추구할 수밖에 없다.

3. 나가는 말

한국 국가안보와 시민자유의 제도적 배경은 한미상호방위조약과 미군주둔을 한편으로 하고, 다른 한편으로는 해방 이후 이식된 미국식 자유민주주의의 이념과 제도 그리고 관행이 뿌리내린 데 있다. '9 · 11' 이후 미국이 국가안보를 강화한다는 명분 아래 시민의 자유에 역행하면서 대테러전 수행방식으로 고문까지 자행하는 것을 보면 역사의 아이러니를 느끼게 된다. 한국이 과거사 청산작업을 통해 고문 등 인권유린 실태를 밝혀내고 보상하고자 하는 반면 미국은 어두운 인권유린의 길로 접어든 것처럼 보인다. 어떻게 보면 지난 냉전 시기에 미국시민이 자유를 누릴 수 있었던 외적 조건이 바로 한국이 공산주의에 대한 방파제역할을 했기 때문이 아닌가 싶다.

한국을 미국식 자유민주주의의 전시장으로 삼고자 했던 미국의 시도는 상당한 성과를 거두었다. 문제는 지금부터이다. 이제 우리에게 주어진 자유를 실천함으로써 국가안보를 공고하게 하고 그 토대 위에서 통일을 주도적으로 추진해 나갈 것인가? 아니면 자유의 실천을 게을리하거나 자유를 어떻게 써야 할지 몰라 이를 국가에 반납함으로써 분단을 강화할 것인가? 우리 스스로 평화를 지키고 나아가 평화통일에 이르기 위해서 우리는 무엇을 할까? 평화통일에 대한 염원을 간직하는 것만으로는 충분치 않다. 한국과 관련된 타국들의 전쟁과 그것의 연장으로서의 삶의 통치에 대한 인식과 실천을 성찰해야 한다. 왜냐하면 "수천 년 동안 인간은 아리스토텔레스가 이해한 존재, 즉 살아있고 게다가 정치생활을 영위할 수 있는 동물이었으나, 근대인(modern man)은 이제 생명체로서 정치에 자신의 생명을 거는 동물"이기 때문이다(Foucault, 1976, 160쪽).

"현대 정치는 다른 수단에 의한 전쟁의 연속"일 따름이다(Chung, 2009, pp.527~555). 한국은 탄생 이래 영원한 '국방상의 긴급상황'에 놓여 있는지 모른다. 전쟁은 국가의 특성에 그치지 않는다. 그것은 현대 한국 국가의 역사적인 정체성 형성과 변형 그리고 한국 시민의 정치적 주체성 구성과도 관련되어 있다. 따라서 전쟁과 국가, 한국의 정치경제형성과 변형 그리고 국민/시민/민중의 형성과 변형을 함께 살펴봐야 한다. 새롭게 떠오르는, 상쟁하는 전쟁형태와 정치형태 그리고 삶의 형태 사이의 상호관계를 역사적으로 문제삼아야 하는 것이다. 지금 여기서 역사적 존재로서의 우리를 문제삼고, 어떻게 현재를 통치할 것인지를 고민해야 한다(Miller and Rose, 2008).

2010년 11월 23일 오후 북한의 연평도 포격과 뒤이은 한미합동 군사훈련, 그리고 12월 4일의 한미 FTA타결 소식은 지금 여기서 한미관계와 한국의 정치경제를 되돌아보게 만드는 좋은 계기였다.[13] 주지하다시피 한미군사동맹은 남북한관계뿐 아니라 중국과 일본까지 포함하는 동북아질서를 고정시키는 핀이다. 냉전이 형성되고 냉전이 지속될 때는 물론이거니와 냉전 이후에도 한미군사동맹은 굳건하다. 한미관계의 핵심

13) 2010년 12월 한·미 자유무역협정(FTA)이 전격 타결된 것은 한국 정부가 북한의 연평도 도발 이후 미국과의 동맹관계를 고려해 기존의 강경입장을 바꿨기 때문이라고 『월스트리트저널』이 8일 보도했다. 이 신문은 양국이 이번에 합의한 FTA 내용은 지난달 오바마 미국 대통령의 방한 때 한국 측이 논의조차 거부했던 것이라면서, 이 같은 한국의 입장 변화는 놀라움을 넘어서는 것이라고 평가했다. 당시 한국 측은 11·2 중간선거 패배로 입지가 좁아진 오바마 대통령이 한미 FTA 타결을 위해 거의 무엇이든지 받아들일 것으로 판단해 자동차 관세 문제에 대한 논의를 거부했다. 이에 오바마 대통령도 자신이 약해지지 않았다는 점을 보여주기 위해 협상을 중단했다는 것이다. 이 신문은 하지만 지난주 미국에서 재개된 협상에서는 분위기가 반전됐다면서, 한국 측은 지난달 협상 실패로 미국과의 동맹관계 전반이 위험에 처해 있다고 우려하는 듯 보였고, 그 같은 우려가 북한의 연평도 도발로 더욱 증폭되면서 결국 한국은 미국과의 강력한 동맹에 초점을 맞추게 됐다고 분석했다.

은 한미군사동맹이지만 압축적인 자본주의 산업화를 통해 한국은 미국이 주도하는 세계경제질서에도 깊이 편입되었다. 한국은 군사적으로뿐 아니라 정치경제적으로도 미국제국과 긴밀한 관계를 맺고 있다. 이처럼 미국제국의 존재는 너무나 익숙한 한국현실의 일부가 된 나머지 정작 한미관계의 성격과 한미관계가 한국의 정치경제변동에 끼친 영향에 대해서는 인식하기 어렵게 되었다.

이 글에서는 미국제국의 성격과 한미관계를 중심으로 한국의 정치경제가 어떻게 변형되었는지를 살펴보고자 했다. 한국 현대사를 한미관계를 축으로 삼아 민주주의 및 자본주의와의 함수관계로 자리매김하면서 안보와 자유의 관계변화를 추적했다. 한국 현대사를 미국제국이라는 틀 안에서 바라본다는 것은 역사로서의 현재에 작용하는 안팎과 위아래의 힘들을 존재론적으로 전제한다. 다른 한편으로는 방법론적으로 한국 국가의 형성과 변형을 개별 시민주체의 형성 및 변형과 동시에 추적함을 의미한다. 역사 이래로 한국사는 제국사나 주변 국가와의 관계로부터 자유롭지 못하다. 제국사, 동아시아사라는 공간적 맥락을 한국사와 겹쳐놓고 보아야 하는 이유이다.

[참고문헌]

김덕호 외, 2008, 『아메리카나이제이션: 해방 이후 한국에서의 미국화』, 푸른역사.

서대숙 외, 1991 『한국현대사와 美軍政』, 한림대학교 아시아문화연구소.

손인수, 1992 『미군정과 교육정책』, 민영사.

이완범, 1999 「제1차 경제개발 5개년 계획의 입안과 미국의 역할, 1960-1965」, 한국정신문화 연구원, 『1960년대의 정치사회변동』, 백산서당.

이완범, 2002 「박정희와 미국: 쿠데타와 민정이양 문제를 중심으로, 1961-1963」, 한국정신문화연구원 편, 『박정희시대 연구』, 백산서당.

임대식, 1998 「1950년대 미국의 교육원조와 친미엘리트의 형성」, 역사문제연구소 편, 『1950년대 남북한의 선택과 굴절』, 역사비평사.

정용욱, 2003 『존 하지와 미군 점령통치 3년』, 중심.

정일준, 1995 「푸코: 국가를 넘어선 권력과 '주체'의 형성」, 한국산업사회연구회, 『탈현대 사회사상의 궤적』, 새길.

정일준, 2003가 「미제국의 제3세계 통치와 근대화이론: 군산학복합체와 근대화이론의 탄생」, 한국산업사회학회 편, 『경제와 사회』 봄호.

정일준, 2003나 「미국의 냉전문화정치와 한국인 친구만들기: 1950, 60년대 미공보원의 조직과 활동을 중심으로」, 학술단체연합회 편, 『우리 학문 속의 미국』.

정일준, 2004 「5 · 18담론의 변화와 권력－지식관계」, 전남대학교 5 · 18연구소, 『민주주의와 인권』.

정일준, 2006 「유신체제의 모순과 한미갈등: 민주주의 없는 국가안보」, 한국사회사학회, 『사회와 역사』 제70집 3호.

정일준, 2007 「탈수정주의를 넘어서 한국 근현대사 이해하기: 공간의 다층성, 시폭의 중층성, 그리고 시각의 다원성」, 한국사회연구소, 『한국사회』 제8집 2호.

정일준, 2008 「한국 민군관계의 궤적과 현황: 문민위위 공고화와 민주적 민군협치」, 한국국방연구원, 『국방정책연구』 제24권 제3호, 을호(통권 제81호).

정일준, 2009 「한미관계의 역사사회학: 국제관계, 국가정체성, 국가프로젝트」, 한국사회사학회, 『사회와 역사』 제84집.

정일준, 2010가 「통치성을 통해 본 한국 현대사: 87년체제론 비판과 한국의 사회구성 성찰」, 민주사회정책연구원, 『민주사회와 정책연구』 통권 17호.

정일준, 2010나 「전두환 · 노태우 정권과 한미관계」, 역사문제연구소, 『역사비평』 제90집.

정일준, 2010다 「4월혁명과 미국: 한국 정치변동과 미국의 개입양식」, 정근식 · 이호룡 편, 『4월혁명과 한국 민주주의』, 선인.

허 은, 2008 『미국의 헤게모니와 한국 민족주의 : 냉전시대(1945-1965) 문화적 경계의 구축과 균열의 동반』, 고려대학교 민족문화연구소.

Armstrong, Charles K. 2003 "The Cultural Cold War in Korea, 1945-1950," *The Journal of Asian Studies* 62, no. 1(February).

Beck, Ulrich, Democracy without Enemies, Polity(정일준 옮김), 2000 『적이 사라진 민주주의』, 새물결.

Berghahn, Volker R., 2001 *American and the Intellectual Cold Wars in Europe*, Princeton University Press.

Brazinsky, Gregg, 2007 *Nation Building in South Korea: Koreans, Americans, and the Making of a Democracy*, The University of North Carolina Press.

Chung, Il Joon, 2009 "Demilitarizing Politics in South Korea: Toward a Positive Consolidation of Civilian Supremacy," Giuseppe Caforio ed., *Advances in Military Sociology*, Emeral.

Ekbladh, David, 2010 *The Great American Mission: Modernization and the Construction of an American World Order*, Princeton University Press.

Foucault, Michel, 1976 *La Volenté de savoir*, Editions Gallimard(이규현 옮김, 2004 『성의 역사 1: 앎의 의지』, 나남).

Gaddis, John Lewis, 1997 *We Now Know: Rethinking Cold War History*, Clarendon Press (박건영 옮김, 2002 『새로 쓰는 냉전의 역사』, 사회평론사).

Gaddis, John Lewis, 2005a *Strategies of Containment: A Critical Appraisal of American National Security Policy during the Cold War*, Oxford University Press.

Gaddis, John Lewis, 2005b *The Cold War: A New History*, The Penguin Press(정철 · 강규형 옮김, 2010 『냉전의 역사: 거래, 스파이, 거짓말, 그리고 진실』, 에코리브르).

Gilman, Nils, 2003a "Modernization Theory, the Highest Stage of American Intellectual History," Engerman et al eds.

Gilman, Nils, 2003b *Mandarins of the Future: Modernization Theory in Cold War America*, Baltimore and London: The Johns Hopkins University Press.

Haefele, Mark H., 2003 "Walt Rostow's Stages of Economic Growth: Ideas and Action," Engerman et al eds.

Hixson, Walter L. 1998 *Parting the Curtain: Propaganda, Culture, and the Cold War, 1945-1961*, New York: St. Martin's Griffin.

Jang, Jin-Ho, 2006 "The Neoliberal Transformation of the Developmental State in South Korea: The Financial Sector, Reform Politics, and Global Capital," Unpublished Ph. D. dissertation, Department of Sociology, University of Illinois at Urbana-Champaign.

Kang, Nahee, 2010 "Globalisation and Institutional Change in the State-Led Model: The Case of Corporate Governance in South Korea," *New Political Economy*, Vol. 15, No. 4, December.

Latham, Michael E., 2000 *Modernization as Ideology: American Social Science and "Nation Building" in the Kennedy Era*, Chapel and London: The University of North Carolina Press.

Latham, Michael E., 2003 "Introduction: Modernization, International History, and the Cold War World," Engerman, David C., Nils Gilman, Mark H. Haefele and Michael E. Latham eds., *Staging Growth: Modernization, Development, and the Global Cold War*, University of Massachusetts Press.

Lauterbach, Richard, 1946 *Danger from the East*, New York: Harper & Brothers Publishers(국제신문사출판부 옮김, 1948(1984) 『한국 미군정사』, 돌베개).

Lee, Steven Hugh, 1995 *Outposts of Empire: Korea, Vietnam, and the Origins of the Cold War in Asia, 1949-1954*, Montreal & Kingston · London · Buffalo.

Lemke, Thomas, 2011 *Foucault, Governmentality, and Critique*, Boulder · London: Paradigm Publishers.

Levitsky, 2010 Steven and Way, Lucan A., *Competitive Authoritarianism: Hybrid Regimes After the Cold War*, Cambridge University Press.

Macdonald, Douglas J., 1992 *Adventures in Chaos: American Intervention for Reform in the Third World*, Harvard University Press.

Meade, E. Grant, 1951 *American Military Government in Korea*, New York: Columbia University Press.

Miller, Peter and Rose, 2008 Nikolas, *Governing the Present: Administering Economic, Social and Personal Life*, polity.

Nederveen Pieterse, Jan, 2004 *Globalization or Empire?*, Routledge.

Osgood, Kenneth, 2006 *Total Cold War: Eisenhower's Secret Propaganda Battle at Home and Abroad*, University Press of Kansas.

Pastor, Robert A., 1991 "Preempting Revolutions: The Boundaries of U. S. Influence," *International Security*, Spring, Vol. 15, No. 4.

Robin, Ron, 2001 *The making of the Cold War Enemy: Culture and Politics in the Military-Intellectual Complex*, Princeton: Princeton University Press.

Robinson, William I., 1996 *Promoting Polyarchy: Globalization, U. S. Intervention, and Hegemony*, Cambridge: Cambridge University Press.

Simpson, Christopher, 1994 *Science of Coercion: Communication Research and Psychological Warfare, 1945-1960*(정용욱 옮김, 2009 『강압의 과학: 커뮤니케이션 연구와 심리전, 1945-1960』, 선인).

Stueck, William, 1995 *The Korean War: An International History*, Princeton University Press(김형인 외 공역, 2001 『한국전쟁의 국제사』, 푸른역사).

2장 반공주의가 한국 민주주의에 끼친 영향

김득중

1. 머리말

미군정 시기와 정부 수립 과정에서 민주주의는 유례없이 짧은 시간에 제도적으로 창출되었다. 헌법에는 주권의 원리와 삼권분립이 명확히 규정되었다. 어느새 민주주의는 어느 세력도 부정할 수 없는 중요하고 절대적인 가치, 규범, 제도가 되어갔다.

민주주의가 누구도 거부할 수 없는 정치원리로 자리 잡음에 따라, 사회적 이해관계와 쟁투는 민주주의를 둘러싸고 일어나게 되었다. 민주주의는 쟁투의 담론이 부딪치는 현장이자, 공간이 되어갔다.

한국 현대사에서 민주주의를 위한 대중의 집단적 행동은 1960년 4월 혁명, 1980년 광주민중항쟁, 1987년 민주화운동(노동자대투쟁) 등의 형태로 나타났다. 이러한 대중운동의 주기적 발생은 정권이 독재적 행태를 보였기 때문에 발생했지만, 제도권에서 작동하고 있던 대의제적 민주주의가 대중의 요구를 미처 수용하고 있지 못했기 때문에 발생했다.

한국 민주주의는 대중운동의 주기적 폭발을 통한 발전이라는 특징과 함께, 이러한 대중운동이 제도적 민주주의의 한계 지점을 돌파하려고 시도함으로써 민주주의의 내용을 확대해 나갔다는 점에 또 다른 특징이 있다.

의회 · 정당 차원에서 주로 진행되는 제도적 민주주의에만 주목하면, 60여 년에 걸친 한국 민주주의 발전사를 제대로 살펴볼 수 없다. 한국 민주주의의 발전을 견인한 가장 중요한 동력은 대의제적 민주주의가 아니라 대중적 투쟁이었다.

그런데, 1950년대 민주주의는 대의 민주주의의 테두리 안에서 작동했다. 민주주의를 주장하고 이를 실천한 단위들은 제도 정치의 중요한 행위자라고 말해지는 의회나 정당이었다. 정당과 의회가 보여주었던 인식과 실천의 수준이 어떠하든 간에, 각 정당들은 민주주의 실현을 자신의 목표와 이상으로 설정하고 있었다. 그러나 1950년대 자유당과 민주당의 의회정치는 많은 한계를 가지고 있었고, 이런 한계는 '4 · 19혁명'이라는 시민과 학생의 운동으로 돌파되었다. 직접행동을 통해 시민과 학생은 주권의 소재를 확인할 수 있었다. 이전에는 볼 수 없었던, 민주주의를 만들어나가는 새로운 주체가 등장했던 것이다.

문제는 왜 1950년대 민주주의적 실천이 지배 엘리트 세력가 주도하는 정당과 의회를 중심으로 한 대의제적 민주주의에 한정될 수밖에 없었는가이다.

이에 대해서는 민주주의에 대한 국민적 이해도가 낮았기 때문에 지도자를 통한 대의 정치가 필요했다든지, 전쟁 후 한국 사회에서는 진보적 운동과 대중단체가 소멸하였고 존재하는 대중단체는 어용화 되었으며 시민사회의 전멸로 대의정치만이 작동할 수 있었다든지 하는 대답이 나올 수 있을 것이다.

이 글은 민주주의 그 자체의 제도와 법률의 측면에서가 아니라, 민주주의적 실천의 틀을 만들고 그 한계를 규정했던 반공주의 분석을 통해 1950년대 민주주의 발전의 '역사적 조건'을 확인하고자 한다.

법률과 제도로 형식적 민주주의가 마련되어 있다 하더라도, 실제의 시행 양상은 아주 다를 수 있다. 이런 의미에서 법률과 제도적 민주주의 장치는 민주주의 그 자체와 동일한 것은 아니다. 아무리 좋은 제도적 규정이 있다 하더라도 민주주의는 그것만으로는 발전하지 않으며, 그 내용이 확대되고 깊어지기 위해서는 수많은 실천이 필요하다.

정부 수립 이후의 정치 과정은 새롭게 도입된 민주주의의 원칙을 확인하고 이를 제도적으로 보완하는 것과 아울러 언론 · 집회 등의 기초적 권리를 보장함으로써 민주주의 문화를 만들어가는 과정이어야 했다.

그러나 정부 수립 초기에 제주사건과 여순사건에서 표출된 군대 · 경찰의 국가 폭력은 적에 대한 증오심을 유발하고 적 전멸을 추구함으로써 민주적 시민 주체를 만들어내는데 큰 장애물로 등장했다. 1948년부터 1953년까지 내전과 전쟁과정 속에서 표출된 '국가 폭력'과 '반공주의'는 민주적 주체를 성공적으로 만들어 낼 수 있는 조건이 아니었던 것이다. 가혹한 폭력의 세례와 상대방을 빨갱이로 규정하는 반공주의는 개인의 권리를 보장하고 갈등 속에서 합일점을 도출해내는 민주주의 원칙과는 화해할 수 없었다.

이런 점에서 국가 폭력과 반공주의는 한국 민주주의의 내용과 실천 양식을 구성하는 것이었다. 이것이 1950년대 대의적 민주주의가 작동하게 되었던 사회적, 역사적 조건이었다고 할 수 있다.

이 글은 전후 한국 민주주의 작동의 조건을 형성했던 반공주의의 형성과정과 그 성격을 살펴본다. 또한 반공주의와 민주주의가 어떤 관계를 맺고 있었는지를 담론적 차원과 정치인들의 활동 차원에서 추적하고자 한다. 원리적이고 담론적 차원에서 보면, '반공주의'와 '민주주의'는 서로 상반되는 듯이 보이지만, 1950년대 민주주의 실천에서 양자는 서로 결합된 채 사고되고 실천되었다. 1950년대에 민주주의를 주창했던 야당 인물 중에는 강한 반공의식을 가지고 반공전선에서 맹활약했던 사람이 여럿 있었다. 이 중에서도 조병옥, 최천 등의 경찰 출신과 군인 송요찬 그리고 정치인 김준연을 통해 1950년대 민주주의의 주창자들이 어떤 반공 활동의 이력을 가지고 있었는지, 반공 체제가 구축된 이후에는 어떻게 민주주의를 주장했는지, 그들이 주장하고 실천한 민주주의는 어떤 것이었는지를 살펴보고자 한다.

2. 반공체제 구축과 민주주의

1) 정부 수립과 국가폭력의 전면화

미군 점령기 3년을 거치고 대한민국 정부가 수립되는 과정에서 발생한 제주4·3사건과 여순사건은 남한 반공주의의 성격을 형성하게 된 시원적 사건이었다.

1948년 4월에 제주도에서 일어난 봉기의 원인은 다양한 원인이 착종되어 있었으나 서북청년회·경찰의 폭력과 함께 남한 단독정부 수립에 반대하는 정치적 이유가 가장 컸다. 제주사건이 처음부터 폭력적인 방향으로 나간 것은 아니었다. 제주사건은 1948년 5월 평화협상으로 어느 정도 진정되는가 싶었지만, 정부가 수립되고 북한에 정권이 수립되면서 제주도 사건은 정권의 정통성에 도전으로 인식되어 강경한 진압작전이 펼쳐졌다.

1948년 10월 제주도에는 경비사령부가 설치되어 본토 군 병력이 증파되었고, 11월 17일에는 '불법적인' 계엄령이 선포되었다. 이에 앞서 9연대 송요찬 연대장은 해안선으로부터 5㎞ 이상 들어간 중산간지대를 통행하는 자는 폭도배로 간주해 총살하겠다는 포고문을 발표한 바 있었다. 이른바 초토화작전의 시작이었는데, 이는 제주도민을 폭도로 간주하여 '싹 쓸어버리는' 작전이었다(제주4 · 3사건진상규명및희생자명예회복위원회, 2003, 535쪽).

1949년 초반까지 중산간지대에서뿐만 아니라 해안변 마을로 소개(疏開)당한 주민들까지도 무장대에 협조했다는 이유로 죽임을 당했다. 한 마을이 통째로 불타 없어지기도 했고, 작은 마을에서는 남녀노소 가릴 것 없이 수십 명씩 죽어나갔다. 진압 군경은 가족 중에 한 사람이라도 없으면 '도피자 가족'으로 분류, 그 부모와 형제자매를 대신 죽이는 '대살(代殺)'도 자행하였다. 그들은 '빨갱이'가 아니었지만 협조했다는 이유로 보복의 대상이 되었고, 어떤 때는 이유도 모르게 죽어갔다. 그렇게 죽은 사람이 2만 5천명에서 3만 명에 달했다.

대한민국 정부가 한반도 남쪽에 세워지고 2개월 만에 일어난 여순사건은 1946년 미군정하에서 일어났던 '대구10월항쟁'이나 '제주4 · 3항쟁'보다 훨씬 더 큰 정치 · 사회적 영향을 남한 사회에 미쳤다. 세 개의 대중운동 모두 지역에서부터 시작되었다는 공통점이 있지만, 여순사건은 전국적 범위에서 그 영향을 미쳤다. 반이승만 정치세력에 대한 지배정권의 공세는 여순사건을 계기로 급속하게 강화되었고, 한반도 남쪽을 지배했던 미군의 철군정책도 변화되었다.

여순사건은 봉기와 정부 진압과정에서 수많은 군인·경찰과 민간인이 죽음을 당했던 유혈적 사건이었다(김득중, 2009, 295~367쪽).

순천과 여수를 점령한 진압군은 제일 먼저 전 시민을 국민학교 같은 공공장소에 모이도록 명령했다. 시민들은 나오지 않으면 반란군으로 간주된다는 말을 듣고는 만일 진압군의 지시에 따르지 않으면 죽을 수도 있다는 공포감에서 모두 모이라는 장소에 나왔다.

진압군은 운동장 등에 모인 사람을 양민과 협력자(부역자) 양편으로 나누었다. 부역자 색출장면은 누가 '적'이고 누가 '우리' 쪽인가를 가시적으로 보여준 장면이었다. 사건 가담자는 즉결처분장에서 개머리판, 참나무 몽둥이, 체인으로 죽이거나 곧바로 총살했다. 나머지 사람들은 수용되어 재심사를 받거나 군대, 경찰에 넘겨져 심문과 재판을 받았다. 그러나 협력 혐의를 받았던 사람들이 모두 봉기에 협조하였거나 공산주의자는 아니었다.

미 군사고문단원으로 진압에 적극 참여했던 하우스만(James Hausman) 조차도 순천 경찰이 "본격적으로 복수하러 나섰고, 수감 포로와 민간인들을 처형하고 있다……여러 명의 친정부 민간인들이 이미 살해되었으며 시민들은 우리가 적만큼이나 나쁘다고 생각하기 시작했다"고 보고했을 정도였다.[1)]

제주와 여순사건에서 수많은 인명이 진압군에 의해 살상되었다. 제주와 여순에서 이루어진 정부의 진압작전은 다음과 같은 몇 가지 특징과 성격을 가지고 있다.

---

1) "Yosu Operation, Amphibious Stage", G-2 Intelligence Summary No.166, 1948년 11월 5~12일.

첫째, 정부는 반란 지역 전체를 공산주의 세력권으로 간주했으며, 지역민에 대한 무차별적 처형을 감행했다. 제주도에서는 마을 단위의 학살이 비일비재했고, 아예 제주도 전체가 빨갱이의 섬으로 간주되어 제주도를 고립시킨 상태로 맹렬하게 진압작전이 이루어졌다.

이른바 동조자, 협력자(부역자)에 대한 색출은 선별이 아니라 무차별적으로 진행되었다. 여수 · 순천에서는 지역 유지와 우익 인사들조차 진압군의 처형을 피해갈 수 없었다. 반공이 지칭하는 직접적 대상은 '공산주의자'였지만, 실상은 이와 달랐다.

반공주의의 대상(배제의 대상)은 공산주의자에 한정된 것이 아니라, 반이승만 성향의 정치인, 일반 대중 더 나아가 전혀 정치 이데올로기와 관련 없는 사람들까지 포함하였다. 이념으로서 반공이 정립되고, 적을 색출했던 것은 아니었다. 여순사건에서 군경에게 학살당한 사람들은 "공산주의자라서 죽음을 당한 것이 아니라, 죽은 다음에 공산주의자가 되었던 것"이다. 정부 진압군에게 죽음을 당한 사람들 모두가 공산주의자가 아니었다는 사실은 정부 수립 초기에 만들어지기 시작했던 반공 이념의 사정권이 어디까지 미치며, 어떤 목적과 효력을 갖고 있는지를 잘 말해준다.

둘째, 정부의 강력한 진압작전은 저항하는 대중에 대한 공격이었다. 분단정권의 핸디캡을 갖고 출발한 이승만 정부는 단독정부에 반대하는 제주사건을 시급히 진압하고자 했고, 출범 두 달 만에 군인이 주동한 여순사건이 발발함에 따라 위기 상황에 봉착하였다. 여기저기서 일어나는 봉기와 동조적인 대중의 존재는 이승만 정부에게 봉기 대중에 대한 공포를 불러일으켰다. 이승만 정부는 '대중에 대한 공포'를 선제적이고 강력한 진압작전을 통해 '대중들의 공포'로 전환시켰다.

셋째, 두 사건에서 이루어진 학살은 누가 대한민국의 국민인지를 가려내는 사실상의 민족 구성원 심사과정이었다. 대한민국에서 이루어진 국민/비국민의 분리는 죽음을 앞에 둔 매우 잔혹한 학살의 방식으로 이루어졌다.

반란군에 협력한 자는 국민이 될 수 없었고, 반공의 입장을 취하는 사람들만이 국민으로 인정받을 수 있었다. 반란 주체들(또는 주체들로 간주된 자들=협력자)은 정권에 의해 국민으로 인정되지 않았고, 죽음을 당해야 하는 존재, 건전한 사회 건설과정에서 뿌리 뽑혀져야 하는 잡초 같은 존재로 취급되었다. 이들은 국민의 범주에서 배제한 후에야 대한민국은 '반공국가'로, 인민은 '대한민국의 반공국민'으로 탄생할 수 있었다.

넷째, 두 사건을 통해 국가는 자신의 권능을 확실하게 현시하였다. 군경이라는 막강한 물리력을 소유한 국가는 삶과 죽음을 관장하는 자로서 자신의 모습을 드러냈다. 삶을 윤택하게 하고 삶을 이롭게 하는 데 기여하는 국가라기보다는, 복종하지 않는 자에게는 죽음이 있을 뿐이라는 냉혹한 현실을 일찌감치 보여줌으로써 대한민국은 국민으로부터 충성서약을 이끌어 낼 수 있었다.

마지막으로, 두 사건에서 이루어진 군경의 진압과 민간인 학살은 국민 주권과 인간의 가장 기본적인 권리인 생존권을 부정함으로써 민주주의의 폭을 크게 제한하였다. 불법적인 계엄 발포와 법적 절차를 거치지 않은 대량학살, 민간인의 군법회의 회부 등은 민주정치의 근간인 법치주의를 전면 부정한 것이었다. 생명권과 정치적 주장을 자유롭게 할 수 있는 민주적 주체는 완전히 부정되었다. 이는 한국 민주주의 발전에 드리운 반공주의의 암울한 그림자였다.

2) 반공주의의 성격과 민주주의

이승만 정부 수립 후, 제주와 여순사건을 거치면서 모양을 잡아나간 남한의 반공주의는 냉전 체제하에서 발생한 다른 나라의 반공주의와 비교해보면, 다른 나라와는 차별적이고 독특한 성격을 가지고 있음을 알 수 있다.

다른 나라도 그렇지만, 한국에서 발생한 반공주의는 이념적 반공주의가 아니었다. 반공주의는 말 그대로 공산주의에 반대하는 경향을 말하는 것이지만, 반공주의 운동은 이념에 따라 움직이지 않았다. 미국 매카시즘이 근거 없는 폭로와 비난을 통해 수많은 인물들을 추방했던 것처럼, 한국의 반공주의도 공산주의자로 지목된 사람이 진짜 공산주의자인가 그렇지 아닌가는 문제가 되지 않았다. 중요한 것은 타자를 공산주의자로 지목하고 그에 응당한 처분을 내린다는 것에 있었다. 이런 효용적 측면 때문에 반공주의 운동은 공산주의자를 감소시키는 것이 아니라, 공산주의자를 계속 생산하는 무한궤도적 순환을 계속했다.

그러나 한국 반공주의는 몇 가지 점에서 다른 나라의 공산주의와 달랐다(김득중, 2009, 552~578쪽).

첫째, 한국의 공산주의자에 대한 규정은 이념에 따라 형성된 것이 아니라 감정적, 도덕적, 인륜적 차원에서 정의되었다. 정부는 희생된 피해자들 대부분이 좌익에 의해 죽었으며, 좌익을 '살인마'라고 선전했다. 이는 공산주의자들이 우익세력을 비롯한 양민을 무참히 학살했다는 선전에 기초하고 있었다. 이는 사실과는 정반대의 선전이었다. 여순사건에서 희생된 피해자의 95%는 국군과 경찰에 의해 학살되었기 때문이다. 신문과 정부는 좌익의 잔학상을 홍보했고, 이를 통해 좌익세력은 살인

마의 이미지가 입혀졌다. 이제 좌익은 인간의 생명을 가볍게 여기고 사람을 해치는 비인간으로 자리매김했다.

둘째, 공산주의자는 비인간적이고 악마이며 짐승 같은 존재이기 때문에 그들을 '죽여도 좋다'라는 논리가 만들어졌다. 공산주의자들은 참혹한 학살을 자행한 짐승보다도 못한 존재이며, '악마'이자 '비인간'으로 간주된 공산주의자에 대한 처벌은 당연시되었다. 그들은 우리와는 종류가 다른 미천한 존재, 도덕을 모르는 존재로 이질화되었다. '우리'와는 완전히 다른 '타자'가 만들어졌던 것이다.

셋째, 공산주의자를 타자로 형상화하는 작업은 정부만의 작업이 아니었고, 문인·종교인·언론인·예술인 등 사회를 주도하는 엘리트층이 참가한 사회적 프로젝트로 진행되었다.[2] 사건이 진압된 뒤, 여수·순천을 방문했던 문인과 종교인들도 공산주의자들이 참혹한 학살을 자행한 짐승보다도 못한 존재이며, '악마'이자 '비인간'이라고 주장했고, 언론인들은 좌익세력의 비인간성을 보도를 통해 널리 알렸다.

넷째, 위에 언급한 한국 반공주의의 독특한 내용은 '빨갱이'라는 낱말에 응축되어 표현된다. 언어적 측면에서 '빨갱이'는 '공산주의자'라는 낱말과는 그 쓰임이 다르다. '빨갱이'라는 낱말에는 이념적 요소가 빠지는 대신 '유혈'과 '비인간'의 이미지가 선명하게 각인되었다. '빨갱이'라는 단어는 정부·언론·문인·종교계의 지식이 총망라되어 형성된 담론의 응결체였다.

---

2) 국제적 냉전체제하에서 반공주의는 여러 가지 형태로 나타났다. 한국의 반공주의가 왜 이렇게 강렬한 형태로 나타났는가를 규명하기 위해서는 냉전의 첨병 역할을 했던 남한의 상황과 국제적 압력 요인을 살펴보는 것과 더불어 반공주의를 주도했던 엘리트층에 대한 성격 규명도 함께 이루어져야 할 것이다.

외국의 경우에도 '아카(赤)', '꼬미(commie)' 등 공산주의자를 폄하하는 뜻을 가진 용어들이 있지만, 이럴 경우에도 공직에서 추방하여 사회적 지위를 잃게 하거나 심하면 사회에서 격리하는 방법을 사용할지언정 공산주의자라는 이유 때문에 죽음을 당하지는 않는다. 그러나 '빨갱이'는 죽여도 좋은 존재이다. 한국의 '빨갱이'라는 용어는 세계 반공주의 역사에서 가장 노골적인 적대감을 표시하는 경우라 할 수 있다.

정치적 경쟁자인 '공산주의자', 이념적 존재인 '공산주의자'로부터 죽여도 좋은 존재인 '빨갱이'로의 전환이 이루어졌고, '빨갱이'란 용어는 도덕적으로 파탄난 비인간적 존재, 짐승만도 못한 존재, 국민과 민족을 배신한 존재를 천하게 지칭하는 용어가 되었다. 그렇기 때문에 공산주의자는 어떤 비난을 하더라도 감수해야만 하는 존재, 죽음을 당하더라도 마땅한 존재, 누구라도 죽일 수 있는 존재, 죽음을 당하지만 항변하지 못하는 존재가 되었다.

다섯째, 한국의 반공주의는 초기 국가형성과정에서 이에 저항하는 대중운동을 억압하면서 탄생되었다. 분단 정권이라는 약점을 가진 이승만 정부는 공산주의자들이 정권을 타도할 수 있다는 두려움, 이에 동조한 대중들에 대한 공포 그리고 저항의 가능성을 봉쇄해야 한다는 압박을 강하게 느끼고 있었다. 따라서 대중은 '우리 편'이 아니면 '적'이라는 극명한 이분법적 인식이 정치를 관통하게 되었다.

국가 폭력은 대중의 저항 가능성을 선제적으로 제거하는 대중 억압으로 이어졌다. 제주사건과 여순사건 그리고 한국전쟁 전후에 발생한 대량학살은 바로 이런 선제적이며 공세적인 조치였다. 따라서 폭력의 대상은 공식적으로 설정된 외부의 적(예를 들면, 공산주의 집단인 북한)이 아니라 내부의 대중이었다. 이런 측면에서 이승만 정부의 반공주의는 공산주의자를 겨냥하고 있다기보다는 저항 가능성이 있는 대중을 상대로 하고 있었다. 봉기적 주체를 사전에 봉쇄하는 것이 반공주의가 겨누는 대상이었다.

여섯째, 한국의 반공주의는 '공산주의를 반대한다'라는 것 이외에는 그 안에 어떤 특정한 이념을 가지고 있지 않은 공허한 울림이었기 때문에 그 공허함을 강요하기 위해 군경에 의한 노골적인 국가폭력이 사용되었다. 반공주의는 대중의 이념이 아니었고, 정부 수립 초기에 엘리트층에 의해 주도된 담론이었다. 이렇게 생산된 담론은 강력한 물리력을 사용한 국가의 힘을 통해 점차 사회적으로 지배적인 이념이 되어갔다.

대중에 대한 폭력으로 시작된 반공주의는 국가보안법 등의 법제적 장치와 각종 반관·반민 단체를 중심으로 주민 생활을 구석구석 통제하는 사회 조직화를 통해 점차 모양을 갖추어 나가기 시작했다. 이제 대한민국 거주자는 '반공 국민'으로 탄생되었고, '반공 도덕'과 애국심을 가슴속 깊이 새겨갔다.

정부 수립 이후에 형성된 반공주의의 성격이 이렇다고 할 때, 반공주의는 민주주의의 실천에 어떤 영향을 미쳤을까? 반공주의는 그 안에 고유한 내용을 갖지 못했기 때문에, 민주주의라는 긍정적이고 과제 지향적인 내용에 의해 보강되어야만 했다. 원리적인 측면에서 볼 때, 반공주의는 '자유민주주의'를 지키기 위한 것으로 정당화되었다. 그러나 민주주의 실천은 다음에서 보듯, 반공주의의 강력한 영향권 안에 놓여 있었다.

법률적, 제도적 측면에서 정부 수립 초기의 민주주의를 살펴본다면, 그것은 상당히 진일보한 것으로 보일 수 있다. 제헌헌법은 모든 권력이 국민으로부터 나온다는 주권재민(主權在民) 기본 원칙을 표명하는 한편, 국민의 신앙·양심·학문·예술의 자유와 언론·출판·집회·결사의 자유를 규정하였을 뿐만 아니라 재산권과 교육받을 권리, 노동할 권리를 규정하였다. 또한 헌법은 농지 분배와 중요기업의 국영을 선언했다.

정부 수립을 즈음하여 최초로 이루어진 제헌국회의원 선거(1948년 5·10선거) 또한 보통·평등·비밀·직접선거 방식에 의해 치러진 최초의 선거였다.[3] 하지만 실제 선거 진행은 순조롭지 못했다. 선거를 즈음해 미군은 4월 29일에 이어 두 번째로 5월 9일 특별경계령 상태에 들어갔다(『조선일보』, 『서울신문』 1948년 5월 9일자). 선거를 치르기 위해서 남한의 전 경찰력이 투입되어야 했다. 선거 당일에 경찰은 카빈총으로 무장했고, 민간 경비원들이 곳곳에 배치되었다. 선거일은 계엄 상태에 있던 것이나 다름이 없었다. 5·10선거는 제도적 요소의 도입 자체만으로는 민주주의가 저절로 이루어지는 것이 아님을 보여주었다. 미군정의 의도대로 5·10선거는 남한 정권 수립을 합리화하기 위한 제도적 절차에 머물렀던 것이다.[4]

근대 민주주의는 법치주의를 기본으로 한다. 법치는 공개적인 방식을 통해 공정하고 예측가능한 사회 운영을 가능하게 하기 때문이다. 특히 여순지역과 제주에 내려진 계엄은 아무런 법률적 근거도 없이 국무회의를 통해 선포되어, 수많은 인명을 앗아가는 '살인면허장'으로 사용되었

3) 영국은 1928년, 프랑스는 1946년에야 비로소 여성에게 남성과 똑같은 선거권이 주어졌다. 한국은 제도적 민주주의를 비교적 일찍 성취한 셈이지만, 이것은 미군정에 의해 주어진 것이었다.

4) 선거인등록 마감 결과 등록률은 91.7%에 이르렀다고 국회선관위는 발표하였지만, 실제는 이보다 훨씬 낮았다. 선거를 주관한 미군정은 등록률을 79.7%로 자체 추산하였다. 그런데 등록률 수치에만 문제가 있었던 것은 아니다. 당시에는 통계가 부실하여 선거에서 가장 기본이 되는 유권자수와 투표자수를 파악하지 못하고 있었다.

다. 계엄법은 1949년이 되어서야 제정되었다.

계엄의 파괴적 위력을 깨달은 정부는 여순사건이 진압된 1948년 12월에 국가보안법을 공포하였다. 계엄법은 평상시의 계엄법이었다. 많은 연구가 지적하는 것처럼, 국가보안법은 헌법을 뛰어넘는 사실상의 헌법 위의 법률이었고 사회를 운영하는 기준법이었다.

언제 법률이 제정되었는지도 불확실한 국방경비법은 원래 군법으로 만들어졌지만, 빠른 시일에 가혹한 형벌을 부과할 수 있다는 이점 때문에 수많은 민간인을 처벌하는 수단이 되었다. 여순사건, 제주사건에서 사용되기 시작한 국방경비법은 이후 최능진(이승만의 정적), 정국은사건, 조선방직사건, 조봉암사건 등 중요한 정치적 사건에서 사용되었다. 1948년부터 1962년까지 국방경비법으로 처벌 받은 민간인 수만 하더라도 2만여 명이 훨씬 넘을 것으로 추정된다(김득중, 2009, 14쪽). 이승만 정부 초기의 법 운용은 사실상 법치주의의 파탄이었다.

반공주의가 민주주의에 끼친 가장 큰 영향은 민주주의의 주체로서 대중이 몰락한 것이라고 볼 수 있다. 민주주의의 내용 확대와 이를 기초로 한 제도화 과정은 대중의 자발적 운동 없이는 기대하기 어렵다. 대의 민주주의 또한 활발한 대중적 운동을 통해서 활력을 얻고 민주주의 내용을 넓혀 갈 수 있을 것이다.

그러나 반공주의의 광풍이 휩쓸고 지나간 자리에 남아있는 것은 능동적으로 움직이는 민주적 주체가 아닌 투표권만을 행사하는 추상적 시민이었다. 이들에게 구체적 현실에 기반한 개인과 계급의 권리 주장은 없어져 버렸고, 국민 주권은 선거권으로만 표출되게 되었다. 대중운동을 억압한 반공주의는 그 피해자들을 다시 한 번 무력한 존재로 남게 한 것이다.

1950년대 민주주의는 대중이 정치적 경제적 문제를 제기하고 이를 풀어가는 방식이 아니라, 시민사회가 몰락하고 반공주의 엘리트가 주도하는 제도 정치에서 대중은 주기적으로 투표하는 존재에 머물렀다.

정치인들은 주권은 국민에게 있고 소중한 투표권이 행사되어야 한다고 주장하면서 국가와 대중을 밀착시키려 노력했지만, 국민에게 국가는 무섭고 가까이 할 수 없는 거대한 존재였다. 국민을 보호해야 할 국가에 의해 국민이 살해당함으로써, 대한민국과 국민 간에는 좁혀질 수 없는 간극이 발생했다. 국가는 폭압적 물리력으로 국민들을 굴복케 한 존재였고, 이로 인해 국민은 수동적 위치에 머물렀다. 국가의 폭력 앞에서 자신의 존재를 보존하지 못하는 상황을 접하고 자아 정체성이 무너져버린 것을 경험한 개인들은 더 이상 능동적 주체가 되기 어려웠다.

반공주의 형성과정에서 사용된 폭력은 민주주의적 실천을 방해한 가장 강력한 요소였다. 상대방을 힘으로 굴복시켜 자신의 의지대로 따라오게 한 폭력의 정치논리는 민주주의의 원리와는 상반되는 것이었다. 자신과는 다른 상대방을 인정하고, 타자와의 교섭을 통해 새로운 것을 창출하려는 민주주의 논리는 반공주의의 적대 의식과 폭력 논리 앞에 설 자리가 없었다.

반공주의는 정치의 핵심을 '적'과 '아'의 구별로 보는 인식에 기초하고 있기 때문에, 통합보다는 배제의 정치를 구사했다. 그것의 논리적 결말은 대중운동의 억압, 민주적 과정에 대한 무시, 전쟁 불사와 상대편에 대한 파괴와 전멸이었다.

이와 같이 반공주의는 민주주의 실천 과정에 매우 부정적인 영향을 끼쳤다. 이것이 1950년대 민주주의의 제도적 실천과 운영을 규정한 전사(前史)이자 조건이라고 할 수 있다.

3. 1950년대 민주주의의 양상

1) '반공전사'이자 '민주주의 주창자'

미군정 시기와 대한민국 정부 수립 초기에 활동했던 인물들 중에는 반공주의를 강하게 주장 · 실천하고, 이후에는 야당인 민주국민당-민국당에 들어가 민주주의를 주창한 인물이 꽤 있다. 미군 점령시기에 경무부장을 지냈고, 한국전쟁기에 내무부장관을 지냈던 조병옥은 이후 민주당을 이끄는 지도적 인물이 되어 민주주의적 실천을 강력하게 주창했다. 최천과 박병배도 점령기와 이승만 정부 시기에 경찰국장을 지내기도 했으며, 국회의원이 되어 야당 생활을 하였다.

또한 검찰에서 일했던 선우종원과 조재천도 이승만 정부에서 야당 생활을 했고, 제주4 · 3사건 진압과 빨치산 토벌에 앞장섰던 송요찬은 허정과도정부에 참여했다. 한편 강한 반공주의적 경향을 가졌던 김준연은 이승만 정권기 내내 민주당에 참여했고 이후에는 독자 정당을 만들어 정치 생활을 이어갔다.

위에서 언급한 인물들은 강한 반공주의적 '인식'을 가졌거나 반공주의 전선에서 반공을 '실천'한 사람들이라는 공통점을 가진다. 이승만 정부 시기는 한국 민주주의의 초기적 실천이라는 점에서 매우 중요하다. 위에서 언급한 사람들의 이력을 살펴보는 것은 한국 민주주의가 어떤 성격을 가지고 출발했는지를 점검해볼 수 있는 계기를 제공한다. 원리적인 측면에서 민주주의와 반공주의는 서로 부합하지 않을 것 같지만, 이들의 삶 속에서 '반공주의'와 '민주주의'는 동전의 양면을 구성하고 있었고, 양자 간에 모순이 있을 수 있다는 점을 거의 자각하지 못했다.

(1) 조병옥

조병옥은 미군 점령 시기에 경무부장을 지냈고, 한국전쟁 직후에는 내무부장관을 맡았다. 제3, 4대 국회의원을 지낸 조병옥은 1956년 민주당 조직에 참여하여 최고위원이 되었고, 1960년에는 대통령후보에 출마했으나 신병으로 미국에서 치료 중 사망하였다.[5)]

미군 점령기와 한국전쟁기에 그는 강한 반공주의 성향을 가지고 좌익세력 척결에 앞장섰다. 한편 민주당을 이끌던 시절의 조병옥은 '자유민주주의 실현'과 '반독재 민주화투쟁'의 중심적 역할을 한 1950년대 대표적인 야당 정치인으로 평가되고 있다.

조병옥의 공산주의에 대한 반감과 반공주의 이념은 다른 누구보다도 강했는데, 경무부장 당시 그가 역점을 두었던 사업은 좌익세력 척결이었다. 좌익세력 제거의 필요성은 해방 직후 건설된 인민공화국에 대한 반감과 한민당 창당 시절부터 싹텄는데, 경찰을 총지휘하는 경무부장에 취임한 이유도 치안을 책임지는 경찰에 투신함으로써 좌익세력을 진압할 수 있다는 판단에 따른 것이었다. 조병옥은 좌익세력 척결을 위해서라면 친일파 등용도 마다하지 않았다.

1946년 대구에서 쌀 수집과 경찰에 저항하는 봉기가 일어나자, 경찰에 대한 비난이 커졌다. 이에 대해 조병옥은 "대구폭동 원인으로 경무부장인 내가 친일경찰관들을 많이 등용했기 때문이라고 주장하지만, 일제

---

5) 조병옥은 미국 컬럼비아대 경제학부를 졸업했으며 철학박사 학위를 취득했다. 1945년 한민당 결성에 주요한 역할을 했으며, 미군 점령기 내내 경무부장을 지냈다. 전쟁 직후인 1950년 7월 15일부터 1951년 5월 7일까지 경찰을 지휘하는 내무부장관을 맡았다(안용식 편, 『대한민국관료연구(Ⅰ)』, 연세대학교사회과학연구소, 1995, 694쪽). 제3, 4대 국회의원 선거에서 민국당-민주당 후보로 대구 을 지역구에서 당선되었다(대한민국 국회사무처, 『역대국회의원총람』, 1977, 129 · 161쪽).

통치하의 친일은 두 가지 종류…… 하나는 직업적인 친일파였고, 또 하나는 자기 가족과 생명을 보호하기 위한 연명책으로 택한 부류다. 많은 사람들이 'pro-Japan'(친일)이 아니라 'pro-Job'(구직 · 생존)이라고 할 수 있다. 진짜 친일파인 pro-Japan은 극소수에 불과하다"라고 강변했다. 그가 등용한 경찰들은 일제 고등경찰 출신으로 독립운동가를 체포한 사람들이었고, 이 때문에 경찰은 해방 후에 친일파가 가장 많은 조직으로 비난받았다.

미군 이외에는 군대가 존재하지 않았기 때문에, 치안 확보를 책임지는 경찰의 역할은 어느 조직보다도 컸다. 조병옥은 경찰 총수로 있으면서 우익 청년단체를 원조하고, 이 단체들을 통해 좌익을 진압하고자 했다.

좌익세력에 대한 조병옥의 반감은 1947년 3월 1일에 발생한 경찰 발포 사건에서도 확인할 수 있다. 1947년 3월 1일 제주도 3 · 1절 기념식에서 경찰 발포로 사상자가 발생하자, 이에 항의하는 총파업이 벌어졌다. 3월 14일 제주도를 방문한 조병옥은 제주도 공무원들에게 '제주도 사람들은 사상적으로 불온하다면서 건국에 저해가 된다면 싹 쓸어버릴 수도 있다'는 살벌한 연설을 했다(김호중(당시 제주도청 공무원) 증언, 제주4 · 3사건진상규명및희생자명예회복위원회, 2003, 122쪽에서 재인용). 경무부는 제주도 전체를 '붉은 섬'으로 규정하였고, 파업 주모자를 검거하기 위해 제주도경찰(330명)보다 더 많은 응원경찰(421명)을 파견하였고 4월 10일까지 약 500명을 체포했다.[6)]

1947년 3 · 1사건 때 쌓인 불만은 제주4 · 3사건으로 발발하게 되었는

---

6) 이후에도 경찰병력은 계속 증가하여 1948년 5월에는 각 경찰관구에서 차출한 응원경찰 450명과 형사대를 제주도에 보냈다. 1948년 7월경, 제주도에 있는 경찰 병력은 2천여 명으로 늘었다.

데, 조병옥은 서북청년회원 500여 명을 경찰전투대 요원으로 파견했다(제주4·3사건진상규명및희생자명예회복위원회, 2003, 144·188쪽). 서청은 제주4·3사건 발생의 원인을 제공하기도 한 단체였는데, 강한 반공주의 의식으로 무장한 서청원들은 제주도를 빨갱이 섬으로 여기고 수많은 폭력을 자행했다.

이후 야당 정치인이 되었을 때, 조병옥은 '대한민국 경찰은 야당 정치인을 반역시하여 요시찰인물로 만들고 야당계 신문을 판매 금지하는 등, 국민의 신성한 권리와 관제 민의를 조작'하고 있다고 정부를 비난하면서, "경찰은 주로 사회 공공의 안녕질서와 치안상 국가보안의 유지를 위하여 법규 유지의 확보에만 한하여야 한다. 경찰은 정치적 불편부당의 입장에서 국민의 사생활에까지 간섭하지 말아야 할 것"이라고 밝혔다(조병옥, 1959, 113쪽). 이렇게 조병옥은 민주주의 사회에서 경찰이 정치에 관여해서는 안 된다고 주장했지만, 사실 경찰의 활동이 가장 정치적이고 폭압적이었던 시기는 조병옥이 경무부장과 내무부장관으로 있을 때였다.

경찰의 조직 규모는 정부 수립 이후 더욱 팽창했다. 1948년 11월 현재 약 3만 5천 명이었던 경찰관 총수는 1949년 3월에는 4만 5천 명에 이르렀고, 1950년에 가서는 5만 명으로 증가했다. 문제는 경찰의 성격이었다. 경찰은 사람들로부터 '친일파 소굴'이라고 비난 받을 만큼, 일제시기의 인물이 재등용되었고, 민중억압적이고 폭력적인 방식도 계속 유지되었다.

조병옥이 책임을 맡고 있을 때의 경찰은 그가 야당 정치이었을 때 당했던 불이익에 비교가 되지 못할 만큼 잔혹한 양상을 보였다. 유엔조선임시위원단(UNTCOK)은 조병옥이 경무부장으로 있던 미군정기의 남한을 '경찰국가'라고 지적했다(메논, 모윤숙 편집, 1948, 56쪽). 미군정 시기 경찰활동은 우익으로부터도 좋은 평가를 받지 못했다. 엄상섭은 "제2대 국회의원 김준태 씨 사건으로 대한민국 헌법을 제일 무시하였고, 군정 시대의 씨의 경찰 수뇌로서의 태도는 비록 좌익이 강한 때이기는 하나 민주경찰과는 역행되는 것이었다. 이런 사람이 권력을 다시 잡게 되면 어떠한 일을 할는지 모른다"고 평가했다(엄상섭, 2003, 221쪽).

엄상섭이 말한 '김준태사건'이란 조병옥이 국회의원을 남로당원으로 몰아 투옥한 사건을 말한다. 한국전쟁 당시 조병옥은 내무부장관을 맡았는데, 경북경찰국이 49명이 연관된 남로당 재건에 관한 사건을 보고했다. 이에 따르면 국회의원 김준태와 장관 한 명이 남로당원으로 포함되어 있었다. 다음날 조병옥은 국무회의에 이 사건을 보고했고, 김준태 의원을 체포할 것을 주장했다. 그는 '국회의원은 회기 중 현행범이 아닌 이상 체포할 수 없지만, 독일과 일본에서는 공산당 범죄에 대하여 개인이 불법단체인 결사에 가맹하고 그 단체로부터 탈퇴하였다는 공개적 표시가 없는 경우에는 그 범의(犯意)가 계속된 것으로 간주한다. 이루 미루어 현행범이라고 규정할 수 있다'고 주장했다(조병옥, 1963, 297~299쪽).

경찰이 김준태를 체포한 후, 장택상 · 조봉암 등이 방문하여 김준태 의원의 석방을 호소했으나 조병옥은 이를 완강히 거절했다. 나중에는 국회의원들이 치열한 구명운동 전개했고, 이승만 대통령도 석방을 요청했으나, 조병옥은 만약 김 의원을 석방시킨다면 자신은 장관직을 사임하겠다고 주장해 이를 무산시켰다. 그러나 검찰은 증거가 불충분하여 불기소했으며, 김준태 의원은 석방되었다.

후일 조병옥은 자신의 회고록에서 "증거불충분한 이 사건에 대하여 나의 강경책이 잘못되었다고 설명할 수 있으나", "나는 민국의 운명이

풍전등화 격에 놓여 있었기 때문에 어쩔 수 없었다"고 강변했다. 이 사건은 주변의 권고와 대통령의 요청도 거부한 그의 강력한 반공주의적 신념 없이는 이루어지기 어려운 것이다.

강력한 반공주의를 주창했던 사람들에게서 나타나는 특징 중의 하나는 반공주의를 자신의 이익에 따라 사용한다는 점이다. 이 점에서 남한 엘리트에게 반공주의는 이념적 지향이라기보다는 처세와 권력 추구의 한 방편으로 사용된 측면이 있다.

조병옥 등의 한민당계 간부들이 평화통일세력을 제3세력으로 몰아가 정치권에서 제거하려 했던 '뉴델리밀회사건'은 이러한 예가 될 수 있을 것이다.

1953년 5월 신익희는 이승만 대통령의 권유로 영국여왕 대관식에 참석하는 한편, 한국전쟁 때 도와준 우방국을 방문하여 사례하고 오라는 대통령을 지시를 받고 출국하였다.

그런데 민국당 선전부장 함상훈은 1954년 10월 하순에 대관식에 참석하고 귀국하던 신익희가 뉴델리에서 조소앙을 만났다고 폭로하여 정가를 긴장케 했다. 대한민국을 중립국가로 만들기 위해 구체적인 협의를 했으며, 북한에서 파견된 밀사가 신익희를 만났다는 내용이었다. 신익희는 졸지에 북한 세력과 접선한 '제3세력'으로 몰리게 되었다.

'뉴델리밀회사건'의 배후에는 조병옥이 있었다. 신익희가 조봉암을 포함한 민주연맹을 조직하는 것에 반대하고 있던 조병옥은 신익희가 뉴델리에서 조소앙을 만났을지 모른다는 얘기를 김준연에게 흘렸고, 민국당 간부회의에서 신익희가 제3세력이라고 맨 처음 퍼뜨린 장본인이기도 하다. 이러한 민국당의 분위기를 탐지하고 있던 정치브로커 김지웅은 이를 특무대장 김창룡에게 보고하였다. 이승만 대통령 쪽에서는 신익희가 가장 두려운 정치적 라이벌이었기 때문에 조소앙이 평양에 있는 것을 알면서도 계속 정치적 문제가 되도록 유도했다(박순용 등, 2001, 245~255쪽).

혁신파로 알려진 신익희와 대립하고 있었던 민주당의 조병옥, 김준연, 함상훈 등 한민당계 우익세력들은 뉴델리사건을 통해 신익희를 정치적으로 매장시키거나 약화시키고 신익희가 조봉암등 제3세력을 끌어들여 정치세력을 형성하려던 기도를 다시 못하게 하려고 했던 것이다(서중석, 2005, 271쪽).

'김준태사건'이나 '뉴델리밀회사건'에서 나타나는 조병옥의 정보·공작은 특무대의 정치공작을 연상케 한다. 특무대는 필요할 때마다 '빨갱이', '공비' 사건을 조작하여 정치인을 매장시키거나 정치지형을 재편하려고 시도하였다. 1952년 부산정치파동 때, 김창룡 특무대장은 대구형무소에 갇혀 있던 중형수들에게 큰일을 치르고 나면 석방해주겠다고 속여 부산 금정산에 끌고 가, 공비로 위장시켰다. 그러나 수인들은 모조리 사살되었고, 이를 기화로 정부는 계엄을 선포했다. 이른바 '부산 금정산 공비위장사건'은 이승만 정권이 계엄을 선포하는 주요한 구실이 되었는데, 이 사건은 김창룡이 꾸민 공작이었다(지헌모 편저, 1961).

특무대의 정보공작 정치의 대상은 야당 정치인에게도 맞추어져 있었고, 부산정치파동의 경우에서 보듯 야당정치인은 그 피해자 중의 하나였다. 그러나 조병옥은 이승만 정권이 사용한 공작 정치의 방식을 그대로 답습하고 있었던 것이다.

그런데, 뉴델리밀회사건을 주장했던 김준연도 나중에는 자신이 공산주의자로 몰렸다. 김준연이 민주당을 탈당하여 신당을 만들자 조병옥은 그의 행위는 사회주의자나 공산주의자를 강화시키는 것이라며 비난했다. 반공주의가 득세하던 상황에서 민주당 세력은 이승만 세력에 의해 가끔 공산주의자로 몰리는 경우가 있었는데, 민주당 또한 그들의 이익에 반하는 세력에 대해서는 공산주의자라는 비난을 서슴지 않았던 것이다.

조병옥의 반공주의는 대단히 강한 것이었다. 그는 민주당을 이끌면서 몇 차례 조봉암과 함께 정치활동을 할 기회가 있었지만, 조봉암이 비록 전향은 했지만 여전히 '극소수 사회주의 분자'이고, 진보당의 정책은 용공주의적이라고 판단했다. 조봉암을 바라보는 조병옥의 이러한 적대적 시각은 신익희의 유화적인 입장과도 대비되는 것이었다.

(2) 최천

제주4·3사건과 여순사건 진압작전에 경찰로 참가했던 최천(崔天)은 이후 민국당 중앙위원을 지냈고, 4·19 후에는 한국전쟁기에 자행됐던 민간인 학살사건을 조사하기 위해 국회에서 구성됐던 '양민학살진상조사위원회'에서 활동했다.[7)]

최천은 해방 직후부터 경찰에 종사하면서, 좌익세력 진압의 최전선에서 활동했다. 제주도에서 1948년 4월 3일에 봉기가 발생한 뒤, 이를 조기 진압하기 위한 회의가 5월 5일 딘(Dean, William Frishe) 군정장관 주재로 안재홍 민정장관, 조병옥 경무부장, 경비대사령관 송호성 준장 등

---

7) 1900년 경남 통영에서 태어났다. 1941년 통영상공회의소 의원을 지냈고, 玉山天으로 창씨개명했다. 동아일보 통영지국장과 신간회 통영 지부장을 지냈다. 제주도 경찰국장(1948.4.17~1948.6.17)을 지냈고 이후에는 경북 경무과장(1949. 4.14~1950.5.4), 경남 경찰국장(1950.7.27~1950.11)을 지냈다. 1954년 제3대 국회의원 선거에서 민국당 후보로 경남 통영군에서 당선되었고, 1958년 4대 국회의원 선거에서는 민주당 후보로 출마하여 충무시에서 당선되었다. 4·19 뒤에 치러진 5대 7·29선거에서는 민주당 후보로 충무시에서 당선되었다. 민국당 중앙위원을 지냈다(중앙선거관리위원회, 『대한민국 선거사』 제1집, 1973, 1123·1144쪽 ; 대한민국국회사무처, 『역대국회의원총람』, 1977, 131·164·205쪽 ; 전갑생, 「1960년 국회 '양민학살사건진상조사위원회' 자료」, 『제노사이드연구』 창간호, 2007, 230쪽).

고위급 관료와 군·경 관계자들 회의가 개최되었다. 이 회의에서 김익렬 제9연대장은 제주사건이 복합적인 이유에서 발생했으며, 입산자들이 발생한 것은 경찰 실책에도 기인한다고 주장했다. 이에 대해 최천 제주경찰 감찰청장은[8] 제주사건이 국제 공산주의자들이 사전에 계획한 폭동이라고 규정하고, 대규모 병력이 동원된 군·경 합동작전만이 사태를 진압할 수 있다고 주장했다. 또한 이 회의에서 조병옥은 김익렬을 공산주의자라고 몰아붙여 둘 사이에는 싸움이 벌어졌다(제주4·3사건진상규명및희생자명예회복위원회, 2003, 203·205쪽).[9]

국내에서 일어난 반란을 소련의 적화 야욕과 관련짓고, 소비에트의 지령에 따라 일어난 것이라는 음모론적 인식은 최천만의 독특한 발상은 아니었고, 당시에 반공주의자들이 갖고 있던 일반적인 인식이었다.[10]

제주도 사태를 진압하려는 경무부는 강경진압을 주장한 최천을 승진시켰다. 그는 제8관구경찰청(전남) 부청장이 되어, 10월에 발생한 여순사건에 투입되었다.[11] 전남도 경찰청은 최천 부청장을 순천 방면으로 보내 경찰 병력을 지휘하도록 지시했다. 진압군을 도와 학구 전투에 참가한 최천은 경찰을 이끌고 순천에 들어가 부역자 색출에 참여했다.

---

8) 이 당시 최천의 지위가 '제주경찰 감찰청장'(제주4·3사건진상규명및희생자명예회복위원회, 2003, 『제주4·3사건진상조사보고서』, 203쪽)인지 '제주경찰국장'(내무부 치안국, 『한국경찰사(1948. 8~1961. 5) Ⅱ』, 1973, 1402쪽)인지는 불명확하다.

9) 이 회의는 제주4·3사건이 발생한 뒤, 대책을 논의하기 위해 개최되었다. 회의에는 안재홍, 조병옥, 송호성 등과 제59군정 중대장 맨스필드 중령, 제주도지사 유해진, 조선경비대 제9연대장 김익렬 중령, 제주경찰감찰청장 최천과 딘 장군의 전속통역관 등 모두 9명이 참석했다.

10) 이러한 인식은 공산주의자들이 소련의 추종세력이며 반민족적 세력이라는 모스크바 삼상회의 이후에 고정된 소련 공산주의세력의 이미지를 반영한 것이었다.

11) 최천은 제8관구 경찰청 부청장이 되기 전인 1948년 6월 11일에 정직 처분을 받았다. 이는 6월 7일 경찰이 금악리에서 소년과 노인. 부녀자들을 연행하다가 5명을 총살한 사건에 대해 책임을 지고 문책을 받은 것으로 추정된다.

당시 순천농림학교 교장이 남긴 일기를 보면 10월 24일 최천의 지휘 하에 일제조사가 있었고 오후에 5명이 총살당했다고 한다. 25일에는 부역 혐의자 전부가 경찰서로 이송되었다.

서울에서 출발한 『조선일보』 기자는 24일 순천 북국민학교 운동장에서 벌어진 일들을 기사로 남겼다. 그곳에서 기자가 맨 처음 만난 사람이 바로 최천이었다. 그는 '모표는 떨어져 나갔으나 금테는 남아 있고 망토 자락을 뒤로 걷어 제친' 모습을 하고 있었다. 말채찍으로 자기 종아리를 탁탁 때리면서 기자 앞으로 다가온 최천은 기자의 완장을 보고는 "선생, 어디서 온 기자요" 하고 묻고는 자기는 제8관구경찰청(전남경찰청) 부청장 최천이라고 소개한 후 카메라를 가지고 왔느냐고 물었다. 카메라가 없다는 것을 알자 그는 실망한 표정으로 "좀 있다가 총살형을 집행할 예정인데……" 하고 아쉽다는 듯 혀를 찼다(유건호, 1982, 148쪽).

진압에 참여했던 강영훈이 제주사태 진압이 어려운 것은 경찰의 비행 때문이라며 경찰의 부패를 지적하는 말을 하자, 최천은 오히려 국군의 무분별한 모병을 비난하면서 빨갱이가 아니고는 경찰을 공격할 수 없고 '국군의 8할이 의심스럽다'고 흥분했다(설국환, 1948, 148~149쪽). 이와 같이 최천은 경찰에 우호적이지 않은 세력을 모두 빨갱이로 몰았다.

여순 등지에서 이루어진 가혹한 민간인 부역자 색출은 나중에 문제가 되었다. 순천에서 부역혐의로 사살당한 사람 중에는 박찬길 검사도 들어 있었다. 1949년 이에 대한 조사 끝에 법무부는 박검사 총살의 책임을 당시 경찰책임자였던 전남경찰청 부청장 최천 총경(조사 당시는 경북경찰국 경무과장)에게 물으려 했다(조국현 · 조한백 의원 발언, 대한민국 국회사무처, 1948~1950, 『제헌국회 속기록』 제5회 제15호, 302 · 306쪽). 그러나 경찰 쪽에서는 최천에게 책임을 묻는 것은 여순사건에서 희생당한 경찰에 대한 모욕이고 경찰의 사기를 떨어뜨리는 것이라는 이유로, 독자적인 경찰보고서를 치안국장에게 올렸다.

권승렬 법무부장관은 당시 국민학교 운동장에 모이라는 지시를 내린 사람은 제8관구경찰청 부청장 최천이며, 경관 수백 명이 죽는 혼란 상황에서 애국심이 도를 넘은 일이 발생할 수도 있었다고 말함으로써 경찰에 책임이 있다고 밝혔다. 법무부장관은 헌법에 의거하지 않고 재판도 받지 않은 상태에서의 사형집행은 만년을 두고 보아도 죄라고 발언했다(대한민국 국회사무처, 『제헌국회 속기록』 제5회 제15호, 309쪽).

검찰은 이 사건을 최천의 근무지인 대구지검에 이송했으나, 치안국은 어떤 일이 있어도 검찰의 계획을 저지하라고 지시했고 경북경찰국이 강력히 항의하는 바람에 검찰의 계획은 좌절되고 말았다.

그 후 최천은 국회에 진출하여 제3, 4, 5대 국회의원에 연속으로 당선되었다. 4·19가 일어나 이승만 대통령이 물러나자, 이승만 통치기에 자행됐던 민간인 학살의 진상이 언론을 통해 새롭게 알려졌다. 전국에서 유가족들은 학살의 진상규명과 명예회복을 요구하는 시위를 전개하기 시작했다. 이러한 사회적 압력 속에서 국회는 한국전쟁 전후에 발생한 학살 사건을 조사하기 위해 '양민학살사건진상조사위원회'를 구성하게 된다.[12]

위원회는 각 도별로 3명을 배정하고 조사 기간도 단 11일로 규정하여 조직 당시부터 한계를 갖고 있었다. 여론에 이끌려 위원회를 출범시켰지만, 충분한 조사를 하기는 힘들었다.

위원회 활동은 결국 큰 성과 없이 종료되었는데, 이러한 무성의는 위

---

12) 진상조사위원회의 활동에 대해서는 전갑생, 앞의 글 ; 이강수, 「1960년 '양민학살사건 진상조사위원회'의 조직과 활동」, 『한국근현대사연구』 여름호 제45집, 2008을 참조.

원회에 참가한 위원들 중에는 경찰 출신을 배치함으로써 증폭되었다. 제주와 여수에서 민간인 학살에 가담했던 최천은 가해자로서 조사 대상이 되는 것이 당연함에도 불구하고, 오히려 위원회의 총책임을 맡은 위원장이자 경남반장이었다.

최천과 함께 경찰 출신의 박병배 의원도 위원회에 참가했다. 박병배(朴炳培)[13]의 출신구는 충남이었지만, 전남반장을 맡았다. 전라도 지역에 대한 조사는 국회의원들이 조사하지 않은 채 행정기관의 보고만 받고 단 하루 만에 종결되었다(이강수, 2008, 179쪽).

박병배는 1948년부터 지리산전투사령관, 강원 · 경남 · 서울특별시 경찰국장 등 10여 년간 치안국 경무과와 경남경찰국장을 두루 거친 경찰통 이었다. 이런 이유 때문에 김종원이 치안국장에 임명될 때, 내무부장관은 박병배를 추천하기도 했다.

미군 점령기에 경찰은 다른 조직을 압도하는 가장 강력한 물리력을 소유한 조직이었고, 강력한 중앙집권적 조직체였다. 이승만 정권기에 경찰은 군의 물리력에 뒤쳐졌지만, 경찰은 아직도 강한 권한을 가지고 있었다. 경찰은 시종일관 선거에 적극적으로 개입했고, 민중에 대한 통

---

13) 박병배는 경성제대 철학과 재학 중 학병으로 전쟁에 나갔다. 정부 수립 후, 전남경찰국 경무과장(1948.11.29), 경남 소방방호과장 총경(1949.4.13~1950.5.9), 피난 수도 부산에서 경찰 교육훈련소장을 지냈다. 그 후 내무부 치안국 경무과(1951.8.27), 내무부 치안국 교육과장(1952.3.12)을 거쳐서 경남 경찰국장(1952.6.27~1953.7.10), 강원도 경찰국장(1955.9.5~1956.5.26), 서울시 경찰국장(1956.5.26~1956.8.19) 등을 역임했다(안용식, 앞의 책, 497쪽 ; 내무부 치안국, 앞의 책, 1343 · 1354 · 1392 · 1394쪽).
국회의원으로는 제4대(대덕, 무소속)에 진출하여, 제5대(대덕, 무소속), 제7대(대전 신민당), 제8대(대전 갑 신민당), 제9대(대전 민주통일당) 등 5대를 역임했다. 그 뒤 대전일보 사장, 민주통일당 총재대행, 학교법인 돈운학원 이사장을 지냈다. 2001년 7월 12일 사망했다(대한민국 국회사무처, 『역대국회의원총람』, 1977, 142 · 181 · 272 · 312 · 358쪽)

제를 최일선에서 수행하는 조직이었다. 이 때문에 경찰은 민중의 원망을 받는 대상이 되었지만, 한편으로는 정권이 요구하는 정치적 이해를 가장 잘 받들어 봉사한 조직이었다. 이 때문에 국회의원 중에는 경찰 출신이 다수가 포진하고 있었다.

(3) 송요찬

송요찬은 미군 점령시기에 만들어진 조선국방경비대 시절부터 군 경력을 시작한 창군 참여자 중의 한 사람이다.[14] 그는 9연대장, 헌병사령관, 사단장, 군단장, 군 사령관을 거쳐 최고위직인 육군참모총장까지 올랐다. 이때가 1960년 2월이었다. 4·19 데모가 전국을 휩쓸 때, 경찰이 시민과 학생들에게 발포했던 것과는 달리 군은 시민에게 적대적인 태도를 취하지 않았다. 이러한 이유 때문에 송요찬은 군의 중립성을 유지하고 민심을 존중한 군인으로 평가받는다.

---

14) 1918년 충남 청양에서 태어난 송요찬은 일본 봉산중학교를 졸업했다. 1946년에 군사영어학교를 졸업(군번 10096)하고 제5연대 소대장 등을 거쳐 1948년 제1연대, 육군보병학교 초대 교장, 9연대장을 지냈다. 12월에 중령으로 진급했다. 1949년 6월에 강릉 주둔 1연대장으로 오대산 공산 게릴라 토벌에 참여했다. 1950년 4월에 제6대 헌병사령관에 취임했다. 9월에 수도사단장을 맡았다. 1952년 소장 진급과 동시에 제8사단장에 임명되었다. 1953년 8월부터 다음 해 6월까지 미 육군참모학교에서 교육을 받은 송요찬은 7월에 제3군단장에, 1957년 5월에는 제1군 사령관이 되었다.
1959년 2월부터 1960년 5월까지 육군참모총장직을 맡았고, 4·19 때는 계엄사령관이었다. 그 뒤 육군중장으로 전역했다. 5·16쿠데타가 일어나자 이를 인정하고 미국 수학 중에 귀국하여, 1961년 국방장관 겸 최고회의 기획위원장이 되었다. 이어 내각수반 겸 외무부장관, 1962년 경제기획원장관을 지냈다. 같은 해 내각수반직을 사퇴하고, 1963년 박정희의 대통령 출마반대의 입장을 표명했다가 구속되었다. 이해 대통령 선거에 자유민주당후보로 옥중출마 했다. 이후 다시 친정부 노선으로 전향하여, 1970년 인천제철 사장이 되었다. 1980년에는 국정자문위원으로 일했다(송요찬 자력표, 육군본부, 『육군장교 자력표』; 희망출판사 편집부, 「송요찬」, 『사실의 전부를 기술한다』, 1966, 희망출판사).

그러나 미군 점령시기와 한국전쟁기에 군이 그랬던 것처럼, 송요찬의 활동은 군의 중립성을 유지했던 것이 아니었다. 군은 반공체제를 수립하고 유지하는데 첨병 역할을 했다. 강력한 물리력을 갖고 있는 군대는 1948년부터 민간인 학살의 선두에 있었으며, 한국전쟁기에는 더욱 확대되었다. 군대 없는 반공체제란 성립될 수 없는 것이었다.

송요찬이 군 생활을 본격적으로 시작한 것은 중대장이 되어 강릉지역의 중대장으로 대구반란 사건의 잔당을 토벌하기 시작하면서부터이다. 그는 이러한 경험에 대해 송요찬은 '돌이켜보면 나하고 공산군과는 아마 숙적이었던 모양'이라고 회고했다(제주4 · 3사건진상규명및희생자명예회복위원회, 2003, 453쪽).

대한민국 정부가 수립되기 전 발생한 제주도 사태를 진압하기 위해 미군은 강경한 지휘관들을 필요로 했다. 이는 조선경비대 내에 반공주의적인 군인들이 우세하지 못했기 때문이다. 정부 수립 초기의 군대는 경찰보다 반공주의 색채가 짙지 않았다.

1948년 6월, 제주도에서 강경 진압을 주장하던 박진경 연대장이 암살당하자 6월 21일 제11연대장에 최경록 중령을, 부연대장에는 송요찬 소령이 임명되었다(제주4 · 3사건진상규명및희생자명예회복위원회, 2003, 229쪽). 얼마 안 가 송요찬은 7월 15일자로 9연대 연대장에 임명되었다(제주4 · 3사건진상규명및희생자명예회복위원회, 2003, 233쪽). 최경록은 주변의 신망을 받기는 하지만 온건하다는 평가를 받고 있었던 것에 비해, 송요찬은 미군으로부터 '강인하고 용감하다'고 평가받았다. 송요찬은 제주도 사태에 대해 박진경 못지않은 강경한 입장을 가지고 있었다. 미군은 정부 수립을 앞두고 제주도 상황을 확실히 마무리하기 위해 송요찬을 연대장에 임명했을 것이라 생각된다.

제9연대 고문관이었던 피쉬그룬트도 송요찬을 '매우 터프한 사람'이라고 평가했다.[15] 송요찬은 제주도지사인 박경훈을 체포하고 고문했던 적이 있었는데, 그 이유는 도지사 관사에 있던 부인이 공비에게 쌀 한말을 주었다는 것이었다. 송요찬은 박경훈을 사형집행 하라고 지시했다. 결국 박경훈에게는 3년형이 언도되었고, 담당 법무관이 재판결과를 송요찬에게 보고했다. 판결 결과가 마음에 들지 않았던 송요찬은 부하에게 "이 공산당 같은 놈의 새끼" 하며 철모로 머리를 때렸다고 한다. 부하는 하도 맞아서 머리가 크게 부을 정도였다.[16)]

송요찬이 9연대장으로 있을 때, 1948년 10월부터 세워진 작전계획에 따라 11월 중순부터 1949년 3월까지 약 4개월간 진압군의 '초토화작전'이 실시되었다. 군인들은 중산간 마을에 불을 지르고 주민들을 집단 살상하는 사건이 빈발하는 등 참혹한 상황이 벌어졌다(제주4·3사건진상규명및희생자명예회복위원회, 2003, 241쪽). 제주4·3사건에서 발생한 희생자들의 대부분은 초토화작전 시기에 발생했다.[17]

미군보고서는 이 시기의 9연대 작전을 다음과 같이 평가했다.

> 9연대는 11연대의 '무대응' 정책을 즉각적으로 무차별적인 공포통치로 대체했다. 9연대는 반란자들에 대해 상당히 성공적인 전투를 수행했다. 그러나 9연대는 이와 동시에 모든 저항을 발본색원하기 위해 중산간지대에 위치한 마을의 모든 주민들이 명백히 게릴라부대에 도움과 편의를 제공하고 있다는

15) 송요찬의 별명은 '석두(石頭)'였다. 한국전쟁 때, 밴 플리트가 붙여준 '타이거 송(Tiger Song)'이라는 별명이 추가되었다. 이러한 별명은 그의 강한 성격을 표현하고 있다.

16) 제9연대 군수참모였던 김정무의 증언, 제주4·3사건진상규명및희생자명예회복위원회, 『제주4·3사건진상조사보고서』, 2003, 234~235쪽.

17) 희생자 통계를 보면, 15세 이하 전체 어린이 희생자 중 1948년 11월부터 1949년 2월까지의 희생자가 76.5%였고, 61세 이상 희생자 중에서는 이 기간에 76.6%가 희생됐다(제주4·3사건진상규명및희생자명예회복위원회, 위의 책, 2003, 293쪽).

가정 아래 마을 주민에 대한 대량학살계획(program of mass slaughter)을 채택했다. 1948년 12월까지의 9연대의 점령기간 동안에 섬 주민에 대한 대부분의 살상이 자행됐다. 그러한 계획은 외형상 주효한 듯 보여 1948년의 마지막 2개월 동안 제주도에서 반도 활동은 거의 없었다.[18)]

9연대가 작전을 펼친 시기에 진압군에 의해서만 조천면 교래리, 제주읍 농업학교 수용소, 애월면 하가리, 애월면 소길리 원동마을, 표선면 토산리, 표선면 가시리 등지에서 수많은 주민 학살이 이루어졌다. 특히 애월면 소길리 원동마을은 남녀노소를 가리지 않고 마을 주민들을 총살하고 집을 불태워 아예 마을이 없어진 경우였다.

제9연대는 1948년 말까지 제주도에 대한 초토화작전을 수행했고, 1949년부터는 순천과 광양 등지에서 빨치산을 토벌하는 지리산 공비소탕작전에 참가했다. 이 당시 상황에 대해 송요찬은 "주민들은 가물(家物)들을 탈취 당할 뿐더러 애꿎게 '빨갱이'로 오인되어 비참한 결말을 맛보아만 하는 쓰라림도 감수해야 했다"라고 하고 있다(제주4 · 3사건진상규명및희생자명예회복위원회, 2003, 455쪽). 송요찬이 말하는 '비참한 결말'의 많은 경우는 국군에 의한 죽음이었다. 1949년부터 시작된 지리산 부근의 빨치산 토벌과정에서는 인근지역(구례, 광양) 민간인들 희생이 대량 발생했던 것이다(진실 · 화해를위한과거사정리위원회, 2008).

6 · 25전쟁 때 송요찬은 헌병사령관이었는데, 당시 헌병대는 방첩대와 같이 움직이면서 보도연맹원, 형무소 재소자 학살에 가담한 가해 주체였다. 한국전쟁이 발발하자 방첩대는 이적 · 전복 행위의 '우려'가 있는 사상범들을 처리하기 시작했다. 좌익 전향자로 구성된 국민보도연맹원

---

18) Hq. USAFIK, G-2 Periodic Report, No. 1097, April 1, 1949(제주4 · 3사건진상규명및희생자명예회복위원회, 위의 책, 2003, 301쪽에서 재인용).

과 '정치범'으로 간주된 형무소 수용자들이 제1차적인 처리 목표가 되었다. 이 두 집단에 대한 학살은 한국전쟁 발발 직후부터 시작되었다. 충남 서부지역 보도연맹원 학살, 괴산·청원지역 보도연맹원 학살, 경산코발트광산 집단학살 등 전국 곳곳에서 보도연맹원 학살이 이루어졌다. 인민군에 밀려 후퇴하면서 또는 후방에서 방첩대와 헌병대는 서울, 대전, 부산, 마산, 대구, 진주의 형무소 재소자를 학살하였다.

보도연맹원들을 체포, 연행하고 학살을 집행할 때 방첩대원은 헌병이나 지역 경찰과 함께 행동했다. 방첩대는 다른 기관에 대한 장악력을 바탕으로 보도연맹원 체포를 지시하거나 학살 명령을 내렸고, 헌병대는 방첩대가 선별하고 지시한 학살 대상자들을 이동시키거나 사살하는 역할을 주로 맡았다.

이 경험에 대해 송요찬은 "헌병사령관이란 정치하는 이들의 틈에 끼여 그들과 보다 많은 관계를 가져야만 했던 직책이다"라고 회고하면서, 전쟁 당시 헌병이 행했던 역할에 대해서는 함구하고 있다(이범석 등, 1966, 456쪽).

(4) 김준연

김준연은 일제시기에 조선공산당에 참여하여 투옥되었으나, 해방 후에는 좌익운동에 참여하지 않고 한민당 활동에 전념하였다.[19] 그는 동

---

[19] 김준연은 1895년 전남 영암에서 출생하여, 1920년 동경제대 법학부 독법과를 졸업한 뒤 독일 베를린 대학에서 공부하다가 1925년에 조선일보사 특파원이 되었다. 1926년 신간회에 참여했으며, 1928년 동아일보 편집국장을 지내다가 제3차 조선공산당(ML당) 사건에 관련하여 7년간 투옥되었다. 그 뒤 동아일보사 주필로 지내다가 1937년에 퇴직하여 해방까지 전곡역에서 해동농장을 관리하며 칩거했다.
해방 후에는 송진우 등과 같이 국민대회준비회를 설립하고 한민당에서 상무집행위

아일보 쪽과 유대 관계를 갖고 있었다.

그의 자전(自傳)에 따르면 그가 공산주의와 완전히 단절한 것은 해방 후였다(김준연, 1959, 9쪽). 그는 고하 송진우를 도왔고, 한민당과 국민대회준비회 합병에 관여 했다. 그는 해방 시기의 활동에 대해 '좌우합작을 분쇄하는데 노력하였고, 남북협상 타도에 봉화를 들었다'고 표현하고 있다. 요약하면 김준연은 해방 후 좌익 세력의 분쇄와 한민당을 중심으로 한 우익세력 결집에 힘을 쏟았다고 말할 수 있다.

김준연은 한민당에서도 주도적 활동을 한 인물인데, 모사에 능하다고 평가받았다. '국회프락치사건', '뉴델리밀회사건' 등의 배후에는 김준연이 있었다. 그는 자신이 '국회프락치사건 결척(抉剔)에 정신(挺身)하였다'고 했지만, 김준연은 국회프락치사건에 이보다 훨씬 더 깊은 관계를 맺고 있었다. 프락치 사건이 발표되기 직전, 민국당 입장을 대변하는『동아일보』에 기고한「의정단상 1년 회고」[20]라는 글은 사실상 국회 소장파 의원의 체포를 알리는 예고 기사나 다름없었다. 이 글에는 남로당이 미군 철퇴와 반민족행위자 처벌 등을 '국회 내의 사이비 애국자들'에게 지시했다며, 이 방침이 '국회 내의 소위 소장파에 의하여 충실히 실행되고 있는 것을 발견할 때에 나는 대한민국의 전도(前途)에 대하여 전율을 금

원(상무집행위원, 노농부장, 선전부장)을 역임하는 등 한민당의 핵심 인물이 되었다. 1948년 제헌국회의원(영암, 한민당)이 되었고, 헌법기초위원을 지냈다. 전쟁 발발 후 법무부장관(1950.11.~1951.5)이 되었고, 제3대(영암 민국당), 4대 국회의원(영암 통일당)을 지냈다. 1956년 민주당 최고위원으로 있다가 다음 해에 민주당에서 제명되자, 통일당을 조직했다. 1960년 부통령에 출마했는데, 이때 당선되면 대통령으로 이승만을 옹립하고자 했다. 제5대 국회의원(영암 통일당)과 제6대 국회의원(자유민주당 영암강진)을 지냈다(대한민국 국회사무처,『역대국회의원총람』, 1977, 63 · 112 · 140 · 178 · 229쪽 ; 김준연,『나의 小傳』, 시사일보사, 1959).

20) 『동아일보』 1948년 5월 9일자[국사편찬위원회 한국사데이터베이스 http://db.history.go.kr]

치 못하는 바'라는 내용이 들어 있었다.

제헌국회 내에서 국회의 무소속 소장파 의원들은 야당 역할을 하고 있었다. 소장파는 정부 내 친일파숙청을 주장하는 한편, 「반민족행위자처벌법안」을 상정하여 통과시켰고, 정부가 「대한민국정부 및 미국정부간의 재정 및 재산에 관한 최초의 협정」의 국회 동의를 요구하면서 빠른 통과를 재촉하였을 때, 이 협정은 '한국의 내정을 간섭할 우려와 한국 영토 내의 권리를 침해할 수 있는 위험성이 내포'되어 있으며, '한국의 자주권을 찾으려고 열화같이 외치고 있는 국민의 의사를 존중하고 한·미 간의 진정한 친선을 유지하기 위하여' 표결을 반대한다는 성명을 발표하기도 했다(김영상, 1949. 3, 24쪽). 이밖에도 소장파 의원들은 외국군의 즉시 철군을 주장하는 「남북화평통일에 관한 긴급결의안」(대한민국 국회사무처, 『제헌국회 속기록』 제2회 제22호, 403~404쪽)을 내기도 하여 이승만 정권의 강력한 비판세력으로 떠올랐다.

김준연은 기고문에서 소장파가 김일성의 선전방침을 충실하게 수행하고 있다고 주장하였다.[21] 김준연의 행동은 그동안 소장파의 대의명분과 활동에 눌려 기를 펴지 못하고 있던 이승만과 한민당이 합심한 소장파에 대한 반공적 공격이었다.[22] 이승만 정권은 소장파의원들 중 핵심 인물들을 남로당 대남정치공작에 관한 7원칙을 실현하기 위하여 모의한

21) 검찰총장은 국회에 출석하여 5월 17일에야 결정적인 증거를 얻었다고 밝힌 바 있는데, 『동아일보』 기사는 이를 훨씬 앞지른 것이었으므로 논란이 되었다. 결국 5월 28일 국회에서 민국당 김준연을 대상으로 「의원제명에 관한 긴급동의안」이 상정되었으나, 찬성 42표, 반대 75표로 부결되었다(대한민국 국회사무처, 『제헌국회 속기록』 제3회 제6호, 107~121쪽).

22) 김준연은 국회부의장 선거 1, 2차 투표에서는 김약수보다 많은 표를 획득했지만, 결선 투표에서는 김약수가 87표를 획득하여 부의장에 선출되었다. 김준연은 74표를 얻어 패배했다(서병조, 『주권자의 증언—한국 대의정치사』, 모음출판사, 1963, 66쪽 ; 대한민국 국회사무처, 『국회사 : 제헌국회, 제2대 국회, 제3대 국회』, 1971, 53쪽).

혐의로 체포·기소하였다.[23)]

제3회 임시국회 직전인 1949년 5월 18일 이문원, 이구수, 최태규 등 소장파 의원 3인의 체포로부터 시작된 이른바 '국회프락치사건'은 활동의 초석을 쌓아가고는 있었지만 아직까지 조직적 취약함을 가지고 있던 소장파를 일거에 와해시키는 계기였다.[24)]

프락치사건에 연관되어 구속된 의원은 모두 15명에 불과하였으나 이 사건의 영향은 거기에 그치지 않았다. 무소속 소장파의원들의 중심인 동성회 의원들은 프락치사건이 발생하자 정권이 가해올지 모르는 탄압에 동요하여 호신책으로 한민당의 후신인 민주국민당이나 대한노농당에 가입하여 뿔뿔이 흩어지게 되었던 것이다(대한민국 건국십년지 간행회, 1956, 216~217쪽).

가장 강력한 반정부세력이었던 소장파가 몰락함으로서 정부와 국회는 큰 논란 없이 각종 의안을 처리하였고, 민국당은 세력확장 운동을 전개하여 원내에서 가장 강력한 세력으로 부상했다(김영상, 1949. 9, 19쪽).

김준연은 국회프락치사건으로 구속된 15명의 국회의원들에 대한 석방 요구안이 논의되자, "의원들을 석방한다는 것은 언어도단이며, 그것은 대한민국 국회를 부인하고 대한민국 정부를 부인하는 행동"이라고 발언하여 장내 소란이 발생했다(대한민국 국회사무처, 『제헌국회 속기

23) 권승렬 검찰총장이 밝힌 이른바 '7원칙'은 다음과 같다. ① 외군의 완전철퇴, ② 남북한의 정치범석방, ③ 남북 정당사회단체 대표로 남북정치회의 구성, ④ 남북정치회의는 선거의 4대 규칙에 의하여 최고입법기관의 구성, ⑤ 최고입법기관은 헌법의 제정과 중앙정부 수립, ⑥ 반민족행위의 처단, ⑦ 조국방위군의 재편성(대한민국 국회사무처, 『제헌국회 속기록』 제3회 제1호, 23~24쪽).

24) 제3회 임시국회가 끝난 6월 19일에는 김약수·노일환·강욱중·김옥주·김병회·박윤원·황윤호 7명이 구속되었고, 4회 국회가 폐회된 7월 30일에는 서용길·신성균·배중혁 의원이 구속되었다.

록』 제3회 2호, 37쪽). 결국 김준연은 발언을 취소했지만, 프락치사건 관련자를 석방하라는 국회의원들조차 김준연은 공산주의자로 몰았다.

김준연의 이러한 활동 방식은 세간에도 알려져 있었다. 엄상섭은 김준연을 찬양하는 쪽은 "씨는 ML당의 책임비서로서 좌익 투사였으나 해방 이래 열렬한 민주주의 진영의 투사로서 대공투쟁을 계속해 왔고 청렴결백한 신념의 인물이다"라고 말하지만, 싫어하는 쪽에서는 "씨는 모략성이 많으며 좌익 아닌 사람을 좌익으로 몰아넣는다. 제헌국회의 '프락치사건'도 씨의 모략에 의한 바가 크다. 극히 편협할 뿐만 아니라 배타성이 강하고 이성보다 감정이 앞서는 인물"이라고 평가하였다(엄상섭, 2003, 219~220쪽). 앞에서 언급한 뉴델리밀회사건에서도 김준연은 일정한 역할을 하였던 것으로 보아, 위의 평가가 크게 틀리지는 않을 것이다.

김준연은 법무부장관으로 있으면서 부역자 학살에 관련되었다. 1950년 12월 15일, 영국군 29여단이 주둔하는 서울 홍제리 근처에서 형무소 경비병들이 여성을 포함한 수십 명의 재소자들을 무릎을 꿇리게 하여 집단 사살했다. 이를 본 영국 군인들이 사령관에게 보고했다. 그러나 부역자 학살은 그 후에도 계속 이루어졌다.

유엔군의 접근을 막은 채 진행된 홍제리 처형에 대해 외국 언론은 이 사실이 연속 보도하여 국제적 문제가 되었다. 이 광경을 지켜본 영국군 병사들은 "도대체 우리가 한국을 위해 싸워야 하는 이유가 뭐야"라고 탄식했다(김기진, 2005, 65쪽). 김준연은 이들이 불법적으로 처형된 단순한 부역자라는 얘기가 있지만 이것은 사실이 아니라고 밝혔다. 그러나 부역자에 대한 불법적 처벌(학살)은 사리원, 신막 등 수복지구 곳곳에서 벌어지고 있었다.[25] 부역자 처벌과 형무소 재소자 실태가 문제가 되자, 국제적십자(ICRC) 대표가 형무소 상황을 시찰하였다. 다음은 국제적십자 대표 비에리(Frederick Bieri)가 이승만 대통령에게 제출한 보고서의 일부분이다.

> 12월 10일 국제적십자 한국 대표 르니에르(Jacques de Reynier)는 법무부장관을 비롯한 한국정부 관료들과 함께 두 개의 서울지역 민간 형무소를 방문해 형무소 상황을 기록하고 사진을 찍었다. 그는 9,200명이 거의 반 아사(餓死) 상태로 수감되어 있는 것을 발견했다. 르니에르는 형무소를 방문한 아침, 남성 · 여성 · 아이들을 포함해 50명의 사체를 목격했다. 형무소장과 형무소 의사가 아사로 인해 하루에 100명씩 죽는다고 말했다.
>
> 법무부 장관은 르니에르에게 그들이 단지 공산주의자라는 이유로 억류되어 있는 사람들이 있다고 말했고, 이들은 어떤 법률상 유죄도 아니고 범죄를 저지른 것도 아님을 인정했다. 법무부장관은 공산주의자들은 살인만 생각하고 있기 때문에 그의 임무는 보안상 이유로 그들을 감옥에 집어넣고, '그들이 다른 이들을 죽일 기회를 갖기 전에 그들을 먼저 죽이는 것'이라고 설명했다.[26]

김준연은 국제적십자사 대표를 만난 자리에서, 형무소 수감자들이 범죄를 저지르지도 않았음에도 불구하고 수감되었다는 점을 인정했을 뿐만 아니라 공산주의자들에 대한 적개심을 노골적으로 나타내고 있다. 김준연은 우려되는 인물에 대한 '예비적, 선제적 학살'이 이루어지고 있음을 사실상 인정한 것이다. 한국전쟁 직후에 전국에서 발생한 형무소 재소자들에 대한 학살은 바로 이러한 예비적 학살이었다.

홍제리 학살 사건이 벌어졌던 비슷한 시기에 서대문형무소에서 어린아이 200여 명이 구출되었다. 이 어린이들은 구출된 후 고아원으로 보내졌다. 어린아이를 등에 업은 미군이 형무소 관계자에게 항의하자 그는

---

25) 이에 대해서는 이임하, 「한국전쟁기 부역자 처벌」, 『전쟁 속의 또 다른 전쟁-미국자료로 본 한국전쟁과 학살』, 선인, 2011을 참조.

26) Summarization of Remarks of Mr. Frederick Bieri, RG 338, Box 1, [NoGunRi File No. 1820-00-00008](이임하, 위의 글, 140쪽에서 재인용).

"많은 어린이가 사살되고 있는데, 이는 '빨갱이 자식은 빨갱이 동조자가 될 게 뻔하다'고 생각하고 있기 때문이다"라고 대답했다(김기진, 2005, 72~73쪽).

2) 공산주의 대립항으로서의 민주주의

조병옥은 반공투쟁의 전면에서 활동한 경험을 가지고 있지만, 민주당을 주도하면서 민주주의에 관한 다양한 글을 정기적으로 발표했다. 미국 유학생활을 통해 미국식 민주주의를 접했던 조병옥은 다른 야당 정치인에 비해 상대적으로 상당히 수준 있는 민주주의 이해를 보여주고 있다.

1950년대 민주주의 담론을 보수 야당과 엘리트 지식인이 담당했다는 점에서 조병옥의 민주주의론을 살펴보는 일은 이 시기의 민주주의 담론 지형을 이해하는데 중요한 의미를 가진다.[27]

그가 기고한 글을 모아놓은 『민주주의와 나』라는 단행본은 1950년대 야당의 지도적 정치인이 어떻게 민주주의를 사고했는지를 보여주는 중요한 자료이다. 조병옥의 관점을 반공주의, 엘리트주의, 의회주의 등과 관련하여 살펴보자.

조병옥은 민주주의가 아니면 살 수 없으며 민주주의는 공기와 같다거나,[28] 민주주의 이외의 다른 제도하에서 살 수 없다거나,[29] 우리의 전체

---

27) 이에 대한 기존 연구로는 황병주, 2008, 『박정희 체제의 지배담론』(한양대학교 사학과 박사학위논문)을 참고. 이상록, 2010, 『『사상계』에 나타난 자유민주주의론 연구』(한양대학교 사학과 박사학위논문)도 자유민주주의의 발전과정을 이해하는데 도움을 주고 있다.

28) 조병옥, 「自序」, 『민주주의와 나』, 1959, 영신문화사.

생활이 민주주의가 아니면 안 된다고 하면서 민주주의를 당연시하고 있다. 그에게 민주주의란 구체적으로 무엇이었을까?

언설의 수준에서 볼 때, 조병옥의 민주주의는 정치적 요소만을 염두에 둔 것은 아니었다. 이미 자본주의의 빈부격차와 노동문제를 의식하고 있던 조병옥은 1954년에 발표한 글에서 '신민주주의'를 주장하였다. 그는 '경제적인 상대적 평등을 가져오지 못하는 형식적 민주주의'는 자본주의 사회의 병폐이며, 노동자와 기업주 등의 계급대립이 존재한다는 사실에 주목해야 한다며, 경제적인 평등을 이루지 않고서는 민주주의의 위기가 초래될 수 있다고 주장했다. 조병옥이 보는 '진정한 민주주의'란 경제적인 평등과 정치적인 평등을 병행하는 것이었다.[30] 이는 농지개혁의 실패와 남한 국민경제의 파탄상태를 염두에 둔 것이었다.[31]

조병옥은 (정치적) 민주주의의 핵심을 대의정치와 정당정치로 이해했다. 그는 국가의 주권은 국민으로부터 발동된다는 주권의 원칙을 인정했지만, 현대 국가에서는 시·공간의 제약으로 대의정치가 발생할 수밖에 없다고 주장했다.[32] 또한 대의정치를 담당하는 주체는 정당이며, 정당은 엘리트가 주도하는 것으로 보았다. 여기서 그의 엘리트주의적 민주주의 이해가 나타나는데, 그는 "민주주의는 밑으로부터 실행하기보다는 위로부터 실행해야 할 것"이라고 주장했다. 그는 민주주의가 위로부

29) 조병옥, 「민주주의 지도자론」, 위의 책, 1959, 277쪽.

30) 조병옥, 「신민주주의를 제창함－한국적 정치경제의 병리를 시정하기 위하여」, 같은 책, 1959, 85·110쪽

31) 조병옥, 「신민주주의를 제창함－한국적 정치경제의 병리를 시정하기 위하여」, 같은 책, 1959, 103·110쪽.

32) 조병옥, 「민주주의는 역행할 것인가」, 같은 책, 1959, 125쪽. "현대 국가와 같은 수백만 수천만 수억에 달하는 인구를 가진 나라에서는 도저히 전 국민이 일당(一堂)에 모여서 국사를 의논할 수는 없다"라고 하였다.

터 시행되어야 하는 이유를 '국민 다수의 미지의 막연한 지적 수준이나 판단력'으로 돌렸다.[33] 이런 능력으로는 '국책을 논할 수 없는 까닭'에 근대 민주주의의 대의정치제는 국민의 대표들을 국민이 직접 선출하여 그 대표자로 하여금 국사를 논하도록 위임해야 한다는 것이 그의 생각이었다.

조병옥은 국민주권을 인정하면서도, 대표자를 국민의 이익을 대변하는 자로 본 것이 아니라 국민의 수준이 낮기 때문에 엘리트가 대표자가 될 수밖에 없다는 논리를 전개하였다. 결국 이런 논리는 대표자를 뽑아주는 수동적 존재로 국민을 위치 지우고, 민주주의를 위한 대중의 활동은 대표자를 선출하는 투표로만 제한되며, 민주주의는 나라를 다스리는 지배의 방식에 불과한 것으로 된다. 앞에서 지적했듯이, 반공주의는 사실상 저항적 대중운동의 봉쇄를 염두에 두고 있었는데, 조병옥의 대의정치론은 사실상 민주적 주체의 성장을 아예 봉쇄해버리는 담론이었다.

이런 담론에서는 엘리트들에 의한 대의정치는 모든 정치적 행위를 독점하게 된다. 이런 측면에서 '4 · 19혁명'은 이승만 독재에 대한 저항이었을 뿐만 아니라 민주당이 추구했던 대의정치라는 민주주의의 이상적 형태에 대한 거부이기도 하다.

조병옥은 민주주의와 반공주의와의 관계를 어떻게 보았을까? 그는 "공산주의와 싸운 것도 그것(민주주의)이고 극소수의 신판 한국적 파시스트들과 싸운 것도 그것이었다. 우리는 민주주의 이외 다른 제도하에서는 살 수 없다"고 하여, 민주주의를 위해 공산주의와 싸웠다고 말하고 있다.[34] 이 언급만으로는 민주주의가 반공주의의 상위에 있는 가치이자

33) 조병옥, 「민주주의는 역행할 것인가」, 같은 책, 1959, 125쪽.

34) 조병옥, 「민주주의적 지도자론」, 같은 책, 1959, 277쪽.

목표인 것으로 보이지만, 그에게 민주주의는 반공의 하위에 위치하는 수단의 측면이 있었다. 조병옥은 무력통일의 방법이야말로 통일을 이루는 유일하게 가능한 방법이라고 주장했는데, 우리 힘만으로는 이길 수 없으므로 자유 우방의 도움을 얻어야 하고 그러기 위해서는 국제 사회가 인정하는 민주주의 국가가 되어야 한다는 것이었다.[35]

이런 맥락에서 그는 공산주의에 반대하는 내부 통일을 강조하게 되는데, 민주주의는 이를 달성하는 유효한 전략으로 이해되었다. 그는 '민주국가로 나가려면 민심이 정부에 귀일하여야만 될 것이며, 그러자면 국민이 총력을 기울여 정부시책에 협력하도록 내정을 혁신하여 만민평등의 선정을 베푸는 수밖에 다른 길이 없다고 생각한다'고 했는데,[36] 이러한 언급은 공산주의를 극복하기 위해서는 민주정치를 베풀어 한다는 생각이었다.

'공산주의의 독약을 박멸'하지 않으면 안 된다고[37] 생각한 조병옥은 남북 대치 상황에 대해 '휴전협정이 성립되어 가열한 전투는 계속되고 있지 않더라도 우리는 전쟁 상태 이상의 대공적(對共的) 임전 상태에 놓여 있다'며,[38] '오늘의 세계정세는 자유세계 대 공산세계의 사활과 자웅을 결하는 역사적 운명에 봉착'하고 있다고 파악했다.[39]

그의 완강한 반공주의는 다음과 같은 언급에서도 나타난다. 그는 공산주의자와의 정치협상을 '달콤한 환상'일 뿐이며,[40] 한국 통일은 소련

---

35) 조병옥, 「남북통일의 가능한 길」, 같은 책, 1959, 58쪽.
36) 조병옥, 「두 세계공존의 비현실성-무력통일」, 같은 책, 1959, 44쪽.
37) 조병옥, 「자유세계의 방어와 그 의의」, 같은 책, 1959, 21쪽.
38) 조병옥, 「자유세계의 방어와 그 의의」, 같은 책, 1959, 14쪽.
39) 조병옥, 「자유세계의 방어와 그 의의」, 같은 책, 1959, 18쪽.
40) 조병옥, 「남북통일의 가능한 길」, 같은 책, 1959, 50쪽.

이 민주주의적 자유국가로 되지 않는 한, 무력통일 밖에 별도리가 없다고 주장했다.[41] 무력통일은 이승만의 줄기찬 주장이었는데, 북한에 대한 적대감을 공유하고 있는 조병옥은 이 부분에서 이승만과 동일한 사고를 했던 것이다.

그는 민주주의를 공산주의에 대항하는 개념으로 보았다. 사회과학적 개념의 측면에서 보면, 내포가 다른 '민주주의'와 '공산주의'를 서로 대비하는 것은 이치에 맞지 않지만, 조병옥에게 '민주주의'와 '자본주의'는 동일한 것이었고 '공산주의'는 '전체주의'로 이해되었던 것이다.

민주주의와 반공주의가 결합하는 기묘한 동거는 민주당과 야당 정치인이 처한 정치적 관계를 반영하는 것이었다. 민주당은 기본적 이념에서 보면, 이승만의 자유당과 다를 바 없는 보수 반공정당이었지만, 이승만 정권과 자유당에 대항해야만 하는 '싸우는' 당이었다. 싸우는 야당에게 민주주의는 이론이기 이전에 정치 투쟁의 무기였다. 민주당은 여당과의 차별성을 보이기 위해 자유민주주의를 내세웠고 때로는 상대적으로 진보적인 성향을 보이기도 했다(서중석, 2005, 233쪽). 그러나 이러한 경향은 민주당과 야당 정치인이 만든 것이라기보다는 정치 역관계 속에서 '떠맡게 된 역사적 소임'이었다.

강한 반공노선을 공유한 민주당은 민주주의를 반공주의의 프리즘으로 바라보았고, 독재에 반대하는 정치적 무기로 민주주의를 이용하는데 그쳤다. 민주당은 이러한 민주주의 실천은 반독재 투쟁에서 어느 정도 역할을 했지만, 국민으로부터 뻗어 나오는 민주주의의 동력을 이끌어내는데 한계를 가질 수밖에 없었다.

---

41) 조병옥, 「남북통일의 가능한 길」, 같은 책, 1959, 58쪽.

4. 맺음말

식민지시기에 한국사회는 민주주의를 학습할 시간도 경험도 가질 수 없었다. 개인의 권리가 무엇인지, 자신의 주장을 어떻게 관철해야 하는지, 나와 다른 타자와 어떤 방식으로 관계를 맺고 소통해야 하는지, 주권이란 과연 무엇이며, 권력은 어떻게 통제되어야 하는지에 대한 경험은 일천했다.

대한민국 정부 수립은 새로운 민주주의적 실천이 가능했던 출발점이었다. 그러나 이승만 정권의 강력한 반공주의 정책은 민주주의 발전을 시초부터 한계 지웠고, 민주주의의 내용과 형식을 제어했다. 강한 적대의식과 타자 전멸을 상정하는 반공주의 논리는 애초부터 민주주의 원리와는 상당히 동떨어진 것이었다.

이승만 정권은 내전과 전쟁과정에서 형성된 초법적 조치들을 다시 정치과정에 끌어들여 통치의 수단으로 삼았다. 이는 반공주의를 공유하고 있던 야당 정치인들도 비슷했다. 전쟁이 끝났어도 반공주의자들은 '자유세계 대 공산세계의 역사적 대결'이 계속되고 있다고 주장하면서 민주주의의 내용을 축소하고 뒤틀었다. 1950년대 민주주의는 시민의 선거권에 묶여 있는 채 그 내용이 확대되지 못했고, 투표만이 '소중한 주권 행사' 행위로 칭송되었다.

그럼에도 민주당 같은 야당이 민주주의를 주창할 수밖에 없었던 것은 이승만에 대적하는 존재로서 투쟁해야만 했던 위치에 있었기 때문이었다. 1950년대 민주당의 민주주의 투쟁은 역사가 '떠맡긴' 과제였다. 민주당이 민주주의 발전에서 더 많은 기여를 하기 위해서는 반공주의라는 걸림돌을 해소해야만 했지만, 그것은 민주당 세력이 해결하기에는 너무나 버거운 일이었다.

이런 정치 상황에서 발생했던 4·19는 기존의 민주주의 틀을 깨트린 파격적 행위였다. 4·19의 위대함은 이승만 정권의 몰락에 있기도 하지만, 투표자로 제한되었던 시민적 주체가 저항적이며 봉기적 주체로 나서기 시작했기 때문이다. 결국, 4·19혁명은 민주주의 정치를 의회-정당 정치라는 테두리로 국민을 포획하려던 민주당에 대한 경고이기도 하였다.

[참고문헌]

김기진, 2005『한국전쟁과 집단학살』, 푸른역사.

김득중, 1993「제헌국회의 구성과정과 성격」, 성균관대 사학과 석사학위논문.

김득중, 2009「한국전쟁 전후 정치범 관련 법제의 성립과 운용」,『사림』33호, 수선사학회.

김득중, 2009『빨갱이의 탄생－여순사건과 반공국가의 형성』, 선인.

김무용, 1989「조병옥의 친미반공노선과 극우테러」,『역사비평』여름호.

김영상, 1949「소장파 이후의 국회동태」,『민성』1949.9.

김영상, 1949「국회내 각파 세력의 분포도」,『신천지』1949.3.

김준연, 1959『나의 小傳』, 시사일보사.

김준연, 1966『나의 길』, 시사일보사.

내무부 치안국, 1973『한국경찰사(1948. 8~1961. 5) Ⅱ』.

대한민국 건국십년지 간행회, 1956『대한민국 건국십년지』.

대한민국 국회사무처, 1948~1950『제헌국회 속기록』.

대한민국 국회사무처, 1971『국회사 : 제헌국회, 제2대국회, 제3대국회』.

대한민국 국회사무처, 1977『역대국회의원총람』.

메논, 1948「국제연합임시조선위원단 의장으로서의 소총회에서의 성명」, 모윤숙 편집,『메논박사 연설집』, 서울문화당.

문정인·김세중 편, 2004『1950년대 한국사의 재조명』, 선인.

민주화운동기념산업회, 2008『한국민주화운동사1』, 돌베개.

박순용 등, 2001『신익희 일대기』, 사단법인한국민족문화사업회·해공신익희선생기념회.

박찬표, 1997『한국의 국가형성과 민주주의 : 미군정기 자유민주주의의 초기제도화』, 고려대학교 출판부.

법률신문사, 2002『법조50년 야사(상)』, 법률신문사.

서병조, 1963『주권자의 증언－한국대의정치사』, 모음출판사.

서중석, 1996『한국현대민족운동연구2』, 역사비평사.

서중석, 1999『조봉암과 1950년대(상)』, 역사비평사.

서중석, 1999『조봉암과 1950년대(하)』, 역사비평사.

서중석, 2005『이승만의 정치 이데올로기』, 역사비평사.

선우종원, 1992 『사상검사』, 계명사.
설국환, 1948 「반란지구 답사기」, 『신천지』.
신창현, 1992 『해공 신익희』, 해공선생기념회.
안용식 편, 1995 『대한민국관료연구(Ⅰ)』, 연세대학교사회과학연구소.
엄상섭, 2003 『권력과 자유』, 동아대학교 출판부.
에이프릴 카터, 2007 『직접행동』, 교양인.
유건호, 1982 「여순반란사건」, 『전환기의 내막』, 조선일보사.
육군본부, 1954 『공비토벌사』, 육군본부.
육군본부, 『육군장교 자력표』(연도 미상).
이강수, 2008 「1960년 '양민학살사건진상조사위원회'의 조직과 활동」, 『한국근현대사연구』 여름호 제45집.
이범석 등, 1966 『사실의 전부를 기술한다』, 희망출판사.
이상록, 2010 『『사상계』에 나타난 자유민주주의론 연구』, 한양대학교 사학과 박사학위논문.
이용곤, 2008 『해공 신익희의 정치노선에 관한 연구』, 경남대학교 대학원 정치외교학과 박사학위논문.
이임하, 2011 「한국전쟁기 부역자 처벌」, 『전쟁 속의 또 다른 전쟁－미국자료로 본 한국전쟁과 학살』, 선인.
전갑생, 2007 「1960년 국회 '양민학살사건진상조사위원회' 자료」, 『제노사이드연구』 창간호.
제주4·3사건진상규명및희생자명예회복위원회, 2003 『제주4·3사건진상조사보고서』.
조병옥, 1959 『민주주의와 나』, 영신문화사.
조병옥, 1963 『나의 회고록』, 어문각.
조희연, 2000 「한국민주주의 전개의 구조와 쟁점 및 발전과제」, 『한국민주주의 회고와 전망』, 한가람.
중앙선거관리위원회, 1973 『대한민국 선거사』 제1집.
지헌모 편저, 1961 『왜? 갔나 군인 허태영은』, 동흥문화사.
최장집·박상훈·박찬표, 2007 『어떤 민주주의인가』, 후마니타스.
황병주, 2008 『박정희 체제의 지배담론』, 한양대학교 사학과 박사학위논문.
희망출판사 편집부, 1966 『사실의 전부를 기술한다』, 희망출판사.

3장 박정희시대의 사회통제와 저항

정근식

1. 머리말: 역사와 기억

언제나 그렇듯이 현실은 새로 분출하는 시간과 과거로부터 밀려온 시간과의 뒤섞임이자 투쟁이다. 과거는 흘러갔지만 과거를 살았던 사람들의 기억은 여전히 현재를 규정하는 중요한 힘으로 작용한다. 2010년이 4월혁명 50주년이었다면 2011년은 5·16쿠데타 50주년이고, 굳이 덧붙인다면, 한국 민주주의의 최대 분수령이었던 1971년 대통령선거 40주년이기도 하다. 5·16으로부터 시작된 '박정희 체제'의 18년, 또는 제1기와 제2기 군부 군위주의를 합한 30년은 '한국현대사의 절반'으로, '향수어린 지지'와 '끝나지 않은 악몽' 사이에 위치하고 있다. 한국사회에서 군부독재정권은 더 이상 재생될 것 같지 않지만, 그 권력의 중심에 있던 박정희라는 이름은 때로는 치유되지 않은 외상을 입힌 근원으로, 때로는 엄청난 치유능력을 가진 샤만과 같은 존재감으로 우리의 삶을 규정하고 있다.

역사 속의 박정희 체제와 기억 속의 박정희 체제가 동일한 것은 아니다. 박정희 체제는 한국사회의 격변의 시기를 만들어내고 또 지배했다. 그러나 정치체제의 종말과 그의 개인적 죽음이 동일시되고, 죽음의 극적 비극성이 크게 각인되면서, 18년간 수많은 희생을 불러온 국가폭력에 대하여 면죄부를 주고, 박정희 체제에 대한 보수주의적 향수를 이끌어내는 원천으로 작용하였다. 여기에 신자유주의적 세계화, 이에 대처하는 시민적 민주정부에 대한 회의주의가 맞물려 미묘한 기억의 정치가 전개되고 있다.

박정희 사후 한 세대가 지나면서 박정희시대는 사회과학뿐 아니라 역사학의 연구대상이 되고 있다. 사실 박정희 체제에 대한 학문적 질문은 한국 내에서 민주화운동세력이 그 후계자나 유산들과 싸우고 있는 동안 해외에서 먼저 시작되었고, 이것은 주로 개발국가 또는 발전국가라는 이론적 틀에서 제기되었다. 이것은 한국의 경제발전이 뛰어난 리더십을 포함한 '강한 국가'에 의해 추동되었다는 함의를 가지고 있어서 이런 문제제기가 이루어졌을 때 한국의 (진보)학계는 상당히 곤혹스러움을 느끼지 않을 수 없었다. 해외학계가 박정희 체제를 먼저 학문적 의제로 삼을 수 있었던 것은 그만큼 역사의 현장으로부터 벗어나 객관적 관찰을 할 수 있는 거리의 확보가 용이했거나 세계적 헤게모니의 중심이 가진 이점을 활용할 수 있었기 때문이다.

2000년 이후 박정희 체제에 대한 연구는 국내학계에서도 급속하게 진행되었다. 오늘날의 연구는 오랫동안 공개되지 않았던 자료들과 동시대를 살았던 사람들의 증언과 구술(한국정신문화연구원, 2001; 김원, 2005; 정성화, 2006; 긴급조치9호 철폐투쟁 30주년 기념행사 추진위원회, 2005; 고려대 민주동우회, 2009)에 기초하여 전개되고 있다. 박정희시대를 살지 않았던 젊은 연구자들은 현재를 주형화한 '가까운 과거'에 대한 관심을 가지고 있고, 박정희시대를 살았던 사람들은 자신의 체험이 어떻게 역사로 전환되어 가는가를 목도하고 있다. 그러나 박정희 체제를 경험했던 사람들에게도 그것의 전체상은 뚜렷하지 않다. 어떤 위치에서 그것을 경험했는가에 따라 다른 상을 갖게 되기 때문이다. 기억사회학의 측면에서 박정희 체제에 관한 연구는 그때의 역사적 진실이 무엇이었는가에 대한 증언과 박정희시대를 어떻게 살았는가에 대한 구술 사이에 존재한다. 기억은 진실과 일치하는 것이 아니지만 현실을 만들어가는 힘이 강하다.

근래에 4 · 19와 5 · 16의 관계에 관한 새로운 해석들이 출현하고 있다. 너무나 당연하게 5 · 16쿠데타는 4월혁명의 부정이라고 인식되어온 것에 대하여 근대성 추구라는 점에서 양자의 동질성과 연속성을 바라보려는 경향이라고 할 수 있다.[1] 이것은 박정희 체제하 사회통제와 동의의 문제를 새롭게 바라보도록 자극한다. 정치이념으로서의 민족주의나 반공주의, 그리고 빈곤으로부터의 탈출이라는 사회적 목표, 그리고 박정희 체제하에서의 저항으로서의 사회운동에 대한 성찰을 요구하는 것이다.

이 글은 1961년 5 · 16이라는 사건을 통하여 성립한 한국의 제1기 군부

---

1) 실제로 양자의 관계는 미묘한 측면이 있다. 5 · 16 후 국가재건최고회의는 혁명재판소를 설치하고 8월부터 1960년 4 · 18 고대생 피습사건과 부정선거 주역들을 처벌하고, 12월 21일 최인규, 곽영주, 임화수 등에 대한 사형을 집행하였다. 1962년 4월 4일에는 4월혁명 희생자 186명에 건국포장을 주고, 156명을 원호대상자로 결정하였다. 또한 발전국가의 기원을 5 · 16 이후가 아닌 1950년대 후반이나 1960년의 민주당정부로 보려는 시각도 있다. 연속성과는 달리 단절성은 5 · 16 직후 군사정부가 4월혁명의 국면에서 부활했던 혁신계에 대한 처벌과 탄압을 동시에 수행하였다는 점에서 찾아진다. 민족일보 조용수, 사회당 최백근의 사형을 집행하였고, 교원노조 관련자나 양민학살 진상규명을 요구하고 있던 유족들도 처벌하였다. 부정축재자 처리는 용두사미로 끝났다. 이런 조치는 4월혁명을 배반한 증거로 간주되고 있다.

권위주의 정권, 즉 박정희 체제를 '사회통제'의 시각에서 재조명하려는 것이다. 박정희 체제에 관해서는 많은 논란이 있지만, 박정희 체제하의 '사회통제'에 관해서는 상대적으로 이견이 적다. 그렇지만, 그것의 전체상은 다양한 영역과 차원들에 걸쳐 있으므로 짧은 시간에 이를 드러내는 것은 매우 어려운 일이다. 사회통제를 보여주는 자료들은 2000년대의 '과거사 정리'작업을 통해 부분적으로 드러났지만(국정원과거사진실규명을통한발전위원회, 2007), 여전히 충분하지 않다. 사회통제는 국가권력에 의한 사회의 재생산이라는 의미에서의 거시적 차원과 물리력을 통한 저항의 억압기술이라는 미시적 차원으로 구분되는데, 여기에서는 '사회통제'를 그것을 엄밀한 내포와 외연을 갖는 것으로 설정하기보다는 '억압과 저항'을 넘어서서 통치의 방식을 드러내는 편의적인 개념으로 사용할 것이다.

2. 박정희 체제의 사회통제를 보는 시각

박정희시대가 국가가 사회보다 훨씬 우월한 위치에서 사회를 강력하게 통제했다는 데에 이의를 달 사람은 별로 없을 것이다. 그러나 박정희 체제의 사회통제를 언급하려면, 국가가 사회보다 강하게 된 역사적 조건과 사회통제의 유형이나 핵심적 원리가 무엇이었는가를 함께 질문하지 않을 수 없다.

전쟁에서 벗어난 한국사회는 국토가 분단되고 외부로부터 원조를 받아야 살아갈 수 있는 가난한 '후진국'이었다. 대부분의 식민지경험을 가진 국가들이 독립 후 내전과 빈곤, 군사독재로 이어지는 경로를 따랐다면, 한국도 이에 속한다고 할 수 있다. 그러나 한국은 다른 나라들과는 달리, 자유 민주주의를 내걸고 정권을 무너뜨린 4월혁명을 경험하였다. 군사쿠데타 이전에 학생과 시민들에 의한 민주혁명을 경험했다는 것은 예외적 사례일 뿐 아니라 특별히 주목되어야 할 역사적 경험이라고 생각된다. 그것은 한국사회의 강력한 민족주의와 계몽주의적 전통을 이어가면서 국가와 사회의 관계에 큰 영향을 미쳤을 뿐 아니라 다른 제3세계 국가들과의 역사발전의 경로나 속도를 다르게 만들었다. 특히 4·19는 1960~70년대의 정의나 민주주의에 대한 관념을 상기하도록 하여 그것의 후퇴나 독재화를 견제하는 제동장치로 기능하였다.

이 때문에 5·16쿠데타를 주도한 박정희 장군과 장교그룹은 이를 '혁명'으로 규정하면서 자신들이 4월혁명의 후계자라로 자처했으며, 정치인들을 '정화'의 대상으로 규정하여 혁명의 전통으로부터 이들을 분리시키려고 하였다. 권력을 장악한 군부세력은 국가를 '재건'해야 할 대상으로 삼았고, 근대화를 자신들의 사명으로 삼았다. 박정희 군사정부는 '국가 재건'의 구체적 패러다임으로 '후진국·근대화' 담론을 확산시키고 '국민'을 새롭게 주형하려고 하였다. 국민들은 이를 통해 '후진국'이라는 국가 정체성을 갖게 되었다. 이것은 박정희 정부가 내건 '조국 근대화'가 상당히 효율적인 국가목표가 될 수 있는 토양이 마련되고 있음을 의미한다. 그러나 당시의 국제정세는 지식인이나 학생들로 하여금 후진국 정체성뿐 아니라 제3세계 정체성을 비판적 대안으로 제시하도록 유도하였다.

1970년대에 접어들면서 최소민주주의가 깨져나가자 군부독재나 파시즘이라는 용어가 저항세력의 정체성을 구성하는 핵심어가 되었는데, 이는 미국에 의해 시도된 자유민주주의에 관한 정치교육의 효과이기도 했다. 남미나 미국학계에서 유행한 종속이론이나 세계체제론에 영향을 받으면서, 1970년대 후반에 이르면 주변부정체성, 민중의식, 그리고 '분단시대'라는 의식이 확산되었다. 경제성장과 함께 국민의식과 민중의식 사이에서 상당한 균열이 발생하였고, 이런 상황은 '종속적 발전'론을 수용하도록 했다(임현진, 1985; 2002).

1980년대 후반, 한국이 대만과 함께 경제성장에 성공한 국가로 인식되면서 박정희 체제의 한국사회를 바라보는 유력한 시각으로 유교자본주의론, 냉전발전론 등과 함께 '강한국가'론이 등장하였다. 강한국가론은 국가와 사회계급과의 관계, 역사적 문화적 맥락, 국가조직 등에 초점을 맞춘다. 젠킨스(1991)는 한국의 박정희 체제를 대만과 마찬가지로 사회적 계급으로부터 상대적으로 자유로운 국가로 보았다. 전통적 지주계급이 농지개혁에 의해 결정적으로 약화되었고 산업자본가계급도 미약했으며, 노동자계급의 조직화 정도도 낮았기 때문에 박정희 체제는 강한 국가를 만들고 경제발전을 할 수 있었다고 본다. 미그달(1988)은 강한 국가가 등장하려면 대규모의 사회적 해체, 세계사적 시점, 외부로부터의 군사적 위협, 관료제의 기반, 지도력 등이 필요하다고 보았다.

한국을 '강한 국가 · 약한 사회'로 보는 관점은 개발/발전국가론과 쉽게 연결된다. 에반스(1987)는 일본을 모델로 하여, 강한 정치 관료엘리트의 안정적 지배, 기획기관의 총괄적 지도하의 민관협력, 보편교육에의 지속적 투자와 공평한 분배, 시장가격체제에 기반한 정부의 개입 등을 발전국가의 특성으로 보았다. 이런 발전국가모델이 한국에 어느 정도 부합하지만, 적어도 '강한 국가 약한 사회' 모델은 수정될 필요가 있다는 것이 여러 사람들의 지적이었다. '약한 사회' 대신 '쟁투적 사회'가 대안으로 제시되기도 한다. 구해근(1993)은 '비교적 강하고 매우 정치화된 사회'로 그것을 표현했는데, 이는 한국의 시민사회가 자본가사회의 제도적 표현이 아니라 국가권력에 대한 민족적 정치적 반응이기 때문이다. 아마도 국가의 통제 능력 못지않게 학생과 언론인, 지식인을 중심으로 한 1960~70년대의 시민사회의 대응능력은 지식중심적 문화, 식민지 시기의 민족운동과 4월혁명이라는 역사적 전통 등을 통해 배양된 것으로 보아야 한다. 한국에서 자율성을 가진 시민사회의 출현이 1980년대 후반부터라고 한다면, 그 이전 군부 권위주의 정부하에서의 사회는 '국가에 의해 동원된 사회'와 '국가에 저항하는 사회'로 구분되었다. 학생운동은 취약한 시민사회를 대변하는 집단이었고, 또한 민중 속으로 들어가 이들과 함께 하는 사회운동을 전개하였다. 이런 시민사회에 관한 시각들이 민주화의 이행과정에서 크게 발전하였다(최장집, 1993; 1996; 임현진 · 송호근, 1995; 최장집 · 임현진, 1997; 유팔무 · 김호기, 1999).

박정희 체제의 사회에 대한 지배를 둘러싸고, 국가기구가 일방적으로 권력을 행사한 것이 아니라 민간 전문가들을 끌어들여 여러 위원회들을 조직하고 이들로 하여금 통제정책을 수행하였다는 점에서, 또는 1963년과 1967년, 또는 1971년까지를 포함하여 국민들에 의한 선거를 통해 집권하였고, 상당한 국민적 동의를 바탕으로 하고 있다는 점에서 '헤게모니적 지배'로 특징 지우기도 한다. 1972년 유신헌법 선포 후 실질적인 의미의 선거가 폐지된 경우조차 경제성장이나 안보를 내세운 정치이념에 상당한 국민적 동의가 존재했다는 점에서 '대중독재'로 표현하기도 한다.

2000년 이후에 박정희 체제를 바라보는 시각은 크게 세 가지로 분화되었다. 임지현 등(2000)은 박정희 체제의 폭압론이 밑으로부터의 동의의 측면을 충분히 바라보지 못하게 한다고 보고, 나치나 일제의 경험을 빌어 대중독재론을 제시하였다. 그의 작업은 탄압과 저항 모두가 민족주의와 근대성을 공유하는 것으로 이를 넘어설 필요가 있다고 생각했으며, 이런 시각에서 많은 비교연구 작업을 수행하였다(임지현 · 김용우, 2004; 장문석 · 이상록, 2006). 이와는 달리 교과서 포럼으로 대표되는 뉴라이트계열의 학자들은 박정희시대의 탄압에 대해 회의적이며 민중에 대한 수탈은 없었다는 입장을 개진하였다(교과서 포럼, 2005; 2006). 이들은 식민지 시기를 파악하는 틀로서의 식민지근대화론의 연장선에서 박정희 체제를 보기 때문에 사회통제적 측면은 별로 강조하지 않는다.

이에 대해 2000년대의 비판적 시민 형성을 겨냥하는 학자들은 전통적인 탄압 저항론을 넘어서서 개발독재의 본성을 탐구하는 방향으로 나아갔다(이병천, 2003). 조희연은 박정희 체제하에서 압축적 경제개발이 이루어졌지만 밑으로부터의 민중적 저항에 의해 붕괴되었다는 부정할 수 없는 두 가지 사실을 어떻게 설명할 것인가를 연구의 출발점으로 삼아야 한다고 보고, 대중독재론과 신보수주의를 정교하게 비판하였다(2010). 그는 책 제목대로 '개발동원체제'를 핵심적 개념으로 제시하고, 또 1960년대의 헤게모니가 1970년대에 접어들어 '균열'되었다는 헤게모니 균열론을 주장하였다.

헤게모니 균열론은 박정희 체제에 대한 평가에서 그의 집권기간 전체를 하나로 보고 부정 또는 긍정하는가, 아니면 1960년대의 제3공화국과 1970년대의 유신체제를 구분하여 서로 다른 평가를 하는가와 관련이 있다. 박정희 체제에 대한 비판론의 경우, 그가 집권한 18년 전체를 군부정권으로 보고 부정적으로 평가하는 입장과, 제3공화국은 상대적으로 그 정당성을 인정하면서 유신체제의 불법성과 독재를 강조하는 입장으로 구분된다. '박정희 체제'는 그가 최고 통치자의 지위를 누리던 정치체제라고 할 수 있으나 엄밀하게 말하면 그것은 하나가 아니라 세 개의 서로 다른 국면을 포함하는 것이었다. 1961년 5·16쿠데타 이후 1979년 10·26까지의 박정희 집권기는 통치방식이나 정권의 합법성의 기준으로 볼 때, 1961년부터 1963년까지의 군정기, 1963년 국민의 직접 보통선거를 통해 집권하고 1967년의 선거를 통해 재집권한 시기, 셋째는 남북대화를 명분으로 한 유신헌법 제정과 이에 기초한 억압적 통치기라고 할 수 있다. 두 번째 국면의 후반기, 즉 1969년 3선개헌과 1971년 대통령선거를 거쳐 1972년 '10월 유신'에 이르는 기간은 사회통제가 강화되고 '독재'로 이행하는 소국면이다. 이 소국면에서 유신과 반유신의 치열한 경쟁과 대립이 전개되었고(안병욱 외, 2005), 이는 박정희 체제를 형성해온 권력집단 내부에서도 관찰되었다.

박정희 체제에 대한 역사적 평가는 현재의 정치적 입장에 따라 매우 편차가 크지만, 대체로 논쟁의 지형은 두 가지 차원에서 형성되어 있다고 보여진다. 첫째는 민주주의와 경제성장 사이의 길항적 관계를 둘러싸고, 어느 쪽을 더 중시하는가에 따라 입장이 나누어지는 듯하다. 정확한 용어는 없지만 굳이 말한다면 민주파와 경제성장파 사이에는 건널 수 없는 강이 존재하는 듯하다.[2] 둘째는 박정희 체제에서 끊임없이 강조되었던 반공주의와 안보위기론에 관한 것이다. 일부에서는 분단·냉전하에서 박정희체제는 실재했던 안보위기를 바탕으로 사회를 통제할 수밖에 없었다고 생각하는 반면,[3] 박정희 정부가 내세운 안보위기론은

[2] 오늘날 한국의 보수적인 정치지도자의 한 사람인 김영삼 전 대통령도 박정희시대를 최악의 시대로 표현하고 있다.

[3] 최근 한홍구는 북한의 대남정책과 남파공작의 추이를 '간첩'검거통계를 바탕으로 추론하였는데, 북한의 연고에 따른 간첩 남파정책이 1970년대 초반 바뀌었다고 보았다. 자세한 것은 한홍구(2011)를 볼 것.

가공적이거나 과장된 것이었으며, 권력의 재생산을 위한 소재이자 도구였다고 생각하는 사람들이 많다.

박정희 정부의 체제관리를 위한 정치이념은, 군정기의 통치조직이 국가재건최고회의였던 것에서 알 수 있듯이 반공주의를 기초로 한 '재건', 선거를 통해 성립한 제3공화국 시기의 '증산 · 수출 · 건설', 그리고 유신체제하의 '총력안보' 등으로 변화되었다. 이런 정치적 지배이념은 사회를 조직하거나 통제하는 에너지를 제공하고 있다. 박정희시기의 국가를 개발국가나 안보국가형 모델이라고 할 때, 이런 모델은 한편으로는 중앙정보부를 정점으로 하여 국가행정기구를 통제하고 다른 한편으로는 군을 정점으로 하여 물리적 통제력을 활용하는 방식으로 구성되었다. 국가기구들은 국민 개개인에 대한 관찰과 분류를 강화하고, 또한 각종 민관위원회를 조직하여 이들로 하여금 중요한 정책을 심의하거나 집행하도록 하는 체계가 발전하였다. 이런 특성 때문에 박정희 체제의 권력행사가 헤게모니적 방식이었다고 보는 입장이 가능해진다. 국민에 의한 대통령 직접 · 보통선거가 폐지된 상황에서 2천 명 이상이 참여하는 통일주체국민회의를 구성하거나 가장 중요한 헌법개정을 국민투표로 결정하는 방식은 '대중독재'라는 개념을 가능하게 한다.

그러나 국민적 동의를 생산하는 방식은 항상 사회적 타자를 창출하는 작업과 병행하여 이루어졌다. 박정희 정부는 항상 자신에 대한 반대를 '반정부'가 아닌 '반국가'로 규정하고 그에 해당하는 사람들을 '비국민'으로 규정하였다. 국가보안법에 의한 '내란', 반공법에 의한 '방첩'의 원리는 외부적 타자뿐 아니라 내부적 타자를 창출하는 기제였고, 정치적 도전이 고조될 때마다 비상조치와 함께 간첩사건을 발표하였다. 이런 통제는 복수의 정보기구를 경쟁적으로 활용하여 정보를 축적해둔 뒤에 상황에 따라 적절히 활용하거나 조작하는 방식에 의존하였고, 여기에 북한의 대남정책이 끼워 맞추어졌다.

사회통제는 이념을 통한 설득과 강제, 법적 제도적 장치를 통한 통제, 통제대상에 대한 사회적 조직화를 통한 관리 등의 차원으로 구분된다. 이하에서는 박정희 체제의 사회통제를 예외상태의 일상화, 사회적 배제와 조직적 동원이라는 두 축으로 보면서, 한편으로는 이 기간에 이루어진 비상조치, 언론과 문화검열, 사상통제, 다른 한편으로는 노동통제와 사회적 동원, 그리고 사회적 저항을 살펴볼 것이다.

3. 예외상태의 일상화와 사회적 배제

1) 계엄령과 긴급조치

박정희 체제를 포함한 한국현대사에서 나타난 중요한 사회적 통제방식은 '예외 상태'의 창출이었다. '비상사태선언', 계엄령, 위수령 등은 모두 이에 해당된다. 이것은 해방과 더불어 시작된 미군정, 그리고 1948년 국가형성기의 여순사건(김득중, 2009), 한국전쟁, 4월혁명 등에서 줄곧 나타난 것으로, 박정희 지배하에서도 지속되며, 이는 국민의 형성, '비국민'의 배제를 위한 주권적 차원의 현상이었다.

1961년 5·16군사쿠데타는 약 3천 명의 병력에 의한 서울의 군사적 점령과 비상계엄령 선포로 시작되었다. 쿠데타군은 군사혁명위원회를 설치하고 혁명공약 6장을 발표하면서 동시에 전국에 비상계엄령을 선포하였다. 포고 1호는 집회금지와 보도관제였으며, 2호는 금융 및 물가 동결,

3호는 공항과 항만봉쇄, 4호는 장면정권 인수, 각급 의회 해산, 정치활동 금지였다. 모든 언론에 사전검열을 실시하고 남북교류를 주장하던 인사들을 체포하였다. 5월 17일에는 행정기구를 접수하고 5월 18일에는 혁신세력 3,300명과 민족일보 관계자를 체포했고, 곧 이어 정당 사회단체와 노동조합을 해산하였다. 5월 22일에는 치안국에서 '용공분자' 2,200명, 깡패 4,200명을 검거했다고 발표하였다. 1961년 5월 16일 공포된 계엄령은 1년 반 동안 유지되다가 1962년 12월 6일 해제되었다.

1963년은 새로운 체제를 수립하기 위하여 정당을 재구성하고 헌법을 개정하며 선거를 치르는 기간이었다. 이 기간에 박정희는 여러 번 정치적 위기를 겪었는데, 가장 치명적인 것은 민정이양과 관련된 약속과 번복이었다. 18년에 이르는 기간 동안 그에 대한 지속적 반대자들은 아마도 민정이양과 관련한 공약의 반복적 파기로부터 그에 대한 불신을 갖게 되었을 것이다. 이런 민정이양과 관련된 대중과의 약속의 파기 위에서 그의 또 다른 약속인 『국가와 혁명과 나』(1963)가 출간되었다.

군사쿠데타에서 계엄령의 발포는 흔한 일이지만, 이후 박정희 정권은 위기에 처할 때마다 통상적 법률을 정지시키는 계엄령, 위수령, 비상사태 선언, 긴급조치 등 각종 예외상태를 만들어냈다. 1964년 6월 3일 박정희 정부는 전국 대학에서 한일회담반대 시위가 격렬해지자 서울 일원에 비상계엄을 선포하고 집회 및 시위 금지, 언론 및 출판의 사전검열, 각급 학교 무기 휴교령, 통행금지 시간연장, 무영장 압수, 수색, 체포, 계엄 군법회의 설치 등을 단행하였다. 이 학교 휴업령은 8월 16일까지 2개월여 지속되었다.

1965년 8월 26일, 한일협정 비준에 반대하는 학생들의 시위가 고조되었을 때, 서울시 일원에 위수령이 발동되었다. 연세대와 고려대의 학생들이 무장군인들에 의해 연행되었다. 학생들은 군인들로부터 '학원을 방위'한다는 의미의 학원방위단을 결성하였다. 9월 4일에는 연세대와 고려대에 무기 휴업령이 선포되었다.

1967년 6월 8일에 치러진 제7대 국회의원 선거는 대통령 연임규정을 둘러싼 헌법개정 문제를 안고 있었기 때문에 상당히 중요한 선거였다. 박정희 정부는 심각한 부정선거를 통해 개헌선을 확보하였다. 이에 대한 전국적인 항의와 규탄이 이루어지자 6월 15일 휴교령으로 이를 모면하려고 하였다. 또한 중앙정보부는 동백림 간첩단 사건을 발표하여 이 투쟁을 가라앉게 하려고 시도하였다. 이 부정선거 규탄운동은 6개월간 지속되었다.

1968년 1월 21일의 무장공비 침투사건과 푸에블로호 피납사건, 10월 30일의 울진·삼척 무장공비 침투사건의 여파 속에서 1968년 12월 17일 3선개헌문제가 공식화되기 시작하였다. 1969년 9월에 이르러 개헌반대투쟁이 고조되는 가운데 9월 10일 전국 17개 대학에 임시휴교령이 내려졌고, 9월 14일 민주공화당은 3선개헌안과 국민투표법안을 날치기로 통과시켰다. 10월 17일에는 3선개헌안이 국민투표로 가결되었다.

1971년은 이 3선개헌에 기초한 대통령 선거가 실시되는 해였다. 이를 앞두고 정부는 2월 23일 대학교련을 필수과목으로 하는 교육법 시행령 개정안을 의결하였다. 문교부가 전국의 고교생과 대학생을 대상으로 '교련'이라는 군사교육을 실시하기로 결정한 것은 1969년이었다. 이에 따라 학교에는 교관이 파견되고 학생들은 군대식으로 조직화되었다. 학생들은 군복과 유사한 교련복을 입고 군대식 사열로 조회를 했다. 대학에서는 학점을 부여하는 교련과목이 개설되고 병영체험을 하는 집체훈련이 실시되었으며, 이 교육이 병역기간과 연계되었다. 이에 대한 학생들의 저항이 1970년 12월 연세대와 경북대 학생들의 교련반대 데모로 시작되었다. 이 교련 반대의 물결은 1971년 3월의 서울대 투쟁을 거쳐 전국적으로 번져갔다. 교련반대 시위로 서울 문리대와 법대가 휴강한 가운데, 4월 14일 민주수호 전국청년학생연맹이 결성되었고, 4월 27일의 대통령 선거를 맞았다.

1971년 10월 5일, 교련반대시위가 절정에 달한 상태에서 수도경비사령부 헌병대는 고려대에 난입하여 학생들을 연행하였다. 이에 대한 항의가 거세지자 10월 15일 학원질서 확립을 명분으로 위수령을 발동하여 10개 대학에 군인들이 진주했고, 휴업령이 내려졌으며, 1,889명의 학생들이 연행되고 74개 학생 서클이 해체되었으며, 13개 미등록 간행물 폐간, 7개 대학 학생회가 기능정지당했다. 10월 30일에야 휴업령이 해제되었다.

그러나 11월 12일, 중앙정보부가 서울대생 내란예비음모사건을 발표하여 심재권, 이신범, 장기표, 조영래, 김근태 등을 구속했는데, 곧이어 12월 6일, 박정희 대통령은 닉슨독트린과 미7사단 철수 등 급변하는 국제정세에다 북한의 남침우려 등 안보가 위태롭다는 이유로, 국가비상사태를 선포하였다. 박정희는 국가안보를 정부시책의 최우선으로 삼고, 일체의 사회불안을 용납하지 않으며, 최악의 경우 국민의 자유도 일부 유보할 결의를 가져야 한다고 밝혔다. 이 조치를 법적으로 정당화하기 위하여 당시 집권여당인 공화당은 '국가보위에 관한 특별조치법안'을 국회에 제출하고 12월 27일 날치기로 통과시켰다. 이 법은 "非常事態下에서 國家의 安全保障과 關聯되는 內政, 外交 및 國防上 必要한 措置를 事前에 效率的이며 迅速하게 取함으로써 大韓民國의 安全을 保障하고 國家保衛를 確固히 함을 目的으로" 하는 것으로 대통령에게 비상사태 선포권을 주는 것이었다. 이 법은 1972년 10월 유신의 전조를 알리는 것이었다.

이런 상황에서 박정희 정부는 1972년 7·4남북공동성명을 발표하였고, 이를 명분으로 하여 10월 17일에 전국에 비상계엄을 선포하고 특별선언을 공표하였으며, 전국 81개 학교에 휴교령을 내렸다. 이 특별선언은 헌법일부의 효력정지, 국회해산, 정치활동금지, 대학휴교, 언론사전검열조치를 포함했다. 열흘 뒤인 10월 27일 문화공보부 장관은 이 선언을 '10월 유신'으로 명명하였다. 11월 21일에는 이 유신헌법에 대한 국민투표를 실시하였으며, 이 결과를 국민의 절대적 지지로 해석하고 "평화통일과 번영을 달성하려는 국민 각자의 강한 의사와 열망"을 나타낸 것이라고 발표하였다. 국민투표가 끝난 11월 27일 휴교한 학교들이 개교하였고, 12월 14일 비상계엄이 해제되었다.

비상계엄하의 국민투표로 채택된 유신헌법은 국민에 의한 대통령 직접선거와 임기제의 실질적 폐지와 또 다른 국민의 대의 기관인 통일주체국민회의의 창출 등 헌정파괴적 내용을 갖는 것이었다. 이에 대한 저항은 광주의 운동권으로부터 시작되었고,[4] 1973년 10월 서울대 문리대에서도 유신체제에 대한 대학생들의 저항이 시작됐다. "자유 민주 체제를 확립하라"는 이 외침은 전국 대학으로 번져 반정부 시위는 확산되어 갔다. 이후 1973년 12월 24일 '헌법 개정 청원 100만인 서명운동'이 시작되고 1974년 1월 초 서명자가 30만 명을 돌파했다고 발표하자 박정희는 1월 8일 대통령 긴급조치 제1호와 제2호를 발동했다. 이는 "헌법을 부정반대 왜곡 또는 비방하는 일체의 행위 및 헌법 개폐를 주장, 발의 제안

---

[4] 광주의 박석무, 김남주, 이강 등에 의한 '함성'지 사건이 그것이다.

또는 청원하는 일체의 행위를 금지시키는 것이었다. 이에 따라 장준하와 백기완이 구속되고 다수의 인사가 연행되었다. 1월 14일에는 '국민생활 안정을 위한 대통령 긴급조치' 3호가 선포되었다. 2월에는 문인간첩단 사건을 발표하였다.

유신체제하의 긴급조치는 유신헌법 제53조에 기반한 것으로, "대통령은 천재 · 지변이나 재정 · 경제상 위기, 국가의 안전보장 또는 공공의 안녕질서가 위협받는 상황 등에서 국민의 자유와 권리를 잠정적으로 정지하는 긴급조치를 할 수 있다"고 규정했다.[5] 박정희 대통령은 이른바 민청학련 사건을 처리하기 위하여, 4월 3일 '전국민주청년학생총연맹 가입 및 일체의 활동을 금지'하는 긴급조치 4호를 선포하였다. 이 사건은 제2차 인혁당 사건과 함께 발표되었다. 그러나 1974년 8월, 야당과 엠네스티 등 국제 인권단체들의 항의가 계속되자 긴급조치 1호와 4호를 8월 23일에 해제하였다.

유신체제에 대한 저항은 1974년 9월 천주교 정의구현사제단 결성, 11월 자유실천문인협의회, 민주회복 국민회의 결성 등으로 이어지고, 11월 27일 '국민선언'이 발표되면서 더욱 강화되었다. 1974년 말을 기점으로 민주주의 담론은 '민주수호'에서 '민주회복'과 '정의'의 문제로 변화되었다. 민주회복 국민회의의 영향력이 커지자 박정희 대통령은 1975년 1월 이 위기를 다시 국민투표로 돌파하려고 하였다. 국민투표는 국민의 일반의지를 생산하는 제도이지만, 동시에 통치성의 강화를 위한 정치적 장치로 활용되었다.

1975년 3월 동아일보와 조선일보를 중심으로 한 대대적인 언론투쟁이

---

5) '유신체제'하 공포된 긴급조치의 구체적 내용과 분여별 피해사례들은 진실화해를 위한 과거사정리위원회, 『분야별 긴급조치 피해사례보고서』, 2008.12를 참조할 것.

전개되고, 이에 대한 대학생들의 호응이 커지자 다시 4월 8일 긴급조치 7호로 고려대에 휴업령을 내리고 군대가 진주하였다. 4월 9일에는 인혁당 관계자를 전격적으로 사형에 처했다. 4월 11일에는 서울대 김상진이 양심선언문을 발표하고 자살하였다. 이렇게 되자 박정희 정부는 5월 13일 긴급조치 9호를 선포하였다. 이 긴급조치 9호는 박정희 체제가 끝날 때까지 해제되지 않고, 그가 사망한 후 1979년 12월 8일 비로소 해제되었다. 헌법상의 긴급조치 규정은 1980년 개헌에서는 '비상조치'로, 1988년 개헌에서는 '긴급처분 · 명령권'으로 바뀌었다.

지금까지 살펴보았듯이 박정희 체제의 사회통제의 제1원리는 계엄령, 위수령, 휴업령, 긴급조치 등으로 표현된 '비상조치'들이었다. 적어도 10회 이상의 비상조치들이 시행되었고, 총 7년간에 가까운 시간이 비상상태였다. 진실화해를위한정리위원회에 따르면, 긴급조치 위반 혐의로 기소된 사건은 589건에 달한다. 진실화해위원회가 589건의 사건을 모두 조사한 결과, 48%에 달하는 282건이 술을 마시거나 수업 중 박정희 전 대통령 및 유신체제를 비판한 것으로 드러났다. 유신반대 및 긴급조치 해제 촉구시위, 유인물 제작과 같은 학생운동 관련 사건이 191건(32%)이고, 반유신 재야운동 및 정치활동은 85건(14.5%), 국내재산 해외반출 및 공무원 범죄가 29건(5%), 간첩사건 2건(5%)으로 파악됐다. 긴급조치별로는 긴급조치 제1호와 제4호 위반이 36건에 달했고,[6] 긴급조치 제3호 위반

---

6) 진실화해위는 유신체제 비판 발언으로 처벌받은 전형적 사례인 '오종상씨 사건'에 대해 재심권고 결정을 내렸으며, 2010년 12월 16일, 대법원은 "긴급조치 제1호는 유신헌법 등에 대한 논의 자체를 전면금지함으로써 유신체제에 대한 국민적 저항을 탄압하기 위한 것임이 분명하다"고 밝혔다. 이어 "긴급조치 제1호는 발동요건을 갖추지 못한 채 목적상 한계를 벗어나 국민의 자유와 권리를 지나치게 제한함으로써 헌법상 보장된 국민의 기본권을 침해한 것"이라며 "긴급조치 제1호가 해제 내지 실효되기 이전부터 유신헌법에 위반되어 위헌이고, 긴급조치 제1호에 의해 침해된 각

9건을 제외한 나머지는 긴급조치 제9호를 위반한 사건이었다. 긴급조치 제9호 위반자들에 대한 실형선고가 압도적으로 많았다.

'예외상태의 일상화'는 전쟁과 국가형성기에 자주 등장하는 것인데, 박정희 체제의 사회통제가 이에 의존하고 있다는 것은 무엇을 의미하는가. 이 질문은 국가형성기를 해방 5년으로 보는 관점(김진균, 2001)을 재고하도록 하고, 좀 더 장기적 국면으로 상정하도록 한다.

2) 검열과 언론 문화통제

5·16이 발발하면서 쿠데타군이 취한 최초의 조치 중에 언론출판에 대한 검열이 포함되었다. 군은 "언론 출판에 대한 검열실시"를 발표하고 문교부 연락관에 박태준 대령을 임명하였다(『동아일보』 1961년 5월 17일자). 최초의 사전검열은 쿠데타 이후 열흘간 지속되었다.

사회통제의 하위 양식으로서의 검열은 그 대상으로 텍스트, 텍스트 생산자, 매체 등에 대해 이루어지며, 텍스트 검열은 개입시점을 기준으로 인쇄전 검열과 인쇄후 검열, 출판전 검열과 출판후 검열등으로 구분되는데, 계엄령을 발동할 경우 사전검열이 이루어지는 경우가 많았고, 평상시에는 판매금지나 압수 등의 형태로 검열이 이루어졌다(정근식·최경희, 2011).

1962년의 언커크 보고서는 1961년 8월 12일의 박정희 장군의 성명서와 기자회견 내용을 싣고 있다. 이 자료에는 공보부 발표에 의존하여,

---

기본권의 보장 규정을 두고 있는 현행 헌법에 비추어 보더라도 위헌이다"라고 덧붙였다. 이런 판결은 긴급조치 1호뿐 아니라 유신체제하 긴급조치 모두에게 적용될 가능성이 있다.

"5 · 16 이후 834개의 신문과 출판사 및 통신사의 등록이 취소되었다고 한다. 같은 날짜부터 실시된 출판검열제는 5월 27일부터 (자체검열)로 옮겨졌다. 15개의 주간신문과 2개의 영자지(英字紙)만이 남게 되었다. 이는 (무책임한) 보도로부터 민중을 보호하고 무고한 민중들에 대한 악덕기자들의 행패를 방지하기 위해 필요하다고 선언되었다. 7월 28일 최고회의는 신문사 · 통신사 및 정기간행물이 표준과 규격을 정하는 신문등록법안을 공포하였다. 전문 8조의 법률에 따라 발행인은 공보부에 대하여 재정 및 도의적 조건이 갖추어졌다는 내용의 다짐을 주고 새로 등록해야 했다. 동 법안은 명예훼손죄와 재정 및 시설에 관해서 엄격히 규정하고 있다. 또한 이에 위반한 자에 대해서는 등록취소와 벌금 및 체형 등을 과할 수 있도록 하였다. 이 법안에 대한 한국신문들의 반대는 이 처벌규정 때문인 것 같다. 한국의 신문들은 신문등록법안의 제정에 관한 규정은 헌법정신의 위반이라고 항의하였다. 그들은 또한 명예훼손죄와 그 기타의 처벌규정은 기존법에 따라야 된다고 주장하였다."

검열의 범위와 강도는 표현의 자유나 집회결사의 자유와 반비례한다. 박정희 체제에서 문화검열은 공보부가 담당하였다. 5 · 16 직후 군사정부는 공보기구를 독립행정부서인 공보부로 격상시켰다. 공보부는 외무부의 대외선전업무를 포함해 문교부에까지 업무영역을 확대해 나갔다. 군사정부는 1961년 12월 30일 '출판사 및 인쇄소의 등록에 관한 법률'을 제정하였고, 납본제도를 부활하였다. 이 시기에 정부는 언론 · 출판, 기타 영화 · 예술에 관한 법률들을 제정하며 이들 부문에 대한 정부통제를 강화했다. 특히 1962년 1월 20일 제정된 영화법은 박정희 정부의 문화통제의 방향과 양상을 보여주는 중요한 조치였다. 이 영화법은 일제와 같은 영화사전검열과 영화제작신고, 상영허가, 상영정지 또는 중지권 부여, 그리고 영화업의 허가제도 등을 도입하는 것이었다. 아울러 민간 전문가나 영화제작자들을 심의위원회로 끌어들였다.

검열은 신문 잡지에 대한 검열, 영화나 연극에 대한 검열, 문학작품에 대한 검열 등으로 구분된다. 박정희시대의 검열은 텍스트 검열을 넘어서서 기자나 작가들에 대한 직접 통제, 그리고 매체의 통폐합에 의한 통제가 주를 이루었다. 매체에 대한 통제가 커질수록, 이를 모면하기 위해 언론자본, 출판자본에 의한 간접검열도 강화되었다.

박정희 체제의 검열에서는 항상 언론검열이 중요했다. 박정희 체제는 한편으로 학생들의 줄기찬 도전에 시달렸지만 다른 한편으로는 주요 신문사들의 지속적 비판에 직면해야 했다. 박정희시대의 언론통제는 식민지 검열과는 달리 신문의 내용보다는 신문사에 대한 통제와 신문기자들에 대한 신체적 통제가 중심을 이루었다. 1968년에는 문화공보부로 확대·개편되면서 문교부가 맡고 있던 문화·예술 부문의 관리 통제업무를 모두 넘겨받았다.[7] 한편 지방과 해외공보관 설치, 국영 라디오 방송국 확대, 국영 텔레비전 방송국의 신설은 정부에 효율적인 공보수단을 제공했다.

박정희시대의 언론 탄압은 1961년 민족일보사 탄압을 시작으로, 언론사 정비, 문화방송 소유의 강제적 이전 등으로부터 시작하여, 1964년 언론윤리위원회 법을 제정하여 야당계 언론을 압박하였고, 이어 경향신문사의 강제매각(1966), 신동아 필화사건(1968), 사상계 필화사건(1964~72), 그리고 1970년대 전반기의 동아일보 및 조선일보 기자들에 대한 탄압으로 절정에 달했다. 언론통제는 문화공보부가 그 주체였으나 중앙정보부

---

7) 1990년 1월 3일 문화공보부가 문화·예술 부문의 독자적인 정책 수립과 집행의 필요에 따라 문화부와 공보처로 분리되었다.

나 보안사령부 등도 부분적으로 개입하였다. 청우회사건은 중앙정보부가 어떻게 언론인 탄압에 개입했는가를 단적으로 보여준다. 2007년 국가정보원은 1960년대 이후 중앙정보부의 개입의혹이 있는 사건들을 조사하여 보고서를 발간하였는데, 언론탄압사건들로, 부일장학회사건(1962), 경향신문강제매각사건(1965), 신동아 필화사건(1969), 사상계 필화사건(1970), 다리지 필화사건(1971), 창조지 필화사건(1973), 조선일보 광고탄압사건(1973), DJ납치사건관련 언론개입(1973), 한국일보 언론노조 결성방해사건(1974), 동아일보 광고탄압 및 강제해직사건(1974~75), 조선일보 강제해직사건(1974~75) 등을 다루었다.

김주언(2008)은 한국의 언론통제의 역사를 잘 정리했는데, 언론검열과 통제의 분수령은 역시 1974년 동아일보 및 조선일보 기자 대량해직사건이었다고 생각된다. 이에 관해서는 연구뿐 아니라 당사자들의 상세한 투쟁의 기록이 간행되었다(동아자유언론수호투쟁위원회, 2005). 이를 계기로 한국의 언론검열은 국가검열과 언론자본검열로 명백히 분화되었고, 언론자본의 재벌화 및 국가권력과 수위 언론사의 동맹이 가능해지기 시작하였다. 역으로 본다면, 1950년대부터 1970년대 중반까지의 주요 언론사의 정부비판기능이 가능했던 이유를 좀더 진지하게 고찰되어야 한다. 이는 일제에 의한 한글 민간지 폐간, 국가형성기의 좌파지와의 헤게모니 경쟁, 그리고 국가권력 내부의 여당과 야당의 대립이라는 정치적 지형이 복합적으로 작용한 것이다.

한편 박정희 체제의 문화적 통제에서는 문학검열과 영화검열이 상당한 비중을 차지한다. 해방 이후 문학검열보다는 대중문화나 선전이 국민형성에 중요하게 작용하여 영화검열의 비중이 커졌고 이는 박정희 체제로 이어졌다. 영화검열에서 가장 큰 사건의 하나로 1965년 이만희 감독은 '7인의 여포로'로 용공혐의를 받아 입건된 바 있으며, 1969년 박종호 감독의 '벽 속의 여자', 신상옥 감독의 '내시' 등은 외설 혐의로 검찰에 입건됐다.

문학검열은 영화검열과 달리 사전검열이 아니라 사후의 텍스트 검열로 주로 '필화'사건으로 나타난다. 1965년 남정현의 '분지' 필화사건을 비롯한 여러 필화사건들은 최초의 출판에서 발생하지 않고, 문제가 되는 매체에 실리게 되는 경우에 발생하였다는 특징을 갖는다. 1970년 김지하의 오적 사건도 마찬가지였다. 박정희 시기의 문학 및 문화검열은 대부분 반공주의와 연관되는 것이었고, 반공주의에 관련된 검열은 국가보안법이나 반공법의 적용을 받았다.

1970년대 중반이후 문화검열이 사상통제로 이어지는 과정을 잘 보여주는 사례는 리영희 교수의 『전환시대의 논리』, 『8억인과의 대화』, 『우상과 이성』 등의 책이 겼었던 운명이다. 스스로 한국전쟁기에 가장 체제적 지식인이었다고 말하는 그는 베트남문제나 사회주의 중국에 대한 발언을 통해 가장 반체제적인 지식인으로 알려졌고, 그의 책은 신체와 함께 감옥에 갇힌 금서가 되었다. 이들은 박정희 사후에야 비로소 감옥에서 해방되었다.

문화통제에서 박정희 정부는 검열과 함께 풍기단속을 통한 정서의 통제를 시도하였다(권명아, 2007). 1960년대에는 '왜색'에 대한 통제, 1970년대에는 '국적없는 문화'에 대한 통제를 통하여 개인적 자유를 옹호하는 문화나 미국화에 대한 견제를 시도하였다. 이런 풍속통제는 군사주의적 문화화와 맥을 같이하는 것이었다. 민족주의의 동원과 섹슈얼리티에 대한 통제는 1970년대 대중문화의 중요한 양상이다(유선영, 2007).

박정희 정부는 대중문화에 대한 검열과 함께 선전의 측면에서 전통의 계승과 재인식을 강조했다. 문화검열은 국민의 형성과정에서의 감정과 정서에 대한 국가 개입의 욕망을 드러낸다. 풍기단속은 건전한 국민의 형성과 연결되었다. 민족문화라는 화두는 국가나 사회 모두가 공유하는 것이었다. 5 · 16 이후 박정희 노태우 정권은 민주당 정권의 문화재정책을 그대로 계승하여, 1961년 10월 문화재관리 기관으로 문교부의 外局인 文化財管理局(문화재관리국)을 신설하였다. 1968년 박정희는 교육부와 공보부에 산재한 문화 · 예술 행정의 일원화를 지시하여, 공보와 문화행정이 혼합된 문화공보부가 탄생하게 된다. 이에 따라 문교부 소속의 문화재관리국, 국립박물관 등의 업무가 문화공보부로 이관되었다. 문화공보부의 등장은 박정희가 1968년 신년사에서 밝힌 '제2경제'의 연장이었다. '민족중흥'의 시대에 요구된 투철한 국가관은 곧 민족주체성이었다. 1968년 말의 국민교육헌장의 제정과 학습의 강제는 부정적 통제뿐 아니라 능동적 통제를 위한 노력을 잘 보여준다. 유신체제 말기인 1978년 12월에 제정된 정신문화연구원 육성법은 이런 노력의 일환이었다.

3) 사상통제와 가사화(假死化)

박정희 체제의 사회통제가 놓인 장기사적 맥락에 '분단 · 냉전의 시대'가 있다. 때때로 박정희 체제, 특히 1970년대의 유신체제는 일제말기의 총동원체제의 재생으로 간주되기도 하고, 그의 만주국 경험이 사회통제를 포함한 국가체제 구상의 토대를 이루고 있다고 주장되기도 한다(한석정, 2010). 이와는 달리 '적대적 공존'을 핵심원리로 하는 분단체제론의 틀에서 박정희시대를 바라보기도 한다. 사실, 박정희 체제의 발전국가나 안보국가론, 또는 여러 문화선전과 복지정책은 정치권력의 내적 정당화기제였을 뿐 아니라 분단 · 냉전하의 심리전으로 수행된 측면이 강하다.

박정희 집권기간은 한국전쟁이 끝난 일종의 전후사회이자 베트남전쟁이 진행되던 시기였고, 오키나와가 일본으로 반환되고, 미중간, 또 일중간 국교가 정상화된 시기였다. 박정희 군사정부는 1950년대 전후복구속도의 남북한간 격차를 안고 출발했다. 미국은 일본과 한국, 대만, 필리핀을 잇는 '서방 자유세계'를 동아시아에서 구축하려고 하였고, 이에 따라 한일수교와 한국군의 베트남 파병, 그리고 수출지향적 경제개발계획을 유도하고 지원하였다. 그러나 동아시아 분단 · 냉전의 시간과 한반도 분단 · 냉전의 시간은 일치하지 않았다. 1970년대 중반기에 형성된 이런 시간적 불일치는 한국내의 사회통제를 강화시키는 요인으로 작용하였다.

제2차 세계대전이후 1990년경까지 전개된 세계적 냉전체제는 유럽과 동남아시아, 그리고 동아시아에서 세 개의 분단국을 가지고 있었다. 세계적 냉전체제가 체제경쟁과 평화공존으로 특징지워진다면, 분단 · 냉전을 겪은 지역은 상대방의 국가로서의 존재를 인정하는 것이 아니라 부정하고 있기 때문에, 평화공존보다는 통일지향적 체제를 형성하게 된다. 제국주의 국가였던 독일은 냉전평화를 유지했으나 식민지를 거친 베트남은 전면전을 통한 통일, 한국은 전쟁과 분단 · 냉전을 겪었다. 원래 동아시아에서의 전후 질서는 유럽에서의 냉전의 전개과정과 근본적으로 달랐다. 세계적 냉전이 미국과 소련의 대립을 축으로 유럽 특히 독일에서 전형적으로 전개되었다면, 동아시아에서의 식민주의의 유산은 이 지역에서의 냉전의 양상을 바꾸어놓았다. 1949년 중국공산당에 의한 중국의 성립은 동아시아 냉전의 양상을 근본적으로 바꾸었다. 2차대전의 종결과 더불어 시작된 중국의 내전, 그리고 중국의 내전의 종결과 더불어 시작된 한국전쟁, 한국전쟁의 종결과 함께 시작된 베트남 전쟁은 동아시아를 장기적 평화공존이 아닌 전쟁의 연속을 낳았다.[8)]

한국의 분단·냉전은 서구적 의미의 냉전이라기보다는 전후 상흔과 함께 치열한 심리전과 국지전, 유격전과 대 유격전을 동반하는 것이어서 냉전과 열전 사이에 존재했다. 한국과 같은 분단·냉전국가는 국내에서 자유민주주의의 원리에 충실한 집단과 안보지향적 조직화와 동원을 선호하는 집단간의 갈등과 투쟁이 격렬하게 전개될 가능성이 컸다. 격렬한 체제경쟁과 상호부정은 분단국 내의 두 당사자들 간에 싸우면서 닮아가는 '사회적 동형성'과 분단국가에 대한 저항하는 정도에 따른 차이를 발생시킨다.

분단체제는 외부적 변화의 취약하고 내부적 변화에 민감하게 반응하지 않을 수 없다. 세계적 냉전의 형성과 해체를 드러내는 세계 시간과 동아시아적 시간, 그리고 한국의 분단체제를 규정하는 한반도적 시간간의 괴리와 격차는 늘 사회 내의 통제에 반영된다. 박정희 체제하에서 작동한 동아시아 분단·냉전의 원리는 첫째, 미국 주도하의 한일양국의 협력의 증진, 둘째는 베트남 전쟁과 미중 수교가 가져다준 한국사회에의 충격이었다. 박정희 정부는 1964~65년에 진전된 한일회담 반대여론을 물리력으로 잠재워야 했으며, 또한 1975년 베트남전쟁의 종결과정, 즉 미군철수와 사회주의 정권에 의한 통일을 목도하면서, 안보위기를

---

8) 1931년 일본의 만주침략으로 시작된 전쟁은 중일전쟁, 태평양전쟁, 중국내전, 한국전쟁을 거쳐 1975년 베트남전쟁의 종결까지 거의 45년간 지속되었고, 이 과정에서 동아시아 각국은 해방, 독립, 내전, 부흥 등의 엄청난 부침을 겪었다. 분단체제는 한반도뿐 아니라, 중국과 대만, 일본과 오키나와를 가로지르는 것이었고, 또한 한중일 3국간 관계에도 적용되었다.

실감하고 있었다. 이것은 국내의 사회통제의 수준을 높이는 결정적 요인이 되었다.

한국전쟁으로 인해 팽창한 군부권력이 5·16쿠데타와 1960년대의 박정희 정권을 낳았다면, 1970년대의 동아시아 분단체제의 1차적 해체는 한반도 분단체제에 반동적 영향을 미쳐 상호긴장을 강화시키고 남북한 내부의 사회통제의 수준을 높였다. 1970년대 유신체제는 박정희 대통령의 권력욕과 국제적 정세의 변화가 결합된 산물이었다. 총력안보를 이념으로 하는 총동원체제는 그의 역사적 경험에서 작동하는 유기체적 동원국가로서의 만주국 모델을 실현하려는 욕망을 부채질하였을 가능성이 있다(한석정, 2010).

분단·냉전의 강화는 경직된 총동원체제를 수반하며, 정치권력의 경직화를 조장한다. 박정희 체제하에서 법적 사회통제의 정점에는 국가보안법과 반공법이 있었다. 국가보안법은 1948년 12월에 제정되었지만, 반공법은 정확하게 박정희 체제하에서 탄생하여 박정희 체제의 해체와 더불어 사라진 법률이다. 이런 점에서 국가보안법이 한국의 분단·냉전을 상징하는 법적 코드라면, 반공법은 박정희체제의 사회통제를 상징하는 법적 코드라고 할 수 있다. 반공법은 5·16직후 반공을 국시로 내세운 군사정부가 7월 3일 제정·공포한 것이다. 이 법은 그해 12월 3일 1차 개정, 1962년 9월 4일 2차 개정, 1963년 10월 8일 3차 개정, 1968년 3월 18일 4차 개정에서 알 수 있는 것처럼, 안정성보다는 그때그때의 상황통제를 겨냥하고 있는 법률이었다. 1968년 개정된 반공법은, 1961년 개정된 국가보안법에서 처벌대상으로 삼은, 정부를 전복하거나 국가를 변란할 것을 목적으로 하는 단체들 중 공산계열의 노선에 따라 활동하는 단체를 처벌대상으로 하고 있다.[9] 박정희 정권하의 대표적인 악법으로 간주된 반공법은 사실상 국가보안법과 상당부분 중복되었기 때문에 전두환정부는 이를 1980년 12월 31일에 폐지하였고, 내용의 일부를 국가보안법에 흡수하였다.

1970년대 중반 박정희 정권의 구호는 '총력안보'였다. 정권의 주요 화두였던 반공과 자주국방은 '조국근대화'의 전제였고, 이를 달성하기 위해서는 국민들의 '총화단결'이 요구되었다. 베트남 공산화 직후인 1975년 4월 29일 '시국에 관한 특별담화문'을 보면, "북괴의 남침가능성이 있다 없다는 등의 정세분석과 토론할 시기는 지났다고"고 전제한 뒤, "오늘의 전쟁은 총력전인 만큼 전국민 한 사람 한 사람이 나라와 정부를 지키기 위해 戰士라는 각오와 결의를 가져야 할 것"이라며, "만약 사태에 겁부터 먹고 나만 살겠다고 생각하는 얌체 같은 국민이 있다면 전쟁에 이길 수 없고 그 사람도 살 수 없으며 이 같은 非國民的 反國家的(비국민적 반국가적) 행위는 민족의 이름으로 단호히 규탄되어야 할 것이고 이적행위로 규정하지 않을 수 없다"며 총력안보를 강조하였다.[10] 박정희 대통령은 시민사회에 대한 극단적 억압을 긴급조치 9호로 표현하였다.

이것은 사회의 군사적 조직화와 군사문화의 확산, 그리고 사상범에 대

9) 이른바 반(反)국가단체에 가입하거나 가입을 권유한 자, 반국가단체를 찬양·고무한 자, 반국가활동을 목적으로 모이거나 상호 연락하는 자 등은 7년 이하의 징역에, 이러한 죄를 범할 목적으로 예비·음모한 자는 5년 이하의 징역에 처하도록 되어 있다. 반국가단체가 지배하는 지역으로 탈출하거나 잠입한 자는 10년 이하의 징역에, 이를 목적으로 예비·음모한 자는 2년 이상 7년 이하의 징역에 처한다. 또한 반국가단체에 편의를 제공한 자는 10년 이하의 징역에 처한다. 이런 범죄사실을 인식하고서도 수사기관 또는 정보기관에 신고하지 않은 사람도 불고지죄(不告知罪)로 5년 이하의 징역 또는 10만 원 이하의 벌금형으로 처벌하고 있다.

10) 총력안보라는 이념은 한국에서의 분단·냉전이 갖는 총력전으로서의 성격을 잘 보여준다. 냉전에 총력전 양상을 덧붙인 Toatal Cold War라는 개념을 사용한 것은 Osgood, K., *Total Cold War: Eisenhower's Secret Propaganda Battle at Home and Abroad*, University Press of Kansas, 2006.

한 통제의 강화를 낳았다. 그것의 하나가 보안관찰제도의 재생이다. 이 제도는 일제하에서 '치안유지법'을 위반한 사상범들을 대상으로 하여 1936년 제령(制令)으로 제정된 「조선사상범보호관찰령」을 기원으로 한다. 유신체제하에서 정부는 1975년 7월 16일 「사회안전법」을 제정하여 보호관찰제도를 재생시켰다. 이 법은 1989년 6월 16일 「보안관찰법」으로 대체되었다.

이런 이념과 제도는 실재하는 안보의 위기에 대한 대응과 분단체제하의 심리전이라는 두 측면을 공유하고 있는 것이었다. 분단체제론은 단지 적대적 상호의존의 구조나 효과를 강조하는 것을 넘어서서 남북간에 진행된 그리고 국가 내부를 향해 진행된 심리전의 구체적 양상을 분석해야 좀더 완전한 이론으로 나아갈 수 있다. 분단체제하에서의 심리전을 포함한 중요 정책의 대부분은 1961년 5·16 이후에 설립된 중앙정보부에 의해 기획되고 관리되었다. 분단체제하의 심리전의 체계는 1970년대 초반에 정보사령부가 설치되는 등의 변화가 있었으나 아직까지 박정희시대의 심리전 양상은 뚜렷하게 연구된 바가 없다.

우리는 박정희 체제의 사회통제를 바라볼 때 공론장의 영역에 나타나지 않고 숨겨져 있던 영역, 또는 침묵당했던 '서벌턴'의 문제를 생각하지 않을 수 없다. 이들은 사회에서의 시민격(시티즌십)을 박탈당하고 사회적 소수자나 타자로 간주되던 집단들이다. 인종적 소수자들이거나 질병에 의한 소수자들이 여기에 해당된다. 그 중의 하나가 한센인들이다. 박정희 정부는 1960년대 초부터 본격적인 정착사업을 통하여 절반의 격리, 절반의 사회복귀 정책을 실시하였다. 사회적 차별이 만연한 상황에서의 국가개입은 보호라는 이미지를 생산하기 쉬웠다. 한센병 정책의 실행과정에서 대통령부인의 역할이 매우 컸는데, 이에 대한 기억은 현재까지도 한센병 회복자들의 세계에서 박정희 체제에 대한 향수의 원천으로 작용하고 있다.

그렇지만 반공주의와 안보를 체제 재생산의 본질적 원리로 삼았던 박정희 체제에서 사회적 타자로 간주된 것은 사상이나 이념을 달리하고 이를 굽히지 않았던 사람들이었다. 이들은 한국전쟁기나 그 이후에 남파된 공작원들이거나 '간첩'으로 낙인찍힌 사람들이었다. 이들은 한국전쟁기의 부역자나 월북자, 또는 행방불명자를 기원으로 하며, 남한 체제를 인정하지 않는 좌익수들이었다. 심지어 4월혁명기의 혁신계 활동가나 민간인학살 유족운동에 참여한 사람들도 배제의 대상이었다. 이들은 국가보안법이나 반공법 위반으로 수감되었고, 무기징역이나 사형수로 감옥에 격리되었다. 재일교포나 그밖의 경계에 있는 사람들도 각종 간첩사건에 연루되어 반국가사범이라는 '적'으로 위험시되었다. 이들에 대한 전향권유가 1970년대 중반에 강화되었다(서승, 1999). 결국 고문이라는 국가폭력에 의해 장기수는 전향장기수와 비전향장기수로 분단되었다. 북한의 대남공작은 이런 사상통제를 정당화해주는 촉매제였다, 박정희 체제하의 이런 사상통제정책은 분단·냉전이라는 사회체제적 요인 뿐 아니라 최고 권력자의 개인적 경력에 대한 콤플렉스도 작용한 것으로 보인다. 같은 시기의 대만의 장개석 정권과 마찬가지로 한국의 박정희 정권은 30년이 넘는 장기수들을 양산하였고 세계의 인권운동의 표적이 되기도 했다.

우리는 국가보안법에 반공법이 겹쳐진 법적 토대 위에서 음벰베(2003)가 말하는 '가사화의 정치(necropolitics)'가 수행되었다고 말할 수 있다. 푸코의 '생의 정치' 개념의 한계를 지적하면서 제시된 가사화는 존재하고 있으나 존재하고 있다는 흔적이 없는, 또는 살아있으나 죽은 거나 마찬가지인 사람들을 주목하게 한다. 박정희시대 18년간 전혀 공론장에 나타나지 않은, 사회라는 무대 뒤에 존재했던 사람들이 민주화가 이행된 후 그 모습을 드러냈는데 이들이 장기수였다. 이들에게는 일제하 치안유지법 아래 시도된 사상전향과 유사한 권력의 기술이 고문과 함께 적용되었다. 감옥과 보호관찰, 연좌제는 가사화의 중요한 사회적 장치였다. 이것은 불안과 공포의 정치가 만들어내는 중요한 사회통제의 또 다른 차원이었다. 권력에 의한 침묵시키기에 대한 저항으로부터 '양심'의 문제와 한국적 인권개념이 탄생하였다.

박정희 체제하에서의 사회통제는 사상통제의 영역뿐 아니라 시민적 행위 영역에서의 기본권의 제약을 동반했다. 이를 잘 나타내고 있는 법률의 하나가 「집시법」(집회 및 시위에 관한 법률)이다. 이는 1962년 12월에 제정되었고 이후 13차례의 개정을 하여 현재에 이르고 있다. 국적법이나 병역법 등을 통해 구성되는 시민권과 시민격의 문제는 세계화의 시기에 이주노동자, 귀환한 디아스포라를 매개로 활성화되었고, 박정희 체제하에서는 시민권에 앞서서 국민됨 그리고 인권과 양심의 범주가 먼저 부각되었다.

4. 사회적 조직화와 동원

1) 노동통제의 양상

박정희시대의 노동통제를 연구하는 학자들은 이의 특성을 억압적 배제체제라고 본다. 박정희 시기의 노동에 대한 억압적 배제체제는 5 · 16

쿠데타 직후 두 가지 조치로 나타났다. 그 하나는 1953년 제정된 노동법을 개정하는 것이었고, 둘째는 해방정국에서 성립한 대한노총을 해체하고 새롭게 노동조합 조직을 재구성하는 것이었다, 노동법 개정은 노동조합법, 노동쟁의 조정법, 노동위원회 및 근로기준법의 개정을 포함하였다. 공무원과 교원의 노동기본권을 박탈하고 조합원 찬반투표를 쟁의개시 요건으로 삼았으며, 행정관청의 개입을 강화하였다. 노동청이 보건사회부의 국으로부터 승격하여 독립하였다.

군사정부는 1961년 8월 30일, 기존의 노동조합을 모두 해산하고 한국노동조합 총연맹을 결성하였다. 이 조직은 산업별 조직원리를 갖고 있었고, 반공주의와 실리주의 노동조합운동을 표방하였다. 한국노총의 조직화에는 중앙정보부가 깊숙하게 개입하였으며, 국가권력의 감시와 통제가 관철될 수 있도록 기획되었다. 그러나 이 시기의 한국노총은 노동조합의 단결권과 단체행동권을 갖고 있었고, 다른 한편으로는 노총간부의 사적 이익 추구가 가능한 상태였다. 1960년대 후반기에 이르면 저임금에 기초한 수출기업들의 노동조건이 악화되면서 노동쟁의가 발생하였고, 한국노총은 이를 충분히 흡수하지 못했다. 1970년 11월의 전태일 사건은 이를 상징적으로 보여주는 사건이었다.

1970년 외국인 투자기업의 노동조합 및 노동쟁의에 관한 임시특례법과 1971년의 국가보위에 관한 특별조치법은 억압적 배제정책의 전환을 알리는 것이었다. 그것의 핵심은 노동조합의 단체행동권을 박탈하는 것이었다. 10월 유신 이후 노동관계법 개정이 이루어지면서 노사협의회의 기능을 강화시켜 노동조합의 활동을 억제하는 방행으로 나아갔다. 이를 통해 한국노총의 기능이 약화되었고, 정보기구의 직접 개입이 크게 강화되었다.

한편으로는 공장새마을 운동을 통해 단결권을 완전히 박탈하려는 국가권력의 의도와 노동자들의 저항에 기초한 민주적 노동조합 설립운동이 강력하게 부딪치는 상황이 1970년대 중반 이후의 노동계를 규정했다. 1960년대의 유혈적 테일러리즘을 바탕으로 하는 노동집약적 경공업 체제에서 1970년대 중반의 중공업 중심체제로의 전환에서 발생하는 경공업부문의 노동조건의 악화가 노동자들의 저항을 가속화하였다. 청계피복노조와 원풍모방 등 수출산업 여성노동자들이 민주노조의 주체들이었다. YH노조의 투쟁은 박정희 체제의 종식을 이끌어낸 중요한 계기였다.

유신체제하에서 노동통제는 점증하는 노동자들의 저항에 직면하여 강력한 억압과 함께 노조지도자들에 대한 호선이 활용되었다. 노동자들의 저항이 경공업부문의 여성노동자들을 중심으로 발생하였기 때문에 국가권력은 경찰력을 동원한 직접통제와 함께, 남성노동자들이나 황색노조를 통한 간접 통제방식을 활용하였다. 한국노총의 지도자들을 포섭하여 체제내화하는 방식도 적극적으로 활용되었다. 한국노총의 간부들은 종종 유정회 국회의원이 되기도 했다. 총동원체제하에서 나타나는 보호 · 수혜관계는 군뿐 아니라 노동계에도 형성되었다.

우리는 노동통제에서 항상 노동력을 파는 노동자계급을 중심으로 사고해왔다. 근검과 절약은 노동과 생산 중심사회의 규범과 덕목이 된다. 노동과 생산을 중시하는 체제에서 노동능력이 없거나 노동할 의사가 없다고 간주된 사람들은 철저하게 배제된다. 이들은 '부랑자'로 간주되어 수용소에 수용된다. 노동통제는 노동력을 파는 사람들 외에 노동을 파는 비공식부분 종사자들이나 몸을 파는 사람들에 대해서도 이루어진다. 몸을 파는 사람들에는 성을 판매하는 여성이나 피나 장기 등 몸의 일부를 파는 사람들이 포함된다. 5 · 16 직후 군사정부는 부랑인에 대한 수용 정책을 실시하여 시립갱생원과 부녀보호소를 설치하였다. 박정희 체제가 억압적 통제로 전환된 1975년 12월, 내무부는 '부랑인의 신고, 단속, 수용, 보호와 귀향 및 사후관리에 관한 업무처리 지침'을 만들었다. 이 훈령은 1970년대까지 도시빈민을 바라보는 '사회방위적 관점' 또는 '공공질서와 치안 유지의 관점'이 매우 끈질기게 지속하고 있음을 보여준다.

2) 사회의 조직화와 동원

박정희 체제는 이전에 비해, 그리고 제1기 군부정권은 제2기 군부정권에 비해볼 때, 상대적으로 동원이 잘 이루어진 체제였다. 동원의 기초는 삶의 정치의 기초가 되는 국가 권력의 개개인에 대한 파악, 즉 조사와 등록사업이다. 군사정부 하에서 진행된 1962년 5월의 주민등록법은 개인들의 거주사항과 인구동태를 파악하는 삶의 정치의 법적 기초였고, 군사적 견지에서의 동원은 1961년 12월에 제정된 향토예비군 설치법, 그리고 1962년 개정된 병역법 등이 기초가 되었다. 이 병역법에 기초하여 시도 병무청이 설치되었고, 1970년 8월 병무청이 설치되면서 시도 조직이 흡수되었다. 이어 병역법이 1970년 12월에 다시 제정되었다.

동원의 또 다른 기초는 국가권력의 정당성 및 이념적 자원이라고 할 수 있다. 1980년 5월의 광주학살은 제5공화국이라고 명명한 전두화 정권이 출범이전에 이미 5 · 18을 통하여 정당성이 박탈된 채 출범했다면, 박정희 정권은 4월혁명의 전복보다는 계승을 표방하였고, 비록 민정이양을 둘러싸고 여러 차례 입장을 번복하여 신뢰가 약화되었더라도 최종적으로 선거에 의존하여 성립했기 때문에 동의의 폭이 상대적으로 넓었다. 국가가 사회를 동원하는 양식으로서의 조합주의적 통제에서 보면, 배제의 원리가 포섭의 원리보다 강했지만, 발전을 위한 동원전략은 상당한 효과를 발휘하였다.

1960년대와 70년대의 한국사회는 엄청난 속도로 농촌형 사회에서 도시형 사회로의 변화를 경험하였다. 1967~68년은 이농이 최대로 진행된 시점이었다. 이농이 진행되고 있던 농촌사회를 재조직하고 도시빈민을 관리하는 일은 매우 중요한 국가의 정책이 될 수밖에 없었다.

박정희 체제의 사회적 통제의 특징을 대중동원사회(conscription society)론으로 파악할 수도 있다. 그레고리 카자는 일당독재정권이나 군부정권 하에서의 사회의 특성을 설명하기 위하여 '피관리 대중단체'(또는 관변단체)라는 흥미로운 개념을 제시하였다. 그는 이런 사회는 자율성을 가진 조직으로 구성되는 것이 아니라 피관리 대중단체로 메워지는데, 여기서 피관리 대중단체란 정권이 공적 정책을 수행하기 위하여 조직하고 통제하는 대중시민단체이다. '피관리'라는 의미는 외부의 정권기관이 대중단체를 구성하고 그 임무를 규정하며 조직의 외부에서 그 조직의 책임자를 지명한다는 의미이다. 이런 피관리 대중단체는 전국조직, 생산자조직, 거주자조직, 연령별조직, 부녀조직 등 다양한 방면에서 성립한다. 이 조직들은 국가권력에 의해 일상적으로 동원되며, 이런 사회를 대중동원사회라고 한다(Kasza, 1995). 카자는 나치독일이나 쇼와일본을 분석하기 위하여 이런 개념들을 제시하였는데, 1970년대 박정희 체제도 이런 사회유형 및 조직들을 가지고 있었다. 반공주의에 바탕을 둔 사회적 동원조직은 물론이고 농촌경제를 관리하는 농협, 노인회, 부인회 등이 여기에 해당된다.

1970년대의 새마을운동과 그 조직에 관한 연구는 동원과 참여를 둘러싸고 입장이 분화되었다. 새마을운동은 역사적으로 보면, 위로부터의 조직화라는 점에서 1930년대의 농촌진흥운동과 닮아 있고, 그 원리는 생활개선운동에 닿아 있다. 그러나 이것은 4월혁명기의 국민계몽운동의 연장선상에 있다고 해석되기도 한다. 생활양식의 합리화를 내세워 공동체적 축제나 '미신'을 추방했다. 새마을운동은 국가권력이 마을단위로 스며드는 장치였다. 마을마다 새마을 지도자가 선정되었고, 이를 통해 국가의 통치성이 강화되었다. 새마을운동은 농민들을 전국적으로 조직해냈고, 청년회나 노인회, 부녀회 등 세대별 성별 조직화를 수행하였다. 도시에서도 반상회를 통해 이를 관철하였다.

새마을운동을 농촌의 공동체적 재조직화로 해석한다면 그 또한 흥미로운 분석이 될 수 있다. 한국에서 농촌공동체는 한국전쟁과 농지개혁을 통해 많이 파괴되었다. 국가는 실체로서의 마을공동체가 형해화된 지평에서 자유롭게 자신의 정책을 농촌에서 관철시킬 수 있었다. 새마을운동은 단순히 지붕개량이나 농로확장이라는 생활개선운동을 넘어서서 도농간 불균등발전이 심화되는 과정에서 나타나는 위기를 체제내화하고 농민들에게 '할 수 있다'는 의식을 확산시키는 데 상당히 성공했다. 그러나 이 운동이 자생적 공동체운동으로 뿌리내리는 데에는 한계가 있었던 것으로 보인다. 공공성에 대한 강조보다는 조직단위간 경쟁과 효율성이 더 강조되었고, 이는 한국의 식민지적 근대성과 전후의 압축적 근대성을 관통하는 약점으로 파악된다. 새마을운동은 1970년대에 이르러 가톨릭농민회나 기독교농민회에 의해 도전을 받았으며, 박정희 체제의 종료와 함께 지속성을 크게 상실하였다. 새마을운동이 종료되었을 때 농촌과 도시의 격차는 더 커져 있었다.

박정희 체제가 항상 강제적 방식으로 사회통제를 수행한 것은 아니다. 공무원연금법은 5 · 16 이전에 제정되었지만, 군사정부는 1961년 12월 생활보호법을 제정하였고, 1963년 1월 군인연금법, 12월 의료보험법을 제정하였다. 그러나 재정적 어려움으로 생활보호법이나 의료보험법은 제대로 운영되지 못하다가 분단상황하에서의 체제경쟁과 권력유지를 위한 정당성 확보를 위하여 1977년 생활보호대상자 등에 대하여 의료보호사업이 실시되었고, 1978년 의료보호법을 제정하였다.

3) 저항의 축과 대안적 권위

박정희 체제의 가장 끈질기고 강력한 저항세력은 대학생들이었다. '학생'은 유교적 문화를 갖고 있는 한국사회에서 전통적으로 지배층의 일부였고, 일정한 사회적 특권을 인정받는 '신분'이었다. 근대로의 이행기라고 부를 수 있는 20세기 전 기간을 통하여 근대 학교의 학생들은 '민족의 장래'를 짊어지고 있는 집단으로 간주되어 사회적 보호를 받았다. 학생운동은 3 · 1운동과 광주학생운동을 거치면서 민족운동의 중심으로 편입되었고, 이때 만들어진 학생운동에 대한 대중적 신뢰는 해방이후 지속되었다.

한국전쟁 후 국가형성과정에서 가장 먼저 근대화된 부문은 군대와 대학이었다. 이 두 집단은 국가적 근대화 프로젝트에서 경쟁과 대립을 약 30년간 지속했다고 할 수 있다. 1960년 4월혁명이 한국현대사에서 이른바 '학생운동의 시대'를 여는 출발점이었다면, 5 · 16은 군부통치의 시대를 여는 출발점이었다. 4월혁명이 5 · 16에 선행하였다는 점은 주목되어야 한다. 4월혁명은 학생들에게 민주주의 담론을 선점하도록 하면서 군부 정권에 저항하는 정신적 기초를 부여하였다. 4월혁명은 또한 학생운동의 중심을 중고등학생으로부터 대학생으로 이전시켰을 뿐 아니라 정치권력을 비판하고 저항하는 정치적 학생운동의 전통을 제공하였다. 대학생 집단은 대학 내의 문제보다는 국가형성과 관련된 한일협정 반대투쟁, 3선개헌 반대투쟁, 교련반대투쟁을 거쳐 민청학련 사건, 유신반대투쟁을 거치면서 민주주의 수호라는 의제를 정치적 공론장으로 세우는 중심 역할을 하였다. 대학생 집단은 박정희 정권과 맞설 수 있는 가장 강력한 사회집단이자 도전그룹이었다.

1960년대의 학생운동과 1970년대의 학생운동이 어떤 차이가 있는지, 그 주체들의 세계관이나 행동양식이 어떻게 다른지는 충분히 검토되지 않았으나, 1972년 민청학련부터 하생운동은 고위험 고비용을 지불해야 하는 자기희생프로젝트가 되었다. 학생들은 인혁당 사건과 맞물리면서 사형을 언도받기 하였다. 학생운동에 대한 국가권력의 대응은 '요시찰' 원리가 작용되고 일상적 감시하에 놓였다. 대학은 정부와 학생사이에서 보호와 감시의 이중적 역할을 수행하였다.

학생운동은 국가권력에 대한 저항에서 정치적 탄압과 사회적 정당성을 통한 권위(신뢰)를 교환하는 구조를 창출하였다. 즉, 학생운동은 다른 사회운동과 달리 큰 정치적 비용을 지불할수록 보다 큰 사회적 권위를 확보하게 되는 역설적 원리를 가지고 있었다. 당시에는 인식되지 않았으나 학생운동 지도부는 미래의 대안을 형성하고 있었다.

박정희 정부의 학원개입은 교련교육의 실시를 계기로 강화되었다. 유신체제하에서 학생운동에 대한 통제는 첫째 학생회를 해체하고 학도호국단을 조직하며, 둘째 지도교수제를 도입하여 학생통제에 대한 책임을 분담시키고, 셋째 중앙정보부와 경찰 등이 대학에 들어와 정보를 수집하고 직접 통제하는 방식이었다. 원래 학도호국단은 1949년에 설치되었다가 1960년 4월혁명 직후 폐지되었는데, 1975년 베트남 패망과 때를 같이하여 자주국방 · 총력안보라는 기치 아래 고등학교 및 대학에 다시 설치되었다. 이에 따라 전국적으로 각 학교에 학생회가 해체되었다. 대신 중앙학도호국단이 발족하고 그 단장은 문교부장관이 되었다. 학생들의 자치활동조직은 사라졌다. 학생들은 이 때문에 공개적인 조직 대신 지하에서 비공개로 저항을 조직화하였다.

대학에 대한 통제는 학생뿐 아니라 교수들에게도 이루어졌다. 1974년 '민주회복 국민선언'에 서명하였다는 이유로 1974년 12월 서울대 백낙청 교수를 파면하였고, 1975년 긴급조치 9호 발동을 계기로 교수들에 대한 통제를 본격화하였다. 박정희 정권은 교육관계법령의 준수, 교원의 품위유지라는 심사기준을 내세워 유신체제강화를 위한 사상 및 보안교육에 저항하는 교수들을 학교 밖으로 퇴출시키고자 1975년 7월 교수재임용제를 도입하였다. 1976년 2월의 문교부 발표에 따르면, 전국 국공립대에서 자진사퇴로 91명, 심사탈락으로 77명이 해임되었다. 이런 해직은 사립대에서도 진행되어 김병걸(경기공전), 김찬국 · 서남동 · 성내운(연세대), 이문영 · 김용준(고려대), 이우정(서울여대), 노명식(경희대), 안병무 · 문동환(한신대) 등이 해직되었다. 1977년 12월, 해직교수 13명은 당시의 교육과 대학의 현실을 비판하면서 '민주교육선언'을 발표하였다. 교수 해직은 1978년 6월, 전남대 교수들의 '우리의 교육지표'사건으로 이어졌다(서울대학교 교수민주화운동50년사발간위원회, 1997).

1970년대 박정희 정부의 학생운동에 대한 통제에서 가장 큰 어려움은 탄압을 가할수록 더 강해지는 이유를 제대로 알지 못했다는 점이다. 학생들은 자신들의 생활이나 미래를 돌보지 않고 몸을 던졌다. 왜 이들이 자신을 희생하면서 민주화와 민중 생존권을 외치는지, 왜 그것이 반국가적이며 반사회적인지를 설명하지 못했다. 그것을 설명하지 못하는 순간 군부정권은 학생들과 재야에 패배해야 할 운명이었기 때문이다. 1970년대 후반기에 이르면 학생운동은 점차 급진화되면서 '민중'을 재발견하고, 노동현장이나 농촌으로 들어가 이들을 조직하려는 운동으로 전환되기 시작한다. 1979년 10 · 26사태 이후 학생들은 학도호국단 폐지와 총학생회 부활을 주장했고, 1985년 학도호국단 활동이 중지되었다. 학생운동은 1980년 5 · 18을 계기로 일부 대학에 한정되던 한계를 벗어나 전국적으로 대중화되었고, 강력한 전국적 조직화를 통해 강력한 정치투쟁을 전개할 수 있었다.

학생들이 유신체제에 대한 저항의 주축을 형성하였다면, 이른바 '재야'는 대안적 헤게모니를 형성했다. '재야'의 형성은 의회주의와 제도정치의 형해화를 의미한다. 다수결원리에 입각한 대의제는 유정회라는 파행적 제도에 의해 파괴되었고, 또 급진적 비판세력은 정치규제를 통해 정치적으로 배제되었다. 이런 배제가 구조화되면, 불가피하게 제도권 외부에서 거리정치나 상징정치가 발전할 가능성이 커진다. 이런 제도권 외부의 정치적 주체가 곧 '1970년대의 '재야'였다. '재야'는 정치의 사회운동화, 그리고 사회운동의 정치화의 산물이라고 할 수 있다. 이 '재야'는 1971년 대통령 선거를 바로 앞두고 결성된 '민주수호국민협의회'로부터 출발한다. 이들은 87명의 개인들로 구성되었다.

유신에 대한 반유신의 투쟁이 격화된 1974년, 긴급조치 4호가 선포된 상황에서 71명의 개인들이 민주회복국민회의를 결성하였다. 유신 선포 이후 '민주수호'가 '민주회복'으로 전환된 것은 대중정치에서 유신 이전은 그나마 '민주주의'가 유지된 것으로 인식했다는 것을 반증한다. '재야'는 긴급조치 9호 이후 더 규모가 커지고 강력해졌지만, 검열을 통해 공론장에서 배제되었으므로, 현실적 정치력은 한계를 가질 수밖에 없었다. '재야'는 1978년에는 '민주주의 국민연합', 1979년에는 '민주통일국민연합'으로 발전하면서 저항의 구심점이자 대안적 권력으로 '상상'되었다. '반유신 재야운동'에 대한 상세한 분석을 시도한 김대영은 1970년대 재야운동의 특성을 "담론중심의 운동정치, 자유주의 이념, 연합체조직, 반정치담론 등으로 특징지웠다(2005). '재야'는 정치세력이 아닌 정치세력이었지만, 대중적 기반으로서의 학생운동과의 연결은 취약했다. 1979년 10월의 부마항쟁의 발생이나 전개과정에 재야의 영향력은 크지 않았고, 1980년 '서울의 봄' 상황에서도 그런 현실적 한계가 드러난 것으로 생각된다.

5. 박정희 체제의 사회통제의 유산들

박정희 체제의 정점을 이루는 유신체제는 부마항쟁이라는 밑으로부터의 대중적 저항과 그에 뒤이은 '권력핵심부의 암투'에 의한 최고 권력자의 사망으로 종말을 맞았다. 그의 죽음 한 달여 후인 1979년 12월 7일 긴급조치 9호가 해제되고, 유신체제에 맞서서 싸웠던 학생들은 곧바로 감옥에서 풀려난 것에서 알 수 있듯이, 박정희 체제의 사회통제방식은 다분히 최고 권력자를 위한, 그의 의지에 의존하는 방식이었다. 그러나 10·26사건 후 곧바로 내려진 계엄령은 그의 죽음이 어떻게 다루어져야 하는가에 대한 시민적 논의의 기회를 박탈했으며, '국장'이라는 형식은 충분한 국민적 동의 없이 수용되었다. 또한 그의 사망과 유신체제의 종말은 군사쿠데타로 집권한 권력자는 왜 평화적인 방식으로 권력을 이양하지 못하는가라는 이론적 질문을 제기하도록 만들었다.

1980년 서울의 봄이라는 약간의 정치사회적 기회가 주어졌을 때, 사회를 이끌어가는 핵심의제가 '유신잔재 척결'이었던 것에서 알 수 있듯이, 일부 추종자를 제외하고는 대부분의 국민들이 유신체제라는 통치시스템과 사회통제방식에 대해 비판적이었다. 그러나 12 · 12라는 군부내 권력투쟁을 통해 형성된 제2기 군부권력은 5 · 18로 상징되는 민주주의에 대한 시민적 요구를 억누르고 국가권력을 장악하는데 성공했으며, 이런 정치적 소용돌이는 박정희 체제에 대한 정치적 평가와 '청산'의 기회를 장기적으로 유보시켰고, 어쩌면 박탈해버렸는지도 모른다.

그렇다면 그가 남긴 유산, 범위를 좁혀 사회통제의 영역에서의 유산들은 무엇인가. 유산은 결과와 효과로 구분하여 생각할 수 있을 것이다. 또한 그 유산은 규범적 차원에서 부정적인 것과 긍정적인 것으로 구분하여 논의할 수 있을 것이다. 유신체제의 유산 중에서 이 체제를 움직인 법령과 제도로서의 유제가 있고, 그것이 만들어낸 정치적 집단들, 그리고 지지층과 반대층이 구분된다.

박정희 대통령의 사후 1980년대의 격렬했던 사회적 갈등과 투쟁을 되돌아보면, 박정희 체제의 부정적 유산이 긍정적 유산보다 훨씬 컸다고 할 수 있다. 유신체제로 나타난 가장 직접적 결과는 그것을 움직인 헌법과 통일주체국민회의라는 정치기구였다. 강력한 군부와 정치화된 군부엘리트를 남겨주었다. 이 양자가 결합하여 제2기 군부정권을 창출했다. 군부엘리트에 대한 보호-수혜의 구조는 광주항쟁이라는 엄청난 대가를 시민들에게 요구했다. 강력한 위계적 사회질서와 이를 당연시하는 군사문화도 물려주었다. 또 하나의 부정적 유산으로서의 개발국가와 이를 지탱하는 지역 불균형성장, 이에 기초한 지역패권주의는 오래 생명력을 유지하면서 한국 보수주의의 편향성이나 이념적 조악성도 함께 물려주었다.

그가 남긴 극단적 사상통제의 법제적 표현으로서의 반공법은 1980년 말에 폐지되었다. 그러나 이 법에 의해 30년 이상 자신의 존재조차 알릴 수 없었던 장기수들은 1980년대 후반에 이르러 비로소 죽지 않고 살아 있었음을 알려주었다. 박정희 체제는 배제되어야 할 적에 대한 세밀한 관찰이 가능한 조직과 기법을 물려주었고, 이에 입각한 '가사의 정치'도 1980년대에 지속하도록 했다. 어쩌면 이들은 박정희와 전두환의 차이를 전혀 알지 못했을 것이다.

아마도 가장 뚜렷하게 인정되는 유산 중의 하나는 조국근대화나 수출을 통한 공업입국, 부국강병 등의 이념적 유산일 것이다. 이런 이념들은 1980년대 2기 군부정권하에서는 약화되었다가 민주주의로의 이행이후 문민정부 중반기에 보수적 대항담론으로 재생하였다. 특히 신자유주의적 세계화하에서 한국경제가 위기에 처할 때마다 이런 이념들은 상당한 정도의 헤게모니 효과를 발생시켰다. 그러나 그런 이념적 담론은 항상 박정희 체제의 사회통제방식에 대한 언급을 사상한 채 재생하였다는 점이 주목되어야 한다. 그만큼 그의 사회통제방식은 민주주의와는 동떨어진 것이어서 이를 옹호하는 것은 '극단적 수구주의'로 간주되었다.

박정희 대통령 사후 동원형 통제로서의 새마을운동이 겪은 운명은 그것의 공동체적 사회운동으로서의 측면보다는 사회통제적 기능을 더 많이 노정시킨 것으로 생각된다. 새마을운동은 1980년대에 접어들어 급속히 지속가능성을 상실했다. 그렇지만 동원형 사회운동에서 발생하는 참여욕구의 확대는 긍정적 효과로 간주될 수 있다.

그가 남긴 사회통제의 유산에서 역설적 효과를 갖는 것이 저항적 사회운동이었다. 박정희 체제는 자신에게 끈질기게 저항하는 사회운동을 배태하고 있었으며, 자신에 저항하는 운동주체들을 역사의 주체로 만들어냈다. 이들은 국가권력에 대한 저항 속에서 새롭게 자신을 형성했고 대안적 권위를 획득하였다. '운동권'은 민중지향적이었으나 민주화 이행 이후 '진보'라는 이름으로 재구성되었다. 한국의 국가권력에 대해 자율성을 갖는 시민들은 1970년대의 사회운동의 자장 속에서 배태되었다.[11] 박정희 체제는 이에 대한 대응을 위해 중앙정보부, 보안사령부, 경찰 등의 3중적 정보기구를 발전시켰으나 바로 그 정보기구에 의해 비극적으로 패퇴하였고, 동시에 그가 말살하기 위하여 온갖 노력을 다했던 민주화운동을 통하여 남한은 북한과의 정당성 경쟁에서 승리하는 역설을 만들어냈다. 그에 대항했던 제도권 내의 정치지도나 '재야'의 지도자는 결국 지연되기는 했으나 후임 대통령들이 되었다. 그러나 저항을 통해 형성된 주체는 유감스럽게도 공공성보다는 효율성에 좀 더 많이 노출이 되었고, 가족주의나 민족주의, 또는 가부장주의적 남성문화를 그들의 경쟁상대와 공유하는 한계를 지니고 있다는 비판을 그들의 후속세대들로부터 받게 된다.

한국의 '압축적 근대'(장경섭, 2008) 속에는 경제적 성취뿐 아니라 반대와 저항을 무력화시키고 강제적 동의를 이끌어내는 권력기술, 그리고 저항을 통해 근대를 성취하고 성찰하는 역량이 모두 포함되어 있었다. 2000년 이후 한국의 민주주의의 수준이 고양되면서, 박정희 체제가 은폐한 사건들의 진실을 규명하고 억울하게 희생된 자들에 대한 복원 프

---

11) 그러나 우리는 아직 4·19세대나 6.3세대, 민청학련세대나 '긴급조치세대'의 차이를 정확히 알지 못한다. 김홍중(2009)은 1980년대의 386세대를 '진정성'에 바탕을 둔 세대라고 표현했는데, 이전의 '긴급조치세대'와 그들이 어떻게 다른지는 다루지 않았다.

로젝트들이 진행되었다. 흥미로운 것은 공론장의 영역 속에서 저항한 자들이 이미 오래전에 획득된 사회적 명예와 권위에 더하여 법적 제도적 진실규명의 대상이 되었으나 1970년대에 공론장에 전혀 진입하지 못했던 '서벌턴'들은 여전히 이런 진실규명 프로젝트의 외부에 놓여져 있다는 점이다. 박정희 체제의 사회통제와 그것이 남긴 효과에 대한 사회이론은 충분하게 발전되지 않았다.

[참고문헌]

강진호, 2005 「반공의 규율과 작가의 자기검열」, 『상허학보』 15.

고려대 민주동우회 엮음, 2009 『고대학생운동 Ⅰ, Ⅱ』, 민맥출판사.

공제욱 외, 2008 『국가와 일상: 박정희 시대』, 한울.

교과서 포럼 편, 2005 『한국현대사의 허구와 진실』, 두레시대.

교과서 포럼 편, 2006 『경제교과서 무엇이 문제인가』, 두레시대.

구해근, 2002 『한국 노동계급의 형성』, 창작과 비평사.

국가인권위원회, 2002 보안관찰대상자 인권실태조사.

국정원과거사진실규명을통한발전위원회, 2007 『과거와 대화 미래의 성찰－언론 노동 편』, 국가정보원.

권명아, 2007 「풍속통제와 일상에 대한 국가관리」, 『민족문학사연구』 33.

긴급조치9호 철폐투쟁 30주년 기념행사 추진위원회, 2005 『30년 만에 다시 부르는 노래』, 자인.

김건우, 2011 「1960년대 담론환경의 변화와 지식인 통제의 조건에 대하여」, 『탈식민 냉전국가의 형성과 검열 세미나 발표문』.

김대영, 2005 「반유신 재야운동」, 안병욱 외, 『유신과 반유신』, 민주화운동기념사업회.

김동춘, 2000 『근대의 그늘: 한국의 근대성과 민족주의』, 당대.

김득중 2009 『'빨갱이'의 탄생: 여순사건과 반공국가의 형성』, 선인.

김영미, 2009 『그들의 새마을운동』, 푸른역사.

김 원, 2005 『여공 1970』, 이매진.

김은경, 2010 『박정희체제의 지배양식에 대한 비판적 연구－음악정책을 중심으로』, 인하대 박사학위논문.

김주언, 2008 『한국의 언론통제』, 리북.

김진균, 2001 「국민형성의 관점에서 본 5·18」, 『5·18 민중항쟁사』, 광주시.

김행선, 2006 『박정희와 유신체제』, 선인.

김호기, 1995 『현대자본주의와 한국사회: 국가 시민사회, 민주주의』, 사회비평사.

김홍중, 2009 『마음의 사회학』, 문학동네.

동아자유언론수호투쟁위원회, 2005 『자유언론: 1975-2005 동아투위 30년 발자취』, 해담솔.

민주화운동기념사업회 연구소 편, 2006 『한국민주화운동사연표』, 선인.

민주화운동기념사업회 연구소 편, 2008 『한국민주화운동사』 1, 돌베개.
민주화운동기념사업회 연구소 편, 2009 『한국민주화운동사』 2, 돌베개.
박명림, 2002 『한국 1950:전쟁과 평화』, 나남출판사.
박명진, 2004 「1970년대 연극제도와 국가이데올로기」, 『민족문학사연구』 26.
박승현, 2005 「대중매체의 정치적 기제화: 한국영화의 건전성 고양」, 『언론과 사회』 13-1.
박영택, 2010 「박정희 시대의 문화와 미술」, 『한국근대미술사학』 32.
박원순, 1997 『국가보안법 연구 2』, 역사비평사.
박원순, 2006 『야만시대의 기록: 고문의 한국현대사 1-3』, 역사비평사.
박정희, 1963 『국가와 혁명과 나』, 향문사.
박찬표, 2007 『한국의 국가 형성과 민주주의 : 냉전 자유주의와 보수적 민주주의의 기원』, 후마니타스.
박태균, 2006 『우방과 제국: 한미관계의 두 신화』, 창비.
백낙청, 1994 『분단체제 변혁의 공부길』, 창작과비평사.
백낙청, 2005 「박정희시대를 어떻게 생각할까」, 『창작과 비평』 128.
서 승, 1999 『나의 옥중 19년』, 역사비평사.
서울대학교 교수민주화운동50년사발간위원회, 1997 『서울대학교 교수민주화운동50년사』, 서울대 출판부.
안병욱 외, 2005 『유신과 반유신』, 민주화운동기념사업회.
유선영, 2007 「동원체제의 과민족화 프로젝트와 섹스영화」, 『언론과 사회』 15-2.
아감벤(김항 역), 2009 『예외상태』, 새물결.
유팔무 · 김호기 편, 1999 『시민사회와 시민운동』, 한울.
이두영, 1986.6 「한국납본제도의 발전과정과 현상」, 『국회도서관 관보』 제185호.
이병천 편, 2003 『개발독재와 박정희시대 : 우리시대의 정치경제적 기원』, 창비.
이봉범, 2011 「박정희체제의 헤게모니적 지배와 검열」, 『탈식민냉전국가의 형성과 검열 세미나 발표문』.
이신범 외, 2008 『서울법대 학생운동사』, 서울법대 학생운동사 편찬위원회.
이정배, 2010 「1960년대 영화의 검열내면화 연구」, 『드라마연구』 32.
이지수 편, 2010 『박정희 시대를 회고한다』, 선인.
임지현 · 김용우 편, 2004 『대중독재: 강제와 동의의 사이에서』, 책세상.
임지현 외, 2000 『우리 안의 파시즘』, 삼인.
임혁백, 1994 『시장 경제 민주주의: 한국의 민주화와 정치경제이론』, 나남출판.
임현진, 2002 『현대한국과 종속이론』, 한국학술정보.

임현진 · 송호근 편, 1995 『전환의 정치, 전환의 한국사회』, 나남출판.
장경섭, 2008 『가족, 생애, 정치경제－압축적 근대성의 미시적 기초』, 창비.
장문석 · 이상록 공편, 2006 『근대의 경계에서 독재를 읽다 : 대중독재와 박정희 체제』, 그린비.
전재호, 2000 『반동적 근대주의자 박정희』, 책세상.
정근식 · 이호룡 편, 2010 『4월혁명과 한국민주주의』, 선인.
정근식 · 최경희, 2011 「해방후 검열체제의 연구를 위한 몇 가지 질문과 과제」, 『탈식민냉전국가의 형성과 검열 세미나 발표문』.
정성화 편, 2005 『박정희시대 연구의 쟁점과 과제』, 선인.
정성화 편, 2006 『박정희시대와 한국 현대사』, 선인.
조병인, 2002 『집회 및 시위의 보장과 규제에 관한 연구』, 형사정책연구원.
조희연, 2007 『박정희와 개발독재시대 : 5 · 16에서 10 · 26까지』, 역사비평사.
조희연, 2010 『동원된 근대화 : 박정희 개발동원체제의 정치사회적 이중성』, 후마니타스.
진실화해를 위한 과거사정리위원회, 2008.12 『분야별 긴급조치 피해사례보고서』.
진실화해를 위한 과거사정리위원회, 2010 『종합보고서』.
천정환, 2011 「1960년대의 '지성'과 사상전향연구를 위하여」, 『탈식민냉전국가의 형성과 검열 세미나 발표문』.
최장집, 2005 『민주화이후의 민주주의: 한국민주주의의 보수적 기원과 위기』, 후마니타스.
최장집, 1993 『한국민주주의의 이론』, 한길사.
최장집, 1996 『한국민주주의의 조건과 전망』, 나남출판.
최장집, 1997 『한국의 노동운동과 국가』, 나남출판.
최장집 · 임현진 공편, 1997 『한국사회와 민주주의: 한국 민주화 10년의 평가와 반성』, 나남출판.
한국정신문화연구원 편, 1999 『1960년대 사회변화연구』, 백산서당.
한국정신문화연구원 편, 2001 『내가 겪은 민주와 독재』, 선인.
한국정치연구회 편, 1998 『박정희를 넘어서 : 박정희와 그 시대에 대한 비판적 연구』, 푸른숲.
한상희, 2007 「집시법, 그 본원적 폭력」, 『시민과 세계』 11.
한석정, 2010 「박정희 혹은 민주국판 하이 모더니즘의 확산」, 『일본비평』 3, 서울대 일본연구소.
한홍구, 2011 「한국 현대사의 그늘, 남파공작과 비전향장기수」, 『역사비평』 94.

허 은, 2008 『미국의 헤게모니와 한국 민족주의』, 고려대 민족문화연구원.
황병주, 2008 「1960년대 박정희체제의 '탈후진 근대화' 담론」, 『한국근대민족운동사연구』, 한국민족운동사학회.

Evans, P., 1995 *Embedded Autonomy: State and Industrial Transformation*, Princeton University Press.

Evans, P.B., 1989 "Predatory, Development, and other Apparatuses: A Comparative Political Economy Perspective on the Third World State", *Sociological Forum* 4-4.

Haggard, S., 1989 "The Political Economy of Foreign Direct Investment in Latin America," *Latin America Research Review* 24-1.

Jenkins, R., 1991 "The Political Economy of Industrialization: A Comparison of Latin America and East Asian Newly Industrializing Countries," *Development and Change* 22.

Kasza, G.J., 1995 *The Conscription Society: Administered Mass Organization*, Yale University Press.

Koo Hagen, 1993 "Strong State and Contentious Society," *State and Society in Contemporary Korea*, Cornell University Press.

Lim, Hyun-chin, 1985 *Dependent Development in Korea, 1963-1979*, Seoul National University Press.

Mbembe, A., 2003 "Necropolitics," *Public Culture* 15-1.

Mbembe, A., 2001 *On the Postcolony*, University of California Press.

Migdal, J. 1988 *Strong Societies and Weak States*, Princeton University Press.

Migdal, J., 2001 *State in Society*, Cambridge University Press.

Mosse, G.L., 1975 *The Nationalization of the Masses*, Cornell University Press(임지현 · 김지혜 공역, 2008 『대중의 국민화: 독일대중은 어떻게 히틀러의 국민이 되었는가』, 소나무).

Osgood, K., 2006 *Total Cold War: Eisenhower's Secret Propaganda Battle at Home and Abroad*, University Press of Kansas.

Robin, R., 2001 *The making of cold war enemy: culture and politics in the military-intellectual complex*, Princeton Univ. Press.

4장 동아시아 냉전해체와 한국 민주주의

6월항쟁과 북방정책

전재성

1. 서론

1987년 6월항쟁은 권위주의 정치체제의 종식과 한국 사회 전반의 민주화를 가져온 중요한 시발점이 되었다. 이전까지 국가가 독점하여 온 민족에 대한 담론을 근본부터 변화시켜 국가주의적 민족개념에서 민주적인 민족, 더 나아가 분단을 극복하고자 하는 민족담론을 가져온 변화의 출발점도 마련되었다. 민주화 운동은 한국 사회의 축적된 모순을 해결하기 위한 자체적인 움직임이었으나 민주화의 물결이 본격화되면서 남북관계의 변화, 통일을 향한 운동, 더 나아가 한반도를 둘러싼 주변국가들의 정책 및 동아시아 냉전구조를 새롭게 바라보게 하는 신선한 자극을 주었다. 이를 계기로 대북정책 및 외교정책에서 하향식 정책을 주로 보여왔던 한국의 정책결정과정이 서서히 변화하여 사회의 요구를 받아들이는 모습을 보였다. 외교정책의 결정과정에서 권위주의 체제에 중요한 독립변수였던 정부의 변수나 국제체제의 변수에 더하여 사회변수의 중요성이 급격히 증가된 것이다.

한국 사회의 민주화 운동은 급변하는 국제정세와 맞물려 1980년대 후반과 1990년대 초반 한국의 대외전략에 많은 변화를 가져왔다. 소위 북방정책이라고 불리는 노태우 정부의 대외전략은 세계적, 지역적 냉전구조의 해체라는 국제체제 변수에 힘입은 바도 컸으나, 민주화를 바탕으로 새로운 민족담론과 통일운동을 전개했던 한국사회의 힘, 그리고 이를 받아들이게 된 정책결정과정의 변화가 병행되지 않았더라면 추진력을 잃었을 전략이었다고 할 수 있다. 6월항쟁과 6 · 29선언에 이어 등장한 노태우 정부는 민주화의 바람을 타고 일어난 거센 사회차원의 요구에 부응할 필요성을 강하게 느끼게 되었고, 1991년 말 기본합의서 체결에 이르기까지 북방정책이라는 한국 대외전략 상의 큰 변화를 추진하였다. 비록 북방정책이 1993년 북핵 위기의 발발과 더불어 한반도 및 동아시아 냉전해체를 완결하는 데까지 나아가지는 못했지만, 한국과 중국, 구소련과의 수교 및 향후 남북관계에서 지속적으로 원용되는 상호존중과 무력사용금지 등의 원칙을 마련했다는 점에서 냉전 해체의 실마리를 풀었다는 의미를 찾을 수 있다. 이러한 모든 변화가 한국 사회의 민주화 운동 및 민족, 통일운동에 기반하고 있다는 점에서 그 시발점이 된 6월항쟁의 의미를 다시 찾을 수 있다.

본 논문에서는 노태우 행정부의 북방정책이 전개된 과정을 개략적으로 살펴보고, 이를 추동한 한국 사회의 변화 및 북방정책의 사회적 요인을 살펴보고자 한다.

2. 북방정책의 수립과 전개: 탈냉전 국제체제의 요인

1) 북방정책의 추진 과정

6월항쟁 이후 등장한 노태우 정부는 지속되는 민주화운동과 통일운동의 영향을 받고, 1988년 7 · 7선언을 발표하여 북방정책의 시발점을 만든다. 노태우 대통령은 이전 정부의 대공산권, 대북정책과는 상이한 접근법을 취했는데, 내용을 살펴보면, 1) 남북한간 적극적 교류추진과 해외동포의 자유왕래를 위한 문화개방, 2) 이산가족들의 생사 및 주소 확인, 서신왕래, 3) 남북한간 교역에서의 문화개방, 4) 남한 측 우방과 북한간의 비군사적 물자교류 불반대, 5) 남북한간 경쟁 및 대결외교의 종식과 상호협력, 6) 남북한 쌍방이 상대 우방국들과의 관계개선에 협력한다는 내용 등이다. 이전의 전두환정부의 약 8년간을 돌아보면, 1984년 말을 제외하고는 남북관계는 유착상태에 빠져 있었다. 전두환 정부는 박정희 사후 체제재건을 위해 한국군의 근대화를 추진하였고, 한일관계의 재구축, 제3세계 외교의 전개, 올림픽 유치 등으로써 한국의 국제적 지위향상을 도모하였다. 또한 레이건의 대소강경정책과 보조를 맞추어 힘을 배경으로 하는 대북정책을 추진하였다. 그러한 상황에서 1983년의 랭군 폭탄 테러사건과 1987년 11월 대한항공기 폭파사건이 발생하였다.

북방정책의 추진경과를 살펴보면, 크게 3단계로 대별해 볼 수 있다. 첫째, 특정 공산권과의 수교, 둘째 소련 및 중국을 포함한 모든 공산권 국가와의 수교, 셋째, 남북한 평화통일의 3단계가 그것이다. 제1단계(1988~1989)의 성과로는 1988년 7 · 7선언, 1988년 8월 소련 영사단 사무소 설치, 1988년 10월 25일 헝가리 내 상주대표부 개설, 1989년 2월 1일

헝가리와 대사급 외교관계 성립, 1989년 11월과 12월에 각각 폴란드, 유고와 수교, 1989년 9월의 한민족공동체 통일방안 제시 등을 들 수 있다.

제2단계의 성과로는 1990년 1월 인위적 정계개편을 시발로 하여 국내정치적 기반을 다지고 1990년초 공산권 국가들과 일거에 국교를 수립하는 성과를 거두게 된다. 3월 한 · 체코, 한 · 불가리아, 한 · 몽고, 한 · 루마니아 대사급 외교관계를 이루고, 드디어 9월 30일 한소국교정상화를 이룩하였다. 이 과정에서 한국사회가 축적한 국내경제력이 중요하게 작용하였다. 헝가리와 수교시 6억 2,500만 달러의 상업차관을 약속하였고, 한소 수교시에는 30억 달러의 차관을 제공하기로 합의하였다. 이러한 국제정치적 성과와 더불어 노태우 정부는 대북관계에서의 변화도 추진하였는데, 남북한 유엔동시가입, 남북고위급회담 추진, 남북기본합의서 및 비핵화공동선언의 결과를 낳았다. 노태우 정부는 1989년 2월 남북고위급 회담의 예비회담을 시작으로 1990년 7월 8차 예비회담을 개최하였고, 1990년 9월 4일 1차 회담을 개최한 이래, 1991년 12월 13일 제5차 회담에서 남북기본합의서에 합의하여 이듬해 2월 19일에 발효토록 하였다.

제3단계에서는 전 해의 성과를 바탕으로 남북기본합의서와 비핵화공동선언을 발효시키는 한편, 이를 이행하기 위한 핵통제공동위원회, 경제교류 · 협력공동위원회, 사회문화교류 · 협력공동위원회, 군사공동위원회, 화해공동위원회 등을 구성하였다. 그러나 핵문제를 둘러싸고 한미와 북한 간에는 입장차가 본격화되기 시작하였는데, 한미 양국은 비핵화를 남북한의 핵 재처리시설의 보유금지로 보는 한편, 북한은 비핵지대화론을 내세우면서 한반도가 미국의 핵우산에 놓이는 것을 거부하였다. 결국 한미 양국은 10월 연례안보회의에서 핵의혹 해소 불충분을 이유로 1993년 팀스피리트 훈련 재개를 결정하여, 이후 11월 예정이던 분야별 공동위원회, 12월 예정이던 9차 남북고위급회담이 결렬되었다. 한편 중국과는 1992년 8월 24일 수교를 이루는 성과를 거두었다. 중국은 10월 12일 제14차 전국대표대회에서 사회주의시장경제를 당론으로 확정하였는바, 중국의 개혁·개방정책과 한국의 북방정책이 합치한 결과였다고 볼 수 있다(김성철, 2000 ; 돈 오버도퍼, 2002).

이러한 북방정책은 대략 세 가지의 목표를 추구하였는바, 1) 한반도의 평화정책과 평화적 통일기반 조성; 2) 소련, 중국 기타 동구권 국가들과의 관계개선을 통한 외교영역 확대와 국제적 지지기반 확충; 3) 우리의 경제적 진출과 자원공급원 확보를 통한 국가이익 추구 등의 목표 등을 들 수 있다(류석렬, 1989).

북방정책의 결정과정은 이전의 한국 외교정책과 같이 국제체제 환경 혹은 국제체제변수의 영향을 압도적으로 받았다. 냉전의 종식과 소련 및 중국의 외교전략의 변화, 이로 인한 북한의 생존환경변화와 전략변화가 없었다면 북방정책은 입안되고 실행되기 대단히 어려웠을 것이다. 국제적 변수의 변화로 한국의 외교정책의 자율성 공간이 확대되는 외부적 기회가 주어졌고, 이를 효과적으로 활용한 것이 북방정책 결정과정의 중요 요인이었다.

2) 북방정책의 국제적 환경

한국의 정책환경에 가장 많은 영향을 준 것은 탈냉전기의 유일 주도국가로 등장한 미국의 동북아 정책과 한반도 정책이었다. 냉전을 승리로 이끈 미국의 1990년대 초 전략목표는 1) 소련에 대한 견제 필요성은 유지하되 봉쇄보다는 경계의 비중이 증가되고, 2) 서방 선진국들과의 관계 재조정 및 이들에 대한 지도권 유지가 중대한 이슈로 등장하고, 3) 소련의 위협요인이 약화되는 반면, 지역적 비상사태에 대한 대비 필요성이 증대하고, 4) 미국의 안보에서 군사력 못지않게 경제력 재건 문제가 중요하다는 것 등이다. 이에 따라 미국의 전략목표가 대소봉쇄 중심에서 패권적 균형자 개념으로 변화하였다. 이러한 전략하에 미국은 기존 군사동맹체제 유지, 미 군사력 전진배치의 골간 유지, 전략핵 중심 핵우산 정책 유지, 지역적 비상사태에 대처하는 기동군 전력 강화와 같은 정책을 전개하고 있다.

미국은 소련의 붕괴 이후 러시아의 국내위기가 초래할 제반 부정적 영향들을 고려하여 러시아에 대한 국제적 지원을 주도하였고, 중국에 대해서도 인권문제, 대미 무역흑자에서 비롯되는 통상마찰, 중국의 제3국에 대한 무기판매 문제 등이 걸려 있으나, 동아시아의 탈냉전적 역학관계 속에서 급격한 관계악화는 피하면서 유연한 태도를 취하고 있다. 이 시점에서 한국의 북방정책에 미국이 중간매체로서의 역할을 수행하였다고 볼 수 있는데, 1990년 6월 샌프란시스코에서 한소정상회담이 워싱턴에서의 미소정상회담에 연이어 개최되었다는 사실, 1991년 5월 남북한의 UN동시가입지지, 북한의 핵무기 개발에 대한 중국의 부정적 입장 유도 등은 미국의 입장을 간접적으로 보여주고 있다.[1]

소련의 고르바초프의 정책 변화 역시 중요한 국제체제 변수로 작동하였다. 1985년 3월 집권 이후 고르바초프 서기장은 낙후된 경제의 재건을 위하여 페레스트로이카와 글라스노스트라고 불린 개혁과 개방을 실행

---

1) 북방정책의 환경변화에 관해서는 전재성, 「노태우 행정부의 북방정책결정요인과 변화과정분석」, 『세계정치』, 24-1, 2002 참조.

하였는데, 그 과정에서 기존의 군사력 감축은 필수적 조치였다. 미국 역시 누적된 재정과 무역적자 등 경제난과 구조적 경제적 쇠퇴현상을 해결하기 위하여 군사력 유지에 대한 재검토를 실시하지 않을 수 없었다. 1987년의 INF 협정, 1990년의 전략핵무기감축협상(START), 재래식무기감축협상(CFE), 그리고 1989년 미소 양국정상의 몰타회담 등을 통해 양국은 냉전종식을 실질적, 공식적으로 합의한 셈이며, 1990년 독일통일은 미소간 관계개선에 이정표가 되었다. 이와 더불어 동아시아지역에서 소련은 1986년 2월 27차 당대회 연설을 개최하고, 고르바초프는 아태지역의 중요성이 점증하고 있다고 강조하였고, 5개월 후 블라디보스톡 연설에서는 소련이 아태국가임을 천명하였으며, 태평양 경제협력에 참여하고자 하는 소련의 의사를 표현하였다.

이러한 소련의 정책변화는 기존에 진행되던 한소간의 경제협력현상과 맞물려 양국간의 공동이익의 확대로 나타나게 된다. 한소간의 무역량은 지속적으로 증가하여 제3국을 통한 무역거래는 1986년 8천만 달러, 1987년에는 1억 4천만 달러, 1988년에는 2억 달러를 상회하였다. 한국은 소련으로부터 목재, 석탄, 화학제품, 양모 등 천연자원을 수입하였고, 소련은 의류, 직물류, 신발, 화학제품, 전기－기술장비 등을 수출하였다.

이미 개혁개방 노선으로 변화의 길을 걷고 있던 중국의 상황도 냉전종식의 효과를 촉진하였다. 중국은 농촌에서 시작한 개혁을 1984년 중국 공산당 제 12기 3중전회를 계기로 도시기업부문으로 확산시켜 나가면서 1979년에 설치하기 시작한 경제특구지역을 점차 확대해 나가고, 1987년 제13차 당대회에서 대외개방을 더욱 확대해 나갈 것을 결의하였다. 한중간 무역의 경우, 1979년 양국간 총교역량이 1979년 2천만 달러에 불과하던 것이, 1980년 6억 달러, 1981년 12억 달러로 증가하였다.

1982~83년에는 북한의 대중 항의로 감소하다가 1984년에는 다시 9.7억 달러, 1985년에는 10억 달러, 1986년에는 12억 달러, 1987년에는 20억 달러, 1988년에는 30억 달러로 증가하여, 중국은 한국의 4번째 교역상대국으로 부상하게 된다. 애초에 중국은 7 · 7선언 직후에는 소위 한반도 정경분리 원칙에 입각하여 북한과는 공식적 관계를, 남한과는 비공식적, 비정부간 경제관계를 유지시킨다는 입장을 표명하여 한국의 북방정책에 호응해오지 않았다. 그러나 1989년 12월의 몰타회담, 1990년의 한소수교, 걸프전, 1990년 북경 아시안게임 등을 거치면서 중국의 한반도 정책이 변화하기 시작했다. 중국은 한반도에서 러시아에게 주도권을 빼앗길 것을 우려하는 한편, 한소간 정치적 관계가 증진되는 것에 불안감을 느끼고 있었으며, 당시 달러외교, 탄성외교 등으로 외교적 고립을 탈피하려는 대만의 외교공세 저지의 필요성도 느끼고 있었다. 한중수교의 조건으로 한국과 대만과의 단교를 성시킬 경우, 대만의 국제적 위상을 약화시켜 중국의 양안관계에 유리한 성과를 거둘 수 있었다. 이러한 상황에서 중국은 북한의 이해를 구하는 한편, 한국은 '하나의 중국'과 '대만이 중국의 일부'라는 사실을 인정하고 수교를 성취시키기에 이르렀다.

북한의 변화 역시 북방정책의 중요한 요인으로 작동하였다. 1970년대의 남북조절위원회 회의나 남북적십자회담에서 북한이 남한의 반공정책 포기, 주한미군 철수, 남북군대 감축, 연방제 통일 실현 등의 주장을 했던 것과는 달리 1990년대의 협상은 공산권 붕괴로 인한 체제위기 의식, 흡수통일 공포, 국제적 고립과 경제침체 심화, 김일성의 노령화로 인한 영도체제위기 등을 배경으로 진행되었다. 또한 1990년대에 들어와 남북간 격차는 크게 벌어졌으며 외교역량에서도 남한이 압도적 우세를 점하게 되었다. 이러한 상황에서 북한의 협상목표는 공세적 대남혁명전략의 수행이라기보다는 수세적 체제생존전략으로 변화되었다고 볼 수 있다. 또한 북한은 협상을 반드시 성사시켜야 된다는 절박한 협상의 필요성에서 적극적 협상의지와 긍정적 자세를 가지게 되었다.

1990년을 전후한 북한의 당면과제는 1) 국가의 안전보장, 2) 김일성 부자의 지배체제 공고화, 3) 미국, 일본 등 서방국가들과 정치, 경제관계 개선, 4) 자본과 기술을 도입하여 침체된 경제를 회생, 5) 평화적 환경조성을 위해 새로운 남북관계를 정립하는 것이었다고 보여진다. 이를 위해 미국과의 적대관계를 해소하고 체제생존을 보장받는 한편, 일제식민지 통치와 관련된 배상금 등 경제원조를 획득하고, 이를 위해 남북관계를 개선하는 것이 필요한 정책이라고 판단한 것으로 보인다.

이상의 북한의 변화와 남북고위급회담의 개최 및 남북기본합의서의 채택은 국제체제의 변화라는 거시적 제약요인이 북한의 외교정책 전반의 목표 전환을 가져오고 이는 다시 남북관계에서 북한의 전략을 변화시킴으로써 결과적으로 노태우 정부의 북방정책이 일정한 성과를 거두게 하는 역할을 하였다고 볼 수 있다.

3. 민주화운동과 북방정책

1) 민주화, 민주주의와 외교정책 결정과정

6월항쟁과 이후의 민주화운동은 왜곡된 민주주의와 반공이데올로기의 결합, 분단 고착화, 국가주의적 민족주의 등을 총체적으로 극복하려는 움직임이었다. 그리고 한국 사회의 민주화라는 과제는 자연스럽게 민족, 민주적 성격을 강화하는 한편, 반민주적 정치, 사회구조를 극복하기 위해서는 분단체제를 극복하고, 통일운동이 전개되어야 한다는 인식으로 확산되었다. 군부종식, 권위주의 정권 청산이라는 과제가 결국에는 남북관계, 대외관계의 변화와 맞물려 있으며, 민족주의 담론과 연결되어 있다는 결론으로 나아가게 된 것이다. 이후 민족주의 담론은 탈냉전이라는 국제상황과 연계되어 민주화요구와 대북, 통일문제로 접근하게 된다(박현채, 백낙청, 양건, 박형준, 1988년 가을호, 6~63쪽).

민주화 과정 혹은 민주주의의 체제적 요인은 외교정책 결정 및 실행과정을 근본적으로 변화시킨다. 변화의 양상을 고려해 보면, 첫째, 행위자의 변화를 들 수 있다. 시민사회를 포함한 비국가행위자들의 성장과 외교정책에 대한 영향력 증가는 민주주의 사회의 외교정책 과정의 주된 특징이다. 시민사회를 이루는 다양한 행위자들, 즉 이익집단, 옹호집단, 전문가집단, 언론, 개인, 기업 등 경제행위자들은 정부의 영향력 밖에서 자유롭게 자신의 이익과 의사를 형성하고, 이를 다양한 의사소통 체계를 통하여 표출하고 실현을 도모한다. 이는 정치적 자유가 보장되고, 정책 관련 정보들이 정부에 의해 독점되는 상황이 약화됨에 따라 가능해진 변화들이다. 비국가 국내행위자들의 등장뿐 아니라, 국외 행위자들의 증가와 영향력 확대 또한 주된 현상으로 들 수 있다. 선거를 통한 정치적 영향력 행사 이외에도 다양한 정치커뮤니케이션의 통로가 확보된 민주주의 사회에서는 국내에서 활동하는 외국 기업뿐 아니라, 해외 외교집단, 해외 언론, 국제기구 등이 다양한 통로를 통하여 국내의 정책결정과정에 영향을 행사하고 있다. 따라서 행정부의 입장에서는 정책과정에 투입요소가 기하급수적으로 증가한 정책환경에 처하게 되고, 실행된 정책에 관한 피드백과 평가과정에서도 이들 다양한 집단들의 의견을 수

렴하지 않을 수 없게 된다.

이러한 변화는 외교정책 과정에서도 두드러지는데, 사적 부문의 이익이 대외관계에 의해 좌우되는 비중이 높아짐에 따라, 각 행위자들의 외교정책 관심정도가 기하급수적으로 팽창하고, 외교정책의 결정과정에 투입요소로서 작용하려는 의지와 필요성 또한 증가한다. 기존에는 행정부의 전문영역으로 취급되어 왔던 외교정책의 사안들이 그 성격에 따라 서로 다른 행위자들의 주된 관심사로 등장하며, 이는 국내, 국외 행위자들을 막론하고 공통된 현상이다.

둘째, 민주화는 무엇보다 대의체제의 발전을 의미하므로, 선거에 의한 주기적 정책 평가와 정권교체자 중요한 변화의 원인으로 작동한다. 정치소비자인 유권자는 다양한 이슈들을 종합적으로 평가하여 주기적인 행정부 단위들에 대한 권한을 행사하므로, 정부는 재집권을 위해 효과적이고 책임성 있는 정책을 추진할 수밖에 없게 된다. 따라서 국민의 의사를 대변하는 새로운 정당이 등장할 뿐 아니라, 기존의 정당 균열구조를 근본적으로 변화시키는 새로운 이슈들이 주된 현안으로 등장한다. 권위주의사회에서는 정치현안과 균열구조를 패권적 혹은 일당주도적 정당체제 속에서 여당이 독점하다시피 하는 것이 가능하였으나, 민주화 과정에서는 정당체제가 근본적인 변화를 겪으며, 정치현안 선택과 균열구조 성립 과정이 근본적인 변화를 겪는 것이다.

이 과정에서 외교정책 또한 주된 현안과 정당 간 정책 대결의 대상으로 등장한다. 안보, 국방 현안에 있어서는 안보정책을 둘러싼 대외인식, 대외전략, 이념 등 기존에 볼 수 없었던 대립구조를 표출하고 있으며, 경제 현안인 경우, 사적부문의 이익을 직접적으로 반영한 다양한 대립구조가 조성된다. 유권자들은 행정부가 어떤 부문의 이익을 대표하는

가, 어떠한 이념을 실현하는가에 따라 다르게 반응하므로, 행정부는 주기적 선거에서 정파적 이익을 극대화하기 위한 노력을 기울인다.

셋째, 국가의 정보독점력이 약화된다. 권위주의사회에서는 정부가 국내외 정보 유통을 관리함으로써, 정보의 생산과 유통, 소비를 독점할 수 있는 특권을 누렸다. 그러나 민주화와 더불어 정부의 정보가 청문회, 감사 등의 의회활동, 법적 문제를 야기하는 부분에 있어서는 사법부의 사법활동, 언론의 자유를 획득한 다양한 언론의 보도활동, 전문가 집단의 연구활동 등을 통해 공유되고, 알려짐에 따라 이러한 정보독점은 더 이상 불가능해지게 된다. 또한 해외에서 유입되는 다양한 정보들도 여과없이 국내에 알려지게 됨에 따라, 정부가 통제할 수 있는 정보 영역이 사실상 매우 축소되었다. 정보의 생산에 있어서도 기존의 정보기관의 정보생산 및 축적활동이 보다 많은 감시와 통제의 대상이 됨에 따라 기능적으로 필요한 비밀성 이상이 보존되기가 어렵게 되는 것이 사실이다.

넷째, 외교정책 과정에 근본적인 성격 변화가 일어나고 있다. 외교정책과정은 국내 행위자들은 물론, 국외 행위자들을 직접적으로 상대하므로, 기존에는 보다 비밀스러운 환경에서, 장기적으로 효과 있는 정책을 추진하는 과정으로 알려져 왔다. 이는 외교정책의 실행 효과가 외국정부와 같이 명확한 상대에 의해 실현되기까지 상당한 시간이 필요한 것이고, 그 과정에서 외국정부와의 효과적 경쟁을 위해 정책 내용에 대한 비밀이 필요하기 때문이다. 또한 외교정책은 고도의 전문성과 독특한 도덕성을 요구하는 영역이므로, 국제정치 분야의 전문적 지식을 획득하지 못한 사적 부문의 행위자들이 외교정책 작동원리를 충분히 이해하기 어렵다는 판단에 따른 것이기도 하였다.

그러나 민주화 이후에는 이러한 외교정책 과정의 비밀성과 전문성,

장기지향성 등이 더 이상 유지되기 어렵데 되었다. 모든 외교정책은 정책 수립과정에서부터 상당 부분 공개될 수밖에 없으며, 그 정보는 국내 행위자는 물론, 해외 행위자들에게 알려질 수밖에 없다. 또한 선거 등 국내정치에 민감할 수밖에 없는 행정부와 정당의 상황에서 전문성을 주된 정책수립 근거로 사용할 수 없으며, 일반 여론의 정치적 지지를 받을 수 있는 외교정책을 수립하는데 주력하게 된다. 이로써 전문성과 여론의 지지를 동시에 확보해야 하는 어려움을 겪게 되는 것이다. 더구나 경우에 따라서는 상호 간에 모순되는 다수의 정책을 추진해야 하는 경우도 있는데, 여론이 일관된 정책 추진을 요구할 경우, 장기적 고려에 바탕을 둔 전술적 모순성은 쉽게 해결될 수 없는 문제이다. 정책 효과 면에서도 외교정책의 효과는 장기적으로 나타나는 것이 다수이므로, 단기적 국내정치이익을 도모할 수 없는 정책 사안들은 행정부 및 정당의 입장에서 그리 매력적인 것은 아니다. 물론 정치행위자들이 정치적 이익만을 쫓는 행위자(office-seekers)는 아니며, 정책의 실현을 추구하는 행위자(policy-seekers)이기도 한 것은 사실이지만, 민주주의 이전의 시대보다 정치적 이익을 동시에 고려해야 할 필요성이 증가한 것은 어쩔 수 없는 일이다. 정책의 실행부문에 있어서도, 신속한 정책결정과 실행과정이 민주적 승인의 절차를 거치면서 지연되어 애초의 정책 효과를 달성하기 어렵거나, 사후 의회 및 여론의 승인 획득과정에서 무효화되어, 애로를 겪게 되는 경우도 다수 발생하기 마련이다.

결국, 민주주의사회에서의 외교정책은 근대 국제체제에서 권위주의 정부들이 누려왔던 효율성을 대의적 책임성과 조화시켜야 하는 새로운 과제를 안게 되었으며, 이에 얼마나 능동적으로 대처하는가가 정책의 성패를 좌우하는 환경에 처하게 된다고 하겠다.

2) 6월항쟁과 대북, 외교정책

민주화 과정에서 발생하는 정책환경의 변화는 6월항쟁에 즈음하여 벌써 나타나기 시작한다. 민주헌법쟁취국민운동본부가 제시한 1987년 5월 발기문은, "……진정 국민이 주인이 되는 민주사회를 건설하고 민족통일을 성취하는 길로 나아가야 한다고 선언"하여 민주와 통일의 연결성을 보이고 있다(김수자, 2006, 52쪽에서 재인용).

또한 민주통일민중운동연합은, 1987년 1월에 "민족을 갈라놓고 남의 땅을 핵 기지로 만든 채 사실상 종주국 행세를 하는 외세를 몰아내고 이 나라가 다시는 외세와 독재자의 손아귀에서 놀아나지 않도록 지켜나가는 것, 이것이 바로 우리의 역사적 이정표"라고 선언하여 남북관계뿐 아니라 한국의 대외관계와 민주화가 긴밀히 연결되어 있다는 인식을 보이고 있다.

민통련이 6·29선언 이후 7월, 의장단 공동기자 회견문에서 논하는 것을 살펴보면 이러한 인식이 정리되어 제시되고 있다. 즉, "민족 분단이 외세에 의한 내정 간섭과 군부독재 통치의 근원이며 명분이기에 진정한 민주주의의 실천은 오로지 민주사회에서만, 자유로운 민중에 의해서만 가능하고 이는 곧 민족통일로서 완성된다. 현 시점에서 가장 긴요한 민족사의 과제는 자주적 민주정부를 국민의 힘으로 세우는 것……(중략)……민족사의 발전을 바로잡는 길은 모든 외세로부터 자주적이며 국민에 의해 선택되는 민주정부를 수립하는 것이며, 자주적, 민주적 정부의 수립은 곧 민족통일의 첫걸음이다." 결국 분단과 외세의 내정간섭은 군부통치를 가능하게 한 조건이기에, 분단과 외세의 문제를 해결하지 않으면 한국 사회 민주화의 목표는 달성되기 어렵다는 것이다. 국내 민주화와 대북, 국제관계가 연결되어 있다는 인식을 보여주는 것으로, 이는 이후의 구체적인 행동으로 이어진다.

3) 민족담론의 변화

한국사회의 민주화운동은 민족담론의 변화 및 통일운동의 변화와도 직결되어 있다. 이전 박정희 시대 민족 개념을 살펴보면, 민족과 국가가 항상 연결되었음을 볼 수 있다. 박정희 시기를 '국가재건'기(1961~1963), '조국근대화'기(1964~1971), '국민총화'기(1972~1979)로 구분한다면(전재호, 1998, 89~109쪽), 국가재건기에는 경제발전, 반공민주주의, 조국근대화기에는 경제발전, 반공, 군사주의, 평화통일, 국민총화기에는 국가주의, 군사주의, 경제발전, 반공 등의 목표가 제시되고 있고, 이들 개념과 민족 개념이 밀접한 결합관계를 이루어나가는 것을 알 수 있다. 박정희 대통령의 민족주의 개념을 예로 들어보면,

> 본인이 생각하고 있는 민족주의라는 것……사대주의적 근성, 식민주의적 근성, 전근대적인 봉건적인 잔재를 완전히 일소해 버리는, 자주국민으로서 우리의 자주성, 민족의 주체의식을 똑바로 가진 그런 민족이 되자는 것입니다……외국에서 들어오는 주의, 사상, 정치제도를 우리 체질과 체격에 맞추어서, 우리에게 맞추어서 우리에게 알맞은 사회를 만들자는 것이 내가 주장하는 민족주의입니다.[2]

이는 기본적으로 당시 한국이 추구하는 발전과 경제체제, 정치체제에 민족의 개념과 민족주의 이념을 결부시키고, 조정하는 의도를 나타내는

---

2) 박정희, 「서울중·고교 교정에서 행한 대통령 선거 연설에서(1963.9.28)」.

것으로 보인다. 1970년대에 들어서서는 보다 본격적인 국가주의와의 결합, 정권논리와 결합된 민족 개념을 사용하는데, 1973년 연두 기자회견을 보면 국가주의와의 결합이 나타난다.

> 민족과 국가라는 것은, 이것은 영생하는 것입니다. 특히 하나의 민족이라는 것은 영원한 생명체입니다. 따라서, 민족의 안녕과 번영을 위해서는 그 민족의 후견인으로서 국가가 반드시 있어야 하겠습니다. 국가는 민족의 후견인입니다. 국가 없는 민족의 번영과 발전이라는 것은 있을 수 없는 것입니다……나라가 잘 되어야만 우리 개인도 잘 될 수 있는 것입니다. 나라와 나라는 것은 별개의 것이 아니라 하나인 것입니다.[3)]

이후 1980년대에는 아래로부터의 민중민족주의가 점차 강화되는 움직임을 보이면서, 민족에 대한 새로운 개념이 강조되기 시작한다. 민족은 곧 국가라는 관념을 넘어, 민족은 북한의 주민을 포괄하며, 미국의 제국주의적 영향력을 타파해야 한다는 반제적 이념이 포괄된 새로운 민족개념으로 변화되는 것이다. 이는 반봉건, 반독재, 반제와 통일의 개념과 결부되어 새로운 민족개념으로 연결되는 변화를 보인 것이다.

6월항쟁 이후, 민족담론은 지속적인 진화과정을 보인다. 1989년 문익환 목사의 방북과 이후 문익환-허담 4·24공동선언문 발표는 이러한 변화의 정점을 보여주는 사례이다. 문익환 목사는 1989년 3월 25일부터 4월 3일까지 북한 평양을 방문하여 김일성 주석을 면담하게 되는데, 사회부문이 국가에 앞서 민족통일 담론과 행위를 주도하는 양상을 띠게 된 것이다. 문익환 목사는 김일성 주석과의 만남을 통해 자신의 '3단계 연방통일안'을 제시한다. 1단계로서 남북연합(유엔외교의 단일화), 2단

---

3) 1973년 1월 12일, 연두기자회견.

계 연방국가(남북 자치정부), 3단계 도 단위의 세분화된 연방제의 방안이다. 그리고 이 결과를 당시 허담 조국평화통일위원회 위원장과의 공동성명을 통해 공개하였다. 여기서 통일의 원칙으로 "민주는 민중의 부활이요, 통일은 민족의 부활이니만치 이 둘은 분리될 수 없는 일체"이며, "통일에 관한 남북간 대화의 창구는 널리 개방되어야 하며, 당국자들 사이의 독점에 맡기지 않으며" "통일이 평화적으로 이루어질진대 연방제는 거치지 않을 수 없는 경로인데 이의 실시는 단꺼번에 할 수도 있고 점차적으로 할 수도 있다"는 것 등을 제시하였다. 또한 제4항에서 "통일은 누가 누구를 먹거나, 누가 누구에게 먹히지 않는 공존의 원칙에서" 이룩되어야 한다는 내용"이 북한의 제안으로 포함되어 있다.

이러한 변화는 북한의 민족담론 변화와도 간접적으로 연결되어 있다. 특히 학생운동은 한반도 전체의 민족담론을 의식하면서 민족담론을 전개해 나갔다. 북한은 1980년대에 들어 민족담론을 변화시키는데 이는 한국의 학생운동에 영향을 미치게 된다.

북한 김정일은 후계체제를 안정화한 후, 1986년 민족주의 개념을 변화시킨다. 여기서 '우리민족제일주의,' '우리식사회주의'가 핵심구호로 등장하였으며, 핏줄과 언어가 강조되고 민족이 중심 개념으로 떠오른다. 김정일은 "우리민족제일주의를 주장하는 것은 자기민족을 가장 소중히 여기는 정신과 높은 민족적 자부심을 가지고 혁명과 건설을 적극적으로 해나가야 한다"고 주장하였다.

이와 같은 변화는 사전적 정의에서도 나타난다. 1973년 『정치사전』에서 민족주의는 부르조아적이라고 비판한 데 비해, 1985년에 발행된 북한의 『철학사전』에서는 민족주의를 '제국주의 국가의 민족주의'와 피압박 민족부르주아지의 민족주의로 구별하고 후자의 진보적 성향을 강조하였다(북한 사회과학출판사, 『철학사전』, 1985, 253쪽).

1985년 출판된 주체사상총서 2권에서 민족은 "씨족, 종족을 이루고 살던 사람들이 자주성을 위해 투쟁을 하여 오는 역사적 관점에서 핏줄, 언어, 문화와 영토의 공통성에 기초하여 결합된 공고한 사회적 집단"이라고 정의되고 있다. 북한은 여기서 마르크스-레닌주의에서 말하는 바, 민족의 가장 중요한 특징으로 논의된 '공통의 경제생활'을 삭제하고, '핏줄'의 중요성을 가장 중요하게 강조하고 있다.

1986년 7월 15일, 김정일이 발표한 논문 "주체사상교양에서 제기되는 몇 가지 문제에 대하여"에서 '조선민족제일주의'를 공식적으로 제시하고 있다.

> 내가 우리 민족 제일주의를 주장하는 것은 자기민족을 가장 소중히 여기는 정신과 높은 민족적 자부심을 가지고 혁명과 건설을 적극적으로 해나가야 한다는 것입니다. 자기 민족을 깔보고 남을 맹목적으로 숭배하는 사람들은 자기 당과 인민들에게 충실할 수 없으며 자기나라 혁명에 대하여 주인다운 태도를 가질 수 없습니다……우리는 언제나 자기 나라의 구체적 현실에서 출발하여야 합니다……우리는 우리나라 실정에 맞게 우리 식대로 해 나가야 하겠다는 확고한 각오를 가져야 합니다.

> 분단 44년, 미제 강점 44년, 독재치하 44년……먼저 가신 선배 열사들의 뜻을 이어받고 4천만, 아니 6천만 한반도 전 민중의 애타는 조국통일의 염원을 마음 깊이 새기며 올해를 조국통일의 확고한 초석으로서 조국통일 원년으로 만들고자 일어섰습니다……근본으로 민족통일이 사상과 이념, 종교, 정파를 초월한 민족적 대단합의 문제이고 6천만 민족의 이해와 요구의 지향이기에, 통일을 하나가 하나를 이루고 흡수하는 문제로 보아서는 안되며 서로의 체제를 인정하고 민족대단결을 이루는 것이며 남한만의 문제가 아닌 한반도 전 민중, 6천만 민중의 힘으로 이루어질 수 있습니다……6천만 민중이 그렇게도 바라는 조국통일은 바라기만 해서 될 것이 아닙니다……6천만 민중의 결집된 힘이 필요한 조국통일의 문제이기에 "나" 하나로부터 일어섭시

다. 먼저 일어선 "나"로부터 "우리"의 힘은 거대한 통일의 불기둥되어 내외 민족 분열주의자와 반통일론자를 한반도 전역에서 모두 날려보내고야 맙시다.[4)]

이러한 변화는 한국 내의 변화와 맞물린다. 반공, 반북이데올로기에 젖어있던 남쪽의 구성원들에게 늘 적대자로서만 각인되었던 '북한'과 '북한동포'가 하나의 민족, 같은 동포일 수 있는 가능성이 '민족민중주의'의 담론적 실천을 통해 열리게 된 것이다. 또한 통일담론은 통일논의를 중요한 민족적 의제로, 공적 담론으로 복원하게끔 하는데 기여했다고 볼 수 있다(이수인, 2008, 122쪽).

4) 북방정책과 민주화 담론

노태우 정부는 집권 이후, 다양한 민주화운동의 요구에 부딪히게 되는데, 1988년 4·26총선 결과 노태우 정부는 여소야대의 국회를 가지게 되었고, 12·12와 5·17, 5공화국정부와 깊숙이 연관된 노태우 정부의 정치적 기반으로 문제는 악화되었다. 1988년 전반기에 발생한 대학생 시위는 개헌논의의 와중에 있던 1987년 전반기에 비해 횟수에 있어서는 1.8배, 참가인원에 있어서는 1.7배, 최루탄 사용은 1.8배나 되었다. 주된 이슈는 남북학생회담 추진, 주한미군 철수를 포함한 반미운동, 전두환 전대통령 부부 구속 및 5공 비리 척결 등이었다. 민족주의 담론, 대미관계 재정립, 88올림픽 공동개최, 권위주의체제와 분단체제의 관계, 민족문제에 대한 재인식, 외세에 대한 관계재정립, 평화적 민족통일의식 고

---

4) 통일염원 44년(1988년 6월 10일), 애국의 길, 통일의 길을 걷고자 하는 국민여러분께, 전국대학생 대표자 협의회 성명서, 이수인, 「1980년대 학생운동의 민족주의 담론」, 『기억과 전망』 18호, 2008, 118~119쪽에서 인용.

취 등이 이러한 운동의 기반이 되는 인식이었다. 이와 같이 빈번한 시위와 여소야대의 상황에서 외교정책의 성공이 국내 반대정치세력에 대한 정당한 정책수단으로 활용될 수 있었으며, 이는 노태우 정부의 북방정책을 보다 적극적으로 추진하게 만든 하나의 요인이었다.

변화된 민족, 통일담론은 결국 정부의 통일정책에도 큰 영향을 미치게 되고, 노태우 정부는 1989년 9월 11일 발표된 「한민족공동체 통일방안」을 발표한다. 정부는 통일의 3대 원칙으로 '자주 · 평화 · 민주'를 제시한다. "통일로 가는 중간단계로서 먼저 남과 북은 서로 다른 체제가 존재하고 있다는 현실을 바탕으로…… 공존공영하는 민족사회의 동질화와 통합을 추진"하겠다는 것이다. 동시에 "사회, 문화, 경제적 공동체를 이루며 나가면서 남북간에 존재하는 각종 문제를 해결해 나간다면 정치적 통합의 여건은 성숙될 것"이라고 간주하고 있다.

이를 구체적으로 살펴보면 첫째, 남북은 남북대화의 추진으로 신뢰회복을 해 나가는 가운데 남북정상회담을 통해 '민족공동체헌장(남북연합헌장)'을 채택하고, 둘째, 군사분야에서 과도한 군비경쟁을 지양하고 무력대치 상태를 해소하기 위해 군사적 신뢰구축과 군비통제를 실현하며 셋째, 남북의 공존공영과 민족사회의 동질화와 민족공동생활권의 형성 등을 추구하는 과도적 통일체제로서 '남북연합' 단계를 설정하며, 넷째, 남북은 통일헌법이 정하는 바에 따라 총선거를 실시하여 통일국회와 통일정부를 구성함으로써 완전한 통일국가인 통일민주공화국을 수립한다는 것이다.

권위주의 시대의 발전 및 국가 주도의 민족담론에서 남북을 포괄하는 민족 및 통일과의 연관 속에서 새롭게 민족을 정의하는 변화는 남북 당국자 들 간의 남북기본합의서에서 정점을 이룬다. 여기서 "남과 북은 분단된 조국의 평화적 통일을 염원하는 온 겨레의 뜻에 따라, 7·4남북공동성명에서 천명된 조국통일 3대원칙을 재확인하고, 정치 군사적 대결상태를 해소하여 민족적 화해를 이룩하고, 무력에 의한 침략과 충돌을 막고 긴장 완화와 평화를 보장하며, 다각적인 교류·협력을 실현하여 민족공동의 이익과 번영을 도모하며, 쌍방 사이의 관계가 나라와 나라 사이의 관계가 아닌 통일을 지향하는 과정에서 잠정적으로 형성되는 특수관계라는 것을 인정하고, 평화 통일을 성취하기 위한 공동의 노력을 경주할 것을 다짐"하고, 상대방의 체제를 인정하고 존중하며, 상대방의 내부문제에 간섭하지 않기로 한다.

이상에서 보면, 한국의 사회적 변화는 북방정책 전반의 토대를 이루었다고 볼 수 있다. 물론 노태우 대통령 개인의 정책의지가 반영된 부분도 있다. 노태우 대통령은 1981년 88서울올림픽 유치과정과 준비과정을 주도하면서 북방정책의 기초를 마련하고 있었고, 88서울올림픽 조직위원장과 체육부 장관을 거치면서 사회주의 국가와의 관계강화의 필요성을 인식하고 있었다. 13대 대통령선거가 진행되면서 북방정책의 의지가 좀더 구체화되었고, 국가안보와 평화적 민족통일을 위한 자주외교의 필요성, 적극적 북방외교를 제시하였다. 선거유세에서 노태우 대통령은 중국과의 정식외교관계를 이미 공약해 놓고 있었고, 통일정책과 대외정책을 포괄하는 독자적인 영역으로 북방정책 개념을 개념화하였다(임춘건, 133쪽 참조). 그러나 정부 출범 이후 급변하는 국제정세 속에서 빠르게 북방정책의 기본 개념을 제시하고 실행할 수 있었던 데에는 한국의 민주화와 뒤이은 시민사회의 변화 요구가 강하게 작용하였다고 할 것이다.

4. 맺음말

한국의 북방정책은 지구적, 지역적 차원에서 냉전의 종식이라는 환경변화를 맞아 자체적으로 장기적인 대외전략을 추진한 시발점이 되었다. 냉전기 한국이 상대적 약소국으로 진영외교에 따라 장기적 목표를 결여한 채, 외교정책을 추진하던 때와는 차이를 보인다. 이러한 상황에서 한국 사회의 민주화운동이 주요 변수로 작용했던 것은 큰 의의를 가진다. 냉전종식을 추구하는 과정에서 온 국민의 의사가 결집될 수 있는 기반이 마련되었고, 이후 탈냉전기 한국의 대외전략은 다양한 한국 사회의 요구를 수렴해야 하는 과제를 안게 되었기 때문이다.

노태우 정부 이후 현재에 이르기까지 한국 사회는 대북정책과 대외전략에서 수많은 변화를 거치면서 남남갈등과 같은 어려움을 겪고 있지만, 이는 한국이 민주화의 시대에 반드시 겪어야 할 과정이라고 할 수 있다. 냉전종식과 통일을 이루는 과정에서 과거 권위주의적 정책결정과정을 탈피하고, 시민사회의 요구를 수렴하여 대외전략을 수립하게 된 것은 단기적으로는 어려움에 봉착할지 몰라도 장기적으로는 탄탄한 기반을 가질 수 있기 때문이다. 보수와 진보의 변화 속에서도 시민사회 전체가 동의하는 이념과 전략목표가 지속될 때, 정부는 시민사회의 동의에 기반하여 지속적이고 힘있는 대외전략을 추진할 수 있기 때문이다.

북방정책 이후에 한국사회가 경험한 보수와 진보의 갈등이 대외전략에서 어려움을 가져온 것도 사실이지만, 그 과정에서 보다 자주적인 대외전략, 북한에 대한 구조적 관여(engagement)에 기반한 화해와 통일지향 정책이라는 목적은 정부의 변화와 관계없이 한국 사회의 중요한 외교전략 목표로 자리잡고 있다. 그리고 이러한 변화의 시발점이 1987년의 민주화항쟁이었다고 할 때, 이는 한국사회의 변화뿐 아니라, 한반도 통일, 더 나아가서는 동아시아 냉전구조의 해체를 촉발하는 중요한 동력이었음을 인식해야 할 것이다.

[참고문헌]

김성철, 2000「외교정책의 환경 · 제도 · 효과의 역동성: 북방정책 사례분석」, 『국제정치논총』 40-3.

김수자, 2006「민주화 이후 한국 민족주의 담론의 전개: 6월항쟁－김대중 정권」, 『사회과학 연구』 14집 2호.

돈 오버도퍼(이종길 역), 2002『두개의 한국』, 서울: 길산.

류석렬, 1989「북방외교의 현황과 추진방향」, 『민족공동체와 국가발전』, 서울: 한국정치학회.

박정희, 「서울중 · 고교 교정에서 행한 대통령 선거 연설에서(1963.9.28)」

박정희, 1973년 1월 12일, 연두기자회견.

박현채, 백낙청, 양건, 박형준, 「좌담: 민족통일운동과 민주화운동」, 『창작과비평』 1988년 가을호(통권 61호).

북한 사회과학출판사, 1985『철학사전』, 평양: 사회과학출판사.

이수인, 2008「1980년대 학생운동의 민족주의 담론」, 『기억과 전망』 18호.

임춘건, 2008『북방정책과 한국정치의 결정과정』, 서울: 한국학술정보.

전재성, 2002「노태우 행정부의 북방정책결정요인과 변화과정분석」, 『세계정치』, 24-1.

전재호, 1998「박정희 체제의 민족주의 : 담론의 변화와 그 원인」, 『한국정치학회보』 32집 4호.

5장 국가보안법과 민주주의의 제약

한상희

1. 국가보안법의 본질

국가보안법은 건국 이래 국회 등에서 의결되어 시행되었거나 시행되고 있는 약 11,000개의 법률 중 한국의 현대사에 가장 많은 영향을 미친 법률 중의 대표격을 이룬다. 그것은 해방 이래 대한민국이라는 국가의 형성과정에서 국가체제 그 자체를 결정하여 온 중심적인 법률이자 동시에 국가내적 권력분배의 구조와 양상을 규정한 국가폭력의 수단으로 기능해 왔다. 그것은 48년 체제의 중심에서 "냉전의 국내화 과정"을 수행하면서 "반공체제"를 구성하는데 결정적인 역할을 수행하였다(박찬표, 2010, 36쪽). 그래서 이 법은 헌법을 대신하여 대한민국의 이념적 지향과 그 실천양태를 규정해 왔다(최장집, 2005, 77쪽).

이 법은 처음에는 1948년 여순사건을 계기로 남로당 등의 세력들을 제거하기 위한 목적으로 제정 · 시행되었다가 점차 일본 다이쇼체제의 공고화에 기여하였던 치안유지법과 마찬가지로 반체제인사들을 탄압하고 통제하는 수단으로 자리잡게 되었다.[1] 나아가 5·16쿠데타에 의한 군사정권이 들어선 이후에는 개발독재의 수단으로 재편되면서 자본권력의 수호자로서의 기능 또한 겸비하게 된다. 친일·우파정권을 위한 냉전·반공 이데올로기와 개발독재를 위한 성장 이데올로기를 결합하여 하나의 법형식으로 엮어 놓은 국가보안법은 체제에 걸림돌이 된다는 이유만으로 무더기로 검거투옥시키고 구금하는 악명을 날렸다(박원순, 국가보안법 1, 113쪽). 그뿐 아니라 자유당 말기인 1958년에는 소위 2·4 파동을 거치면서 명실상부한 정권보안법의 성격을 확고히 하였고, 군사정권기에 새로 제정된 반공법과 자리다툼을 하면서 계속하여 정권의 손과 발이 되어 통치권력이 작동하기 위해 필요한 국가폭력을 제공하여 왔다.

실제 국가보안법은 권위주의 정권이 자신의 권력을 폭력으로 전이시킬 수 있는 다양한 법장치들을 제공한다. 권력이 자의적이고 전단적으로 행사될 수 있도록 그 권력의 자유로운 소통경로를 구성하는 다양한 수단들을 마련하고 있는 것이다. 그 대표적인 예가 "반국가단체" → "국가의 존립·안전이나 자유민주적 기본질서를 위태롭게 한다는 정을 알면서" → "찬양·고무·선전·동조"행위 등으로 이어지는 과정에서 나타나는 수많은 단정과 비약과 예단들이다. 그 어떠한 논증도 없이 북한을 반국가단체로 고정시키며, 미필적 고의와 같이 법관의 예단을 피고인의 사고 속에 투입해 넣는 과감성은 물론, 그 개념 하나하나가 도저히 의미

---

1) 실제 관헌국가체제를 이루고 있었던 다이쇼체제의 일본은 '국체를 변혁 또는 부정하는 것을 목적으로 하거나 사유재산을 부인함으로 목적으로 하는 결사' 등을 처벌하기 위하여 1925년 4월 치안유지법을 제정하여 사회주의자들을 탄압하는 수단으로 사용하였으며, 같은 해 5월 '치안유지법을 조선, 대만 및 화태에 시해하는 건'을 제정함으로써 조선에도 그것이 시행되었다(이진우, 132쪽). 국가보안법의 제정과정에 관한 것으로는 신동운(2004) 참조.

를 특정할 수 없어 무엇이 법이며 무엇이 자유인지를 확정해 낼 수 없는 형태로 구성되어 있는 것이 이 국가보안법이다. 그리고 바로 이런 식으로 (헌)법의 일반원칙 및 일반법기술의 틀에 대한 커다란 예외를 구축하고 이를 통하여 "이현령, 비현령"식의 법적용—특히 법포섭에 있어서의 자의성—을 가능하게 만듦으로써 그것은 권력이 무상으로 폭력화할 수 있는 가장 주효한 메커니즘을 형성하고 있다.

물론 이런 반인권적 내지는 반민주적 성격의 위헌적 법률은 우리 사회가 민주화되면서 강력한 폐지론에 부딪히기도 하였다. 하지만, 이 악법의 위력은 개혁의 열풍이 몰아닥치던 참여정부의 위세조차 능가하였다. 오히려 다음과 같은 궤변이 국가보안법의 명줄을 붙잡아 놓는 지경에까지 이르기도 하였다.

> 제7조는 법리적으로도 문제가 제일 많은 조항입니다. 이 조항의 위헌 여부가 헌법재판소에서 처음 다뤄졌을 때 저는 법정에 나가 위헌론을 펼친 적이 있습니다. …… 특히 어떤 부류의 책을 소지했다는 것만으로 곧 범죄가 된다는 규정은 이제 없어져야 합니다.
>
> 그러나 지금 상황에서 제7조를 아주 없애자는 견해에 저는 찬성할 수 없습니다. 이 조항의 존속에서 오는 해악보다 그 폐지로 인한 위험이 더 크다고 보기 때문입니다. 이 조항의 남용 위험성이 여전히 남아있다는 점을 부정하지 않지만 이제 과거처럼 국가보안 아닌 정권보안을 위한 악용은 쉽지 않으리라 봅니다(양건, 2004).

이런 미사여구들이 거짓이었음을 알기 위해서는 오랜 시간이 필요하지 않았다. 2006년 발생한 "일심회"라 명명되었던 "간첩단"사건은 이 법에 "여전히 남아 있"던 남용 위험성이 그대로 현실화된 것이었다. 물론 이 사건에서는 국가보안법 제7조가 아니라, 회합 · 통신조항(제8조)이 적용되었고 "정권보안"의 목적보다는[2] 공안세력에 의한 진보진영의 탄압이라는 성격이 강했다. 하지만 이 사건에서 국가보안법이 적용되는 법리의 구성과정이나 집행의 양상은 여전하였다. 저인망식의 기획수사와 귀걸이·코걸이의 법적용은 예나 그때나 다름없이 국가보안법이 가진 전가의 보도였던 것이다.

이 법의 여전한 위력은 여기에 그치지 않는다. "2003년에는 78명, 2004년에는 38명, 2005년에는 13명으로 줄어들던 국가보안법 관련 구속자 수는 2006년 16명으로 다시 늘어났다. 올해는 상반기에만 10명에 이른다." (뉴스메이커 732호, 2007 07/10)라는 뉴스보도는 물론, 다음의 표에서 보듯 그 이후에도 계속하여 국가보안법 위반의 혐의로 입건된 사람의 수가 늘어나고 있음은 지금 이 시점에도 양건 교수가 위헌이라 외쳤던 바로 그 국가보안법의 존재가 여전한 악몽으로 되살아나고 있음을 알린다. 없앨 수 있었던 순간에 없애지 못하였던 과오가 이제 새로운 악몽이 되어 우리를 억누르고 있는 것이다. 그리고 우리는 또다시 국가보안법의 폐지를 향한 목소리를 돋우어야 하게 되었다.

2. 국가보안법 개정의 역사와 민주화

1) 개정사

> 보십시요. 이 국가보안법, 인민을 속박하는 법안은 우리 자체가 만들어 놨다가 우리가 존경하는 독립운동자를 탄압하고 우리 주위에 있는 사람을 죄

2) 이 수사가 진행되던 도중인 2006년 10월 27일 김승규 전 국정원장이 사임하였는데, 최근 공개된 미국의 외교전문에 따르면 그것은 대통령의 사퇴요구에 의한 것이라고 한다(위키리크스, 2011).

없는 사람을 가두고 잡은 경우에 우리는 장차 무슨 낯으로 인민 앞에 가겠습니까?(신성균 의원, 국회 제105차 회의(1958.11.19)에서의 국가보안법안 폐기 동의안 찬성토론, 국회속기록 제1회 제105호, 10)

국가보안법은 1948년 건국 이후 좌·우익의 충돌 속에서 단정반대운동과 좌익단체의 활동을 탄압하기 위한 임시조치법의 형태로 제정되었다가 "고문을 유혹하고 부추"기는 "잔혹한 형벌법"이 되기도 하면서(박원순, 2006, 336쪽) 오늘날까지 그 명목과 위력을 유지하고 있다. 이 법은 원래 1948년 9월 20일에 김인식 의원 외 33인의 명의로 「내란행위특별조치법」이라는 명칭으로 발의되었다가, 같은 해 10월 19~27일 발생한 여순사건을 전후하여 「국가보안법」으로 개명되었다. 하지만, 그 법안심사과정에서도 수많은 논란을 불러일으켜 법제사법위원회가 법무부장관과 검찰총장등과 협의하여 11월 1일 새로운 법률안을 제출하기도 하고, 이에 대한 김옥주 의원 외 47인의 의원들이 그 법률안의 폐기를 발의하기도 하였다(이 「국가보안법안 폐기에 관한 동의안」은 11월 19일 제105차 본회의[3]에서 부결됨).

그러나, 1948년 12월 1일 법률 제10호로 의결된 국가보안법은 그 출발에서부터 국가의 안보를 위한 법이었다기보다는 정권의 안보 혹은 보다 정확히는 정권의 통치의 편의를 확보하기 위한 수단이었다. 그 법이 시

---

3) 김옥주 의원은 국가보안법안 폐기를 주장하는 토론발언을 통해 "우리는 내란에 관한 범죄 사항에 관한 것을 법률로 얼마든지 탄압할 수 있으며 그네들의 선동이나 모략을 제재할 수 있습니다. …… 방화 살인 파괴자를 우리가 옹호하자는 것이 아니라 이 국가보안법이 아니라도 일반 형법에 대해서 얼마라도 탄압할 수 있으며 제재할 수 있으며 아직까지 이 국가보안법이 없을 적에 우리가 어데까지든지 우리 대한민국 정부를 전복시키고 우리 민국을 없샐려 하는 사람을 용서한 일이 있읍니까? 이 법안이 아니라도 내란에 관한 법안이나 또는 일반 형법으로서 제재할 수 있고 얼마든지 만들 수 있읍니다."라고 하였다(국회속기록 제1회 제105호, 5쪽).

행된 첫해인 1949년에만 해도 총118,621명이 검거투옥되고, 같은 해 가을에는 두 달간 132개 사회단체가 해산되기도 하였다(박원순, 1999, 113쪽). 1958년의 개정법률은 이 점을 가장 잘 보여준다. 1954년 사사오입개헌, 1956년 3대 대통령선거, 1958년 4대 국회의원선거 등의 과정에서 정권의 정당성이 상실되고 국민적 지지가 현저히 약화되자, 이승만 정부는 국가기밀을 경제 · 사회 · 문화적인 것에까지 확대하고(제12조), 인심혹란죄(제17조 제5항) 및 헌법기관에 대한 명예훼손죄를 신설(제22조)하는 한편, 사법경찰관이 작성한 피의자신문조서의 증거능력을 강화하면서(제37조) 구속에 대한 검사의 권한을 강화(제33조, 제35조)하는 등의 조항들을 삽입하였다.

1960년 4 · 19혁명으로 민주당정권이 들어선 이후에도 이 국가보안법의 존재는 제거되지 않았다. 1960년 5월 30일 의결된 국가보안법개정안은 정보수집죄(제12조)나 인심혹란죄(제17조 제5항)와 같은 독소조항 몇 개는 삭제하였지만, 전형적인 독소조항인 반국가단체구성죄, 불법왕래죄 등 대부분은 존치하였을 뿐 아니라 불고지죄(제9조) 등을 신설하는 방식으로 그 존재를 더욱 안정화시켜주는 역할만 수행했을 뿐이었다. 오히려 이 정부에서는 국가보안법의 대체법률로 반공임시특별법안을 작성하는 등 그 규율을 강화하는 작업이 진행되면서 1961년 들어선 군사정권이 보다 합법성의 가면 하에 억압적인 통치를 할 수 있는 토대를 제공하기조차 하였다. 군사정권은 1961년 6월 22일 국가재건최고회의를 통해 반공법을 제정하고 종래 "정부를 참칭하거나 국가를 변란할 목적" 등과 같이 일정한 목적을 전제로 처벌하던 방식을 그 목적이 없이도 처벌하는 보다 간편한 방식의 규정을 통해 그 폭력성을 강화하였다. 이어 1980년 12월 31일 제14차 국가보위입법회의 본회의에서 전문개정된 국가보안법 제6차 개정법률은 '반공법과 국가보안법은 그 성격이 유사하고 중복된 조문이 많으므로 반공법을 폐지하여 이를 국가보안법에 통합함으로써 국가의 안전보장을 침해하는 범죄의 처벌 · 예방에 일원화를 기하려는 것'이라는 명분하에 반공법의 규정을 그대로 국가보안법에 흡수함으로써 박정희 군사정권의 전례를 그대로 승계하였을 뿐 아니라, 형량이나 처벌을 강화하였다.

이런 와중에 등장한 87년 체제는 국가보안법에 대한 가장 심각하고도 의미 있는 개정논의를 제기하였다.[4] 민주화가 진행되면서 정권유지법 내지는 치안유지법으로서의 국가보안법은 노동자들이나 학생, 종교인, 문화인 등을 중심으로 제기되는 거센 폐지론에 부딪혀야 했던 것이다. 1989년 제147회 국회에 「민주발전을 위한 법률개폐특별위원회」(위원장: 오유방)가 설치되고 이 위원회를 중심으로 같은 해 12월 '국가보안법의 개폐에 관한 공청회'가 진행되었다. 이 공청회는 국가보안법의 법적 타당성의 문제와 국가안보를 이유로 한 그 존치필요성을 중심으로 진행되었다. 전자의 논의는 국가보안법이 인권을 침해하는가, 죄형법정주의에는 합치되는가, 혹은 그의 제 · 개정을 위한 입법과정이 절차적 정당성을 가졌는지, 그리고 그것이 자의적으로 집행되어 오남용될 수 있는 여지를 법률내재적인 요소로 가지고 있는지의 여부에 초점이 맞추어졌다. 후자에 관하여는 국가의 안전보장 또는 민주적 기본질서를 수호할 필요

---

4) 국가보안법의 폐지문제가 처음 제기된 것은 1953년 7월이었다. 국회법사위는 새로운 형법안을 마련하면서 국가보안법의 규정들을 대부분 내란선동 · 선전죄, 각종 외환죄의 선동 · 선전죄, 폭발물사용선동죄 등의 형법규정으로 흡수하고 국가보안법은 폐지하는 안을 마련하여 본회의에 상정하였다. 하지만, 이런 시도는 본회의에서 두 차에 걸친 표결에도 불구하고 의결정족수를 확보하지 못하여 폐기되었다(신동운, 2004, 26쪽 참조).

와 통일에의 장애요인인지의 여부, 남북관계 변화에 따른 개정 혹은 폐지의 필요성 그리고 형법과의 중복여부 등이 문제로 제기되었다.[5)]

하지만, 이러한 논쟁의 틀을 일거에 규정해 버린 것이 국가보안법에 대한 헌법재판소의 한정합헌결정이었다. 헌법재판소는 다수의견을 통하여 현재의 국가정세가"남북간에 일찍이 전쟁이 있었고 아직도 휴전상태에서 남북이 막강한 군사력으로 대치하며 긴장상태가 계속되고 있는 마당"에 처해 있는 만큼 "완전폐기 함에서 오는 국가적 불이익이 폐기함으로써 오는 이익보다는 이익형량상 더 클 것"이라고 하면서 헌법은 "침략행위나 민주체제전복을 부추기는 내용의 언동까지도 표현의 자유라는 이름으로 보호"하는 것은 아니라고 하였다. 나아가 "평화시대를 기조로 한 형법상의 내란죄나 외환죄는 고전적이어서 오늘날 우리가 처한 국가의 자기안전 · 방어에는 다소 미흡"하기 때문에 국가보안법의 존재는 부정할 수 없다고 보았다.

> 제7조 제5항도 제1항의 경우와 마찬가지로 국가보안법의 입법목적 등에 맞추어 그 소정행위에 의하여 국가의 존립 · 안전이나 자유민주적 기본질서에 실질적 해악을 줄 명백한 위험성이 있는 경우에 적용되는 것으로 해석할 것이다. 이와 같이 해석되는 이상, 제7조 제5항 역시 전면위헌이라고 할 수 없다. 여기에서 국가의 존립안전이나 자유민주적 기본질서에 실질적 해악을 줄 명백한 위험성이 있는 경우란 특단의 사정이 없는 한 그 표현물의 내용이 그와 같은 경우일 때라고 볼 것이고 국가의 존립 · 안전이나 자유민주적 기본질서에 실질적 해악이 될 정도가 못되거나 해악이 되는지 여부가 불분명한 경우에는 배제된다고 할 것이다(헌재 1990. 4. 2. 선고 89헌가113).[6)]

---

5) 이에 대하여 당시 민주정의당은 목적조항등을 삽입하는 정도의 소폭개정안을 제시하였다. 반면 야당인 평화민주당은 민주적 기본질서수호법으로 대체하는 안을 제시하였고, 통일민주당은 '폐지 후 형법보완안', 신민주공화당은 존치안을 각각 개진하였다(심희기 · 이석수, 2004, 35쪽 참조). 사실, 최근 국가보안법의 개폐논의를 둘러싼 논점들은 이 때 거의 제기되었다고 해도 과언은 아니다.

국가보안법의 실체적 타당성과 정치적 존치필요성을 인정하면서 오로지 형식법논리인 "법문의 다의성과 그 적용범위의 광범성"만을 근거로 한정합헌결정에 이른 것이다. 실제 이러한 헌법재판소의 결정은 그동안 초법적으로만 존재하고 있었던 국가보안법을 헌법안으로 수용했다는 의미를 가진다. 국가보안법의 반국가단체라는 개념과 헌법상의 자유민주적 기본질서를 서로 연결시킴으로써 1948년 임시조치법으로 출발한 국가보안법의 법리적 취약성을 무리한 헌법해석으로 보충한 것이다(국순옥, 1994).

이에 여당이었던 민자당은 헌법재판소의 결정취지를 반영한 국가보안법의 개정안을 1991년 5월 7일에 제출하고 대체입법의 수준에서 대응하는데 그쳤던 야당(평민당)의 반대를 무릅쓰고, 1991년 5월 31일에 국가보안법의 일곱 번째로 개정법률안을 통과시켰다. 그리고 이 국가보안법은 헌법재판소가 "국가의 존립안전이나 자유민주적 기본질서에 **실질적 해악을 줄 명백한 위험성**이 있는 경우"에만 처벌하는 한 합헌이라고 한 결정의 취지에도 불구하고 "국가의 존립 · 안전이나 자유민주적 기본질서를 **위태롭게 한다는 정**을 알면서"라고 하는 미필적 고의에 중점을 두는 규정을 삽입하는 데 그쳤다(강조는 인용자).

세 번째의 개폐논의는 언론관계법, 사립학교법, 과거사기본법제정 등과 함께 "4대 개혁과제"의 하나로 국가보안법의 폐지를 내세운 참여정부의 출범 직후 시작되었다. 2004년 4월에 실시된 총선에서 여당인 열린우리당이 다수의석을 차지하게 되자 대표적 악법으로 지칭되던 국가보안

6) 국순옥 교수는 이 헌법재판소의 결정에 대하여 기존에 헌법적 정당성을 갖지 못하고 초헌법적으로 남용되던 국가보안법에 "헌법 내재적 지배 이데올로기"인 자유민주적 기본질서를 삽입함으로써 그 헌법적 근거를 마련하였다고 비판한다.

법의 폐지요구가 드높아가고 있었던 상황에서 2004년 8월 24일 국가인권위원회가 국가보안법 폐지권고[7]를 내어 놓자 그 존폐의 논쟁은 본격화되었다. 여기에 2004년 9월 5일 노무현 대통령까지 국가보안법의 폐지의견을 내어놓자 그 논의는 정국을 지배하였고 다양한 정파와 단체들에서 나름의 개폐안들을 내놓았다.[8] 대체로 여당인 열린우리당은 국가보안법을 폐지하고 형법에 내란목적단체조직죄와 내란목적의 선전·선도죄를 신설하는 한편 간첩죄규정을 강화하는 방향으로 형법을 개정하는 안을 내놓았다.[9] 반면, 민주노동당은 완전폐지안을, 새천년민주당은 폐지 후 대체입법안을 제시하였고 한나라당은 국가보안법의 소폭개정안을 내놓았다. 그리고 이 과정에서 약 300개에 달하는 진보직 시민단체들도 과거의 「국가보안법폐지국민연대」를 재가동시키면서 대중활동을 전개하며 국회 앞에서 천막단식농성을 벌이기도 하였다. 하지만, 이런 노력은 폐지운동의 중심으로 활동할 것이라 기대되었던 열린우리당의 전술적 허약성으로 인해 국회에서 제대로 토의되지도 못한 채 한나라당의 거센 반대에 부딪혀 그대로 방기되고 말았다.[10]

실제 이 세 번째의 폐지운동은 1989년부터의 개폐논의과정에서 나왔

---

7) 국가인권위원회 http://www.humanrights.go.kr 참조. 이 논의의 와중에도 헌법재판소(헌재 2004. 8. 26. 선고 2003헌바85, 102 결정)와 대법원(대판 2004.8.30. 2004도3212)은 국가보안법의 법률적 타당성을 유지시켜 왔다.

8) 이 중 가장 특기할 만한 것은 한국형사법학회, 한국형사정책학회 및 한국비교형사법학회가 연합하여 2004.9.20. 「국가보안법에 대한 전국 형사법 전공교수의 입장」이란 성명서를 발표하여 국가보안법의 폐지를 요구한 일이다. 이들은 국가안보는 형법의 규율에 일임하여야 하며, 당시의 국가보안법 규정으로 형법으로 대체가능하고, 국제인권규약에도 위반된다는 점을 지적하였다(한국형사법학회, 2004, 413~414쪽).

9) 이런 열린우리당의 태도는 여전히 국가안보를 우선하는 타협적 사고에 바탕을 두었다는 점에서 향후 미온적이라 할 원내대책을 도출하게 만든다. 국가보안법이 내세우는 반공이데올로기를 완전히 털어버리지 못하고 있는 것이다.

10) 이 과정에 대하여는 김상겸(2004), 이호영(2005), 이원표(2005) 등 참조.

던 논점들이 계속 반복되었다.[11] 다만 이 시기의 논쟁을 특징지우는 한 가지는 공안기관의 존재와 그것이 국가보안법의 유지 및 오남용에 어떤 작용을 하는가에 대한 분석과 비판이 거세게 나왔다는 점이다.[12] 특히 1988년 경찰대학의조직과학사운영규칙(대통령령 제12539호)으로 설치되어 당시까지 모든 문건에 대한 사상감정을 실시하면서 국가보안법 제7조의 오남용을 선도해 왔던 공안문제연구소의 경우에는 신랄한 비판이 집중되면서 2005년 7월 그것이 치안정책연구소로 통폐합되기에 이르렀다.

2) 국가보안법의 성격과 폐해

국가보안법은 외관상으로는 식민과 냉전의 산물인 것처럼 보이나, 실질적으로 국가권력을 장악한 정치세력이 다른 정치분파들을 억압하고 통제하는 수단이었다. 특히 그것은 권위주의 정권 혹은 그 전통을 이어받은 정권들이 이념을 빌미로 국가의 형사사법권을 이용하여 국민들을 훈육하고 규율하는 수단으로 변형되었다. 이데올로기의 수준에서 정권에 대한 반대세력을 처단하는 수단이었을 뿐 아니라, 통치권력이 국민의 내면에 자리잡고 스스로 자신이 행동과 사고를 제어하는 것을 하나의 일상으로 만들어버리는 일종의 폭력적 세뇌수단으로 이용되기도 하였다. '안보=질서=무저항 혹은 무조건적 복종'이라는 사고구조를 형성시키면서 국민들로부터 시민권을 박탈해 버리는 강권력의 틀로 작용해 온 것이다.

---

11) 이에 대한 간략한 정리와 치열한 반론은 민변·민주법연(2004) 참조.

12) 이호영(2005), 한상희(2004), 박성희(2004) 등 참조.

제1심 형사공판사건의 추이(국가보안법 · 반공법)

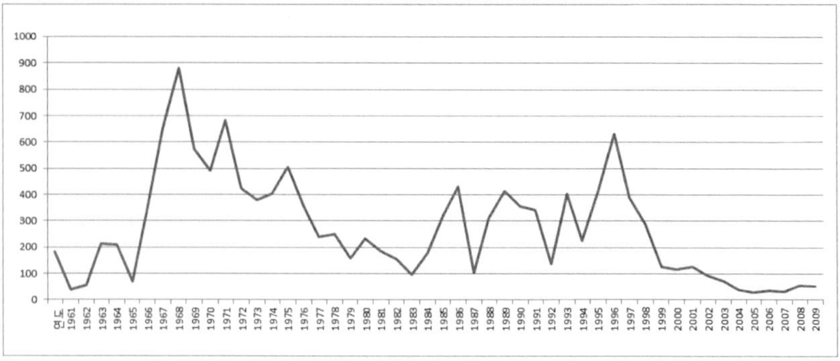

출처: 법원행정처, 『법원통계연보』, 1970; 법원행정처, 『사법연감』.

1960년 이래 국가보안법(또는 반공법)에 저촉되었다는 이유로 제1심 형사공판사건에 회부된 사건수를 정리한 〈표〉는 이 점을 잘 보여준다. 이에 의하면 공판사건의 추이는 1968년 3선개헌파동과 1970년대 초 유신헌법 시기, 그리고 1986년을 즈음한 호헌파동기, 1997년의 정권이양기 등 국내의 중요한 정치적 변화와 그대로 맞물려 가면서 등락을 거듭한다. 정권이 자신의 권력을 공고히 할 필요가 있을 때, 국가보안법은 그를 위한 전술적 도구로 활용되고 있는 것이다.

한 연구(정호기, 2007, 275쪽 이하)에 의하면, 박정희 시대의 공안사건들은 대부분 중앙정보부를 통해 "'간첩(단)'혹은 이와 유사한 목적을 이루기 위해 활동한 단체"로 언론과 방송에 발표되어 그 순간 "최고의 충격과 파장의 효과를 발휘하였다."하지만 이런 사건들 에 대해 공소제기를 받은 법원이 형법 제98조 제1항의 간첩죄를 적용한 사건은 한 건도 없었다고 한다. 인민혁명당사건(1964)이나 동백림사건(1967), 인혁당재건위사건(1974), 남민전준비위사건(1979) 등 주요한 공안사건에서 공안기관들은 "북괴 대남 적화공작단" "남로당 이래 최대의 국가변란 지하조직 간첩단" 등의 명칭으로 이를 공표하였으나 실제 법원의 판결은 간첩죄와는 전혀 무관한 판단으로 일관하였다. 한 마디로 그것은 국가의 존립안전이나 자유민주적 기본질서에 실질적 해악을 줄 명백한 위험성이 있는 경우"과는 관계없는 행위였던 것이다. 오히려 그것은 피의사실의 대대적 공표를 통하여 국민들을 순치하며 그들의 민주적 · 이성적 판단의 능력을 박탈함으로써 권위주의적 통치를 더욱 공고히 하고자 하는 전술적 폭력에 불과하였던 것이다.

우리 정치체제가 1987년 이래 민주화의 길을 가면서도 국가보안법의 역할이 소멸되지 아니하는 것은 그것이 가진 이런 성격에 기인한다. 국가보안법은 국가의 안보나 정권의 안보 혹은 권력의 효과성이라는 표피적인 명분과는 달리, 보혁의 대립구도에 입각한 정치적 선전의 소도구로서 이용되고 있을 따름이다.[13]

> [박정희, 전두환 대통령은] 독재정권에 대한 반대세력, 즉 민주 · 진보 인사들에 대한 탄압과 정권유지를 위해 국가보안법 조항을 늘리고 처벌규정을 강화했다. 이들 독재정권은 국가보안법을 앞세워 자신들에 대해 비판적이고 도전적인 모든 표현과 행동을 '국가의 안전'을 위협하는 것으로 매도했다. 민주화운동세력에게 '국가보안법 위반자는 곧 빨갱이'라는 명에를 씌우는 일도 서슴지 않았다(민변 · 민주법연, 2004, 49쪽).

---

13) 물론 이는 공안당국이라 불리는 일부 국가기관의 존립을 뒷받침하는 빌미로도 이용된다. 예컨대, 2006년 9월 현재 보안수사대는 전국적으로 35개에 이르고, 2,232명의 수사인력이 배치되어 있고, 1년 예산집행액(인건비 제외)은 277억 원(2005년)이었다(박래군, 2007). 또한 경찰청 산하의 공안문제연구소나 대검찰성 산하의 민주이념연구소와 같은 조직은 사상"검증"의 업무만을 전담하는 국가기구로 존재하였다(한상희, 2004). 정치권력의 입장에서는 반대파를 순치하고 국민의 여론을 자신의 쪽으로 끌어들이는 레드 콤플렉스의 도구로서, 그리고 공안기관의 경우에는 그 직업적 토대로서 각각 국가보안법을 전용하며, 이 점에서 이 양자는 국가보안법을 매개로 한 공생관계에 들어가 있다.

과거에는 독재정권의 권력수단으로 활용되었던 색깔론이 보혁의 대립을 처리하는 수단으로 전용되었다가 오늘날에 와서는 보수정당이나 보수세력이 자신들에 반대하는 정파나 시민사회를 공격하기 위한 수단으로 활용되고 있는 것이다. 토론과 논증, 설득과 타협의 정치과정이 매도와 낙인, 억압과 배척의 폭력과정으로 전이되는 경로를 그대로 제시하고 있는 셈이다.

소위 "민주화시대"의 국가보안법은 여기서 그 대내적 존재의의를 가진다. 아직도 청산되지 못한 과거사의 잔재들－공안기구[14]의 생존수단이 되어 있으면서 동시에 아직도 청산되지 못한 권위적 정치배들의 연명을 위한 수단이 되어 있다. 이성택(2006, 158쪽)의 지적처럼 "국가보안법의 대표적인 이데올로기 효과는 공산주의 및 유사 행위 혹은 사상적 지향성에 대한 맹목적 적대화, 즉 '반공 이데올로기(반공주의)'이다." 그리고 이 이데올로기는 헌법상의 "자유민주적 기본질서"라는 헌법내재적 지배이데올로기와 결합함으로써 그 헌법적 정당성이라는 치장을 확보하였다.

그리고 이 점에서 민주화 이후의 국가보안법이 가지는 의미는 권위주의 체제에서의 국가보안법과는 다른 모습을 띤다. 그것은 반공을 내세우던 48년 체제의 오랜 역사와 함께 "빨갱이" 혹은 "레드 콤플렉스"의 담론들을 헌법재판의 과정을 통해 헌법적 제도로 정착시키고 이로부터 또 다른 담론들을 양산해 내는 구조를 가진다. 오늘날 "종북좌파"라는 담론

---

14) 이는 "정작 단죄되어야 할 대상은 진작 폐지되었어야 할 국가보안법을 계속해서 공안의 최전선으로 내몰아왔고 또다시 낡은 법을 앞세우고 있는 국가보안법의 배후조종세력"(오동석, 2008, 10~15쪽)을 의미한다. 오동석은 '오로지 체제유지에만 혈안이 되어 민주주의와 인권은 안중에도 없는' 국가정보원, 국군기무사령부, 경찰, 검찰, 법원, 헌법재판소, 국회 등이 바로 그 폐지대상이라고 주장한다.

이 그러하듯 그것은 국가강권력이 작용하는 영역이나 법제도의 영역 이외의 영역에서 새로운 파생담론들을 생산해 내며 그 영역 내에서의 내부정치를 색깔론으로 규정하는 기능을 수행한다(이성택, 180쪽). 교육이나 언론, 정당, 시민단체 등 사회 각 영역에서 보수와 진보의 두 집단을 구별해 내고 보수집단이 진보집단의 무가치성을 규정하는 방식으로 이 국가보안법의 담론이 활용되고 있는 것이다. 요컨대, 과거 공안기관과 법원으로 제도화되어 있던 국가보안법은 민주화 이후의 시대에 들어서면서 정치와 시민사회영역 모두에 침윤하여 "사상적 지향성에 대한 맹목적 적대화"의 담론으로 고착되고 있는 것이다.

이런 현상은 두말할 것도 없이 그동안의 민주화의 성과를 잠식한다. 민주화의 과정에서 어렵사리 구축되어 왔던 인권보장의 체계, 민중적 삶을 향한 열정들, 평등과 삶의 질을 향한 열망들이 정치적 논쟁과 투쟁의 장으로 투입되는 과정에서 국가보안법은 그것을 차단하는 수구집단의 전략기제로 활용될 여지를 충분히 담고 있는 것이다.[15]

국가보안법의 반인권적 성격은 이런 성격으로부터 직접 도출된다. 인간의 내면에서 구성되는 사상이나 이념을 규율대상으로 하는 만큼 그것을 피의자신문조서의 형태로 표출해 내기 위해서는 다양한 불법적·탈법적 수사기법을 불가피하게 만든다. 자백을 이끌어내기 위한 집단구

---

15) 이 점에서 김대중, 노무현 정부의 경우 그 자유주의적 성격에도 불구하고 국가보안법을 철폐하지 못하고 오히려 적지 않은 국가보안법사건을 생산해 내는 "신자유주의 정책에 의한 (신자유주의적) 경찰국가적 억압성"(손호철, 2010, 23쪽)이 설명될 수 있다. 민주정부하에서 국가보안법이 정권유지법으로서의 성격을 털어버릴 수 있다고 하더라도 사회 각 부분에 편재하고 있는 보수/진보의 정치적 대립관계들을 규율하는 전술적 도구로서 국가보안법 담론은 여전히 타당하며 그 담론이 현상으로 표출하는 것이 국가보안법과 같은 "신자유주의 정책에 의한 (신자유주의적) 경찰국가적 억압성"인 것이다.

타, 물고문, 전기고문 등의 반인권적 수사는 물론이고, 애매모호한 법규정을 수사기관과 법원이 자의적으로 해석하면서 인신을 구금하고 권리를 박탈하는 경우도 비일비재하다. 아울러 학문의 자유나 표현의 자유, 양심의 자유 등과 같이 최우선적 인권들(preferred rights)에 대한 침해도 손쉽게 이루어진다(민변 · 민주법연, 50쪽; 한용진, 2007; 김귀옥, 2000; 국가보안법폐지국민연대, 2008 등 참조).

최근에 와서는 고문과 같은 적나라한 폭력의 행사가 여의치 않게 되자 그것을 대신하기 위한 포괄적이고도 집중적 · 지속적인 감시활동이 이루어진다. 한 조사(국가보안법폐지국민연대, 2010)에 의하면 2010년 상반기에 이루어진 통신제한조치허가서 발부현황을 보면 총 60건 중 83%에 해당하는 것이 국가보안법 위반 혐의에 기한 것이다. 이런 통계는 2005년 28%에서 시작하여 2006년(52%), 2007년(62%), 2008년(77%), 2009년(85%) 등으로 날이 갈수록 점점 증가하고 있으며, 이런 점을 감안한다면 통신비밀보호법상의 감청제도, 즉 통신제한조치허가제도의 존재이유는 거의 국가보안법이라고 하여도 과언이 아님을 알 수 있다. 하지만, 그보다 더 중요한 것은 전술한 바와 같이 "빨갱이" 혹은 "레드 콤플렉스"라는 국가보안법 담론이 이런 일상적인 감청제도와 결합하면서 모든 국민에 대해 판 옵티콘을 구축하고 그들의 일상과 사고를 통제하는 장치를 구축하고 있다는 점이다. 국민들이 일상적으로 행하는 의사소통의 과정 깊숙이 공안기관의 전방위적 감시가 침투해 있다는 사실은 그들의 생활 모두가 일정한 사상적 통제 속에 정서되고 있음을 의미하기 때문이다.

그러나 국가보안법의 문제는 이런 대내적 수준에 멈추지 않는다. 오히려 그것은 한반도의 평화의 군축의 노력에 대한 폭력적 억압수단을 제공하는 한편, 평화체제의 구축을 완고히 방해하는 가장 두드러진 법적 장치가 되고 있다는 점에서 보다 근원적인 위험을 야기한다. 대체로 한반도의 평화체제를 가장 협의로 이해하여 “현 정전 상태가 전쟁 종료의 상태로 전환되고, 남북관계 및 국제관계에서 이것이 정치적으로 확인되고 군사적으로 보장되는 상태이며, 남북간 군사적 충돌의 가능성이 현저히 낮아진 상태”(박건영, 2006, 202쪽)로 정의한다 할 때, 이 국가보안법은 되레 현재의 정전상태를 지속하고 이를 빌미로 스스로의 존재근거를 자기복제하고 있는 것이다. 즉, 그것은 한국전쟁의 연장선상에서 현재의 남북상황을 여전한 정전상태로 고착시킴을 조건으로 해서 존재할 수 있는 기생적 법률인 것이다.

국가보안법의 가장 핵심적 키워드를 이루고 있는 반국가단체의 개념은 이를 정확하게 복사한다. 법문이야 정부“참칭”, 국가“변란” 등과 같은 언어를 사용하고 있지만 이의 가장 명확한 해석은 “반국가단체=북한”이라는 무조건적 항등식이 되어 있다. 실제, 1972년 7월 4일에 소위 7 · 4남북공동성명이 나온 이래 1991년 남한과 북한은 동시에 유엔에 가입하였다. 유엔헌장 제4조에 따라 북한은 국제법상의 주권국가로서 유엔헌장의 의무를 수락하는 한편 그 의무를 이행할 능력과 의사가 있는 평화애호국(peace-loving state)으로서의 지위를 확보한 것이다. 그리고 북한의 이런 법적 지위변화는 국제법적으로 대한민국과 대등한 국가(혹은 그에 준하는 통치단위)가 된 셈이다. 뿐만 아니라 남북한 상호간에는 남북합의서 혹은 공동선언, 공동보도문 등의 형태로 상호 대화와 협력의 관계에서 이루어진 합의문만 해도 1991년 12월 12일의 「남북화해와 불가침 및 교류협력에 관한 합의서」에서부터 2007년 8월 5일에 발표된 「노무현 대통령의 평양방문에 관한 남북합의서」에 이르기까지 총 146개에 이르며 2007년 한 해에만도 20개의 합의문 등이 발표되었다.

남북간 인적 왕래도 2006년 10만 명을 넘어선 이래 2010년 말까지 약 70만 명에 이른다. 또 남북간 교역만 보아도 같은 기간 동안 32만여 건, 85억 6천만 불에 달한다(통일부 홈페이지 기준). 뿐만 아니라 지난 2005년 9월 19일, 북한의 핵문제를 다루기 위해 소집된 6자회담의 당사국들은 "동북아시아의 항구적적인 평화와 안정을 위해 공동 노력할 것을 공약하면서 직접 관련 당사국들은 적절한 별도 포럼에서 한반도의 영구적 평화체제에 관한 협상을 가질 것"에 합의하기도 하였고 이는 다시 2 · 13 합의에서 재확인되기도 하였다.

이러한 상황에서 국가보안법은 약 60년 전의 개념을 그대로 반복하면서 북한=반국가단체라는 등식을 내세우며 북한을 적대적 관계 속에서 규정하고자 한다. 통상 평화체제의 구축은 선후의 차이는 있을지나 '정치적 신뢰구축 → 군사적 신뢰구축 → 군축 → 평화협정'의 수순을 밟게 된다고 한다면, 국가보안법은 북한을 절대악 혹은 불가양립의 적으로 규정함으로써 그 평화체제의 구축에 있어 가장 선결적인 요건인 신뢰의 형성 자체를 가로막는 장애가 되어 있는 것이다.

이하에서는 절을 바꾸어 이러한 법개념조작을 가능케 하는 두 가지의 중심규정—반국가단체 · 이적단체 및 찬양고무죄—를 중심으로 그 위헌성을 분석 · 평가해 보고자 한다.[16]

---

16) 이하의 서술은 한상희(2007)를 바탕으로 한 것임.

3. 국가보안법의 포괄성과 '반국가단체' 규정의 문제

1) 문제의 제기

국가보안법이 이상과 같은 폐해를 양산하고 있는 가장 큰 원인은 그것이 심정형법(心情刑法)에 상당하리만큼 포괄적인 규율을 행하고 있다는 점이다. 즉, 국가보안법은 구조적으로는 "반국가단체"라는 개념을 앞세우면서 이를 북한이라고 단정하고 이와 연관될 수 있는 모든 행위와 의사, 인식까지도 처벌하는 구조를 가지고 있다. 또한 형식적으로는 추상적이고 모호한 개념들로써 법조문을 구성함으로써 불명확성을 빌미로 한 공안기관의 자의적인 적용 내지는 법의 오남용을 초래할 위험을 확대하고 있다. '불온한 사상' 혹은 '위험할 수도 있는 행동'만으로도 처벌이 가능한 형태로 구성되어 있는 것이다(김승교, 2004). 그것은 법규정이 구체적이고 명확하여 특정한 행위를 규제하는 방식으로 되어 있는 것이 아니라, 「북한=반국가단체」라는 법외적 규정을 기초로 이런저런 담론들만 중층적으로 누적시키는 방식을 취하고 있다.

그래서 국가보안법은 수사와 입증, 나아가 처벌을 지나치게 용이하게 만들고 있음을 넘어 법집행자가 처벌의 타깃을 정하기만 하면 얼마든지 위법의 올가미에 얽어 넣을 수 있는 구조로 구성되어 있다. 대체로 국가보안법에서 처벌의 대상이 되는 행위는 다음과 같다.

① 반국가단체구성, 가입 등(제3조)

② 목적수행(제4조)

③ 선전 · 선동, 유언비어(제4조)

④ 지원, 금품수수(제5조)

⑤ 잠입 · 탈출(제6조)

⑥ 이적 · 고무 · 찬양(제7조)

⑦ 회합 · 통신(제8조)

⑧ 편의제공(제9조)

문제는 이들 행위가 ①과 ②를 제외하고는 일상적인 생활행위와 다름이 없다는 점이다. 즉, ③, ⑥, ⑦은 표현의 자유, 친교의 자유, 통신의 자유에 해당하는 생활행위이며, 나머지는 거주이전의 자유, 일반적 행동의 자유 등에 해당하는 생활행위이다. 하지만 국가보안법은 이렇게 누구나 일상적으로 살아가는 과정에서 얼마든지 할 수 있는 행위들을 범죄의 외부적 징표로 구성하고 있다. 그리고 반국가성 내지는 이적성의 판단 기준을 "국가의 존립 · 안전이나 자유민주적 기본질서를 위태롭게 한다는 정을 알면서"라고 하는 미필적 인식의 수준으로 정한다. 한마디로 일상생활과정에서 흔히 일어나는 행위에 통상적인 사고능력을 갖춘 사람이라면 얼마든지 연역 혹은 유추해 낼 수 있는 인식을 결합하는 구조로 법조문을 구성하고 있는 것이다. 그러다 보니 다른 사람과 다름없이 혹은 일상생활과정 속에서 어떠한 행위를 하였는데, 나중에 알고 보니 그것이 국가보안법의 위반행위로 '걸려 들어가게 되는' 기막힌 경우가 발생하게 된다.

국가보안법이 심정형법을 구성하여 위헌이라는 주장은 여기서 타당하다. 어떠한 행위건 그 행위 자체를 독립적으로 평가하는 것이 아니라 그 행위에 대한 평가는 제쳐두고 그 행위가 이루어지게 되는 내면적 요소를 중심으로 판단하면서 범죄로서 처벌하고자 하는 것이다. 한마디로, 국가보안법은 객관적 구성요건보다도 주관적 구성요건에 의하여 범죄의 성립이 좌우되며, 객관적으로 드러나는 행위가 아니라 그 행위에 대하여 공안기관이 추단하는 내심의 의사가 처벌기준이 되고 있는 것이다.

국가보안법이 엄청난 폭력의 위력을 가지게 되는 것은 이 지점에서이다. 실제 국가보안법은 재판이 있기도 전에 "빨갱이"라는 낙인을 찍고, 검사의 청구만으로 영장이 발부되고 그에 의해 인신이 구속되고 이 구속의 과정에서 무수한 강제수사, 반인권적 수사가 이루어짐으로써 처단의 의식이 이루어지며 법원의 판결이란 이 처단을 정당화하는 수준에서 머무는 현실에서부터 국가보안법의 강권력이 구성되는 것이다.

2) 국가보안법의 헌법상의 근거: 반국가단체의 개념

국가보안법이 가지는 또 다른 문제점은 「북한=반국가단체」라는 도식에 기반하여 법규율을 행한다는 것이다. 국가보안법은 "반국가단체"를 "정부를 참칭하거나 국가를 변란할 것을 목적으로 하는 국내외의 결사 또는 집단으로서 지휘통솔체제를 갖춘 단체"로 규정하면서(제2조) 이를 중심으로 형법상의 내란죄 등에 대한 특례조항을 열거하고 있다. 현재 판례는 북한정권의 존재 그 자체가 이 "반국가단체"에 해당한다고 판단하고 있음은 심각한 헌법문제를 야기한다. 즉, 법의 기본적 규율방식은 행위규율이 되어야 하며 따라서 이 "반국가단체"의 해석 그 조직(혹은 그 구성원)의 성격, 목적, 활동 등의 여하에 따라 그때그때 결정되어야 하는 것임에도 불구하고 판례는 획일적으로 북한정권의 존재라고 하는 일정한 상태 그 자체를 중심으로 판단하고 있음으로써 이 법의 일반원칙으로부터 벗어나고 경우에 따라서는 처분적 법률과 마찬가지의 헌법문제가 야기될 수 있는 것이다.[17)]

실제 이 규정은 헌법상의 영토조항(제3조)에 관한 해석을 기반으로 한다. 북한지역을 대한민국의 영토에 편입시키면서 북한정부는 대한민국의 헌법과 주권을 부정하는 불법단체로 규정할 경우 의당히 북한의 반국가성은 타당한 것이 된다. 반면 영토조항보다는 평화통일조항(제4조)을 중심으로 북한을 대화와 협력의 동반자로 규정할 경우에는 「북한=반국가단체」라는 판단은 별도의 증명이 필요한 사항이 된다. 그리고 그에 따라 각각 국가보안법의 헌법상의 근거 또한 달라진다. 즉, 전자에 의하면 국가보안법의 헌법상의 근거는 영토조항이 되며, 북한의 일정한 행위에 대한 평가 없이 북한의 존재만으로 대한민국의 주권이 침해되어 있는 만큼, 별도의 입법구체화작업이나 구성요건의 적시가 없어도 국가보안법은 나름의 타당성을 획득할 수 있게 된다. 하지만 후자의 견해에 의하면 국가보안법은 국민의 기본권제한에 관한 일반규정인 헌법 제37조 제2항에 기하여야 하는 것이며, 따라서 제37조 제2항에서 말하는 명확성·구체성의 원칙, 과잉금지의 원칙 등 다양한 입법적 한계의 적용을 받아야 하는 것이 된다.

그동안 우리 법원(대법원과 헌법재판소)이나 법학계는 전자의 견해에 기하여 국가보안법을 해석해 왔다. 하지만, 이런 판례 및 다수설의 입장은 7·4남북공동성명 이래 계속되어 온 남북관계의 변화양상은 물론, 현재 시행되고 있는 남북교류협력법의 헌법적 근거에 대한 설명을 제대로 하지 못한다는 점에서 문제를 가진다. 실제 헌법재판소는 남북교류협력법은 "기본적으로 북한을 평화적 통일을 위한 대화와 협력의 동반자로 인정하면서 남북대결을 지양하고, 자유왕래를 위한 문호개방의 단계

17) 그래서 국가보안법 존폐론이 대립하고 있는 한, "국가보안법에 제3조 반국가단체 규정을 유지하여 북한을 여전히 반국가단체로 규정하는 한, 그 어떤 조문의 개정도 사실상 무의미하다"(민변·민주법연, 69쪽)라는 판단은 유효할 수 있다.

로 나아가기 위하여 종전에 원칙적으로 금지되었던 대북한 접촉을 허용하며, 이를 법률적으로 지원하기 위하여 제정"된 것으로 보면서 그 입법목적은 평화적 통일을 지향하는 헌법의 제반규정에 부합한다고 선언하고 있다(2000.7.20 89헌바63). 하지만, 영토조항 우선적 사고에 의하면 북한의 존재 그 자체가 대한민국의 주권을 부인하고 적화통일론 등 자유민주적 기본질서를 폐제하고자 하는 "반국가단체"이며 따라서 이들과 교류협력하는 행위 자체가 그를 원조하는 행위로서의 의미를 가질 수 있다는 점을 감안한다면 양자의 관계에 대한 또 다른 설명이 필요하게 된다.

이에 대하여 헌법재판소는 "현 단계에 있어서의 북한은 조국의 평화적 통일을 위한 대화와 협력의 동반자임과 동시에 대남적화노선을 고수하면서 우리 자유민주주의체제의 전복을 획책하고 있는 반국가단체라는 성격도 함께 갖고 있음이 엄연한 현실"(헌법재판소 1997.1.16 92헌바6 등(병합))이라고 하면서 북한 정권의 소위 이중적 성격론을 제시하고 있다. 이렇게 본다면, 헌법재판소의 입장은 북한을 사실상의 지역정부로 인정하면서 그럼에도 불구하고 우리 헌법의 해석상 대한민국 주권의 현실적 실현을 가로막는 존재로서 파악하는 양조항등가설의 입장에 서 있다 할 것이다. 그러나 이 경우에도 문제는 의연히 남아 있다. 즉, 대화와 협력의 동반자로서의 북한의 성격과 반국가단체로서의 북한의 성격을 구분하는 그 어떠한 징표나 표시도 헌법 및 국가보안법에 적시되어 있지 않은 것이다. 예컨대, 철저한 계획·통제경제체제를 취하고 있는 북한과의 경제교류협력의 경우(남북교류협력법 제13조) 상대방인 북한기업은 엄밀히 보자면 북한정권에 독립한 시민사회의 한 구성인자로서의 성격보다는 북한정권의 한 외곽기관—즉, 반국가단체의 한 구성요소—

으로서의 성격이 더욱 강하다. 또한 문규현 신부의 방북사건의 경우 북한정권과의 교류라는 측면보다는 민간 간의 교류협력의 측면이 더 강함에도 불구하고 헌법재판소는 이에 대한 남북교류협력법의 적용을 배척한 적도 있다.

엄밀히 본다면, 영토조항의 경우 그 법적 정당성의 근거가, "대한민국 정부는 한국에 있어서의 유일한 이러한 정부[UN한국임시위원단의 감시와 협의가 가능했으며 전 한국국민의 절대다수가 거주하는 지역의 한국(the part of Korea)에 대한 유효한 지배권과 관할권을 가진 합법정부]임을 선언"한 1948년 12월 12일의 UN총회 결의 195(Ⅲ)라고 하는 상당히 애매한 의미의 문서라는 점을 감안하고, 7·4남북공동성명 이후 각종의 남북관계의 진전 및 UN남북한 동시가입 등의 현실을 고려할 때, 그 타당성의 근거는 상당 부분 희석된다.

뿐만 아니라, 헌법 제4조에 의하여 평화적 통일의 노력에 진전이 있는 경우 그 진전상황에 부합하는 북한정권의 성격규명의 노력이 필요하다는 점을 고려할 필요도 있다. 따라서 북한정권의 법적 성격을 단순히 영토조항에 의해서만 규정하는 것보다는 평화조항의 의미틀과의 연관속에서 규명하되 그 북한정권의 구체적 행위의 성격—행위의 적대성 또는 평화성—을 중심으로 북한정권의 법적 성격을 규정하는 것이 요청된다. 더불어 국가보안법상의 경우 형벌법으로서 보다 강한 명확성과 구체성을 가져야 한다는 점을 고려한다면, "반국가단체"의 개념을 북한의 존재 그 자체로 이끌어낼 것이 아니라 북한정권의 행위의 성격을 중심으로 판단할 수 있어야 한다. 즉 북한정권(혹은 그 동조자)이 취하는 구체적 행위를 개별적으로 판단하여 그것이 대한민국의 안전과 존립 혹은 자유민주적 기본질서에 어떤 위험을 야기하는가를 기준으로 평가되어

야 한다는 것이다.[18)]

이에 대하여 북한을 이중적 성격으로 파악하고 있는 헌법재판소는 "남·북한 관계의 변화 여부에 불구하고" "국가보안법은 구법이건 신법이건 모두 북한을 바로 반국가단체로 규정하고 있지 아니"하다고 선언(1997.1.16 92헌바6,26, 93헌바34,35,36(병합))하고 있다. 하지만, 그러한 판시에도 불구하고 북한이 "반국가단체"인지의 여부가, 학설에 따라 그리고 법판단의 주체에 따라서(대법원 혹은 헌법재판소) 서로 상이한 결과를 도출하고 있다는 점이 문제적이다. 특히 헌법재판소의 판단 이후 제3조와 제4조의 관계를 등가적으로 파악하는 입장이 힘을 얻고 있는 상황에서, 북한은 그때그때의 사안에 따라 "반국가단체"가 되기도 하고 남북교류협력의 대상이 되는 '준국가'단체가 되기도 하는 가변적 법이해는 비록 "법관의 보충적 법해석"을 통해 보완작업을 하더라도 죄형법정주의가 요청하는 명확성의 기준을 통과하기 힘들게 된다. 왜냐하면 어떠한 행위가 북한을 "반국가단체"로 규정짓는 행위로 되기 위해서는 그 행위 외에도 북한의 정치적 목적, 대한민국의 정체성 및 국가존립뿐 아니라 일반적인 국가작용 전반에 걸쳐 그 행위가 미치는 영향 등을 포괄적으로 고려하여야만 하기 때문이다. 즉, 법관의 법판단의 대상을 넘어서는 정치적, 이념적 평가가 선행되어야만 북한의 행위가 가지는 국가보안법상의 성격이 규명될 수 있고[19)] 이 점에서 국가보안법 제2조의 규

---

18) 만약 이렇게 본다면, 형법에 대한 특별법으로서의 성격을 가지는 국가보안법의 존재이유의 상당부분의 희석되어 버리고 만다. 국가보안법의 본래적 기능이 북한을 반국가단체로 규정하고 이로부터 다양한 금지와 처벌의 규정들을 도출하고 있는 것이라고 한다면, 행위중심의 법규율은 이러한 국가보안법의 존재이유 자체를 불식시키는 셈이 되기 때문이다. 즉, 현재 국가보안법이 규율하고 있는 "반국가단체"의 개념은 그대로 형법상의 "내란죄"의 구성요건으로 수렴되는 것이다.

19) 이에 관하여 헌법재판소는 위 결정문에서 이 부분의 판단은 "형사상의 사실인정 내

정에 의한 "반국가단체"의 개념은 법관의 자의적 법적용의 가능성을 열어 두고 있는 것이라 할 수 있다.

3) 반국가단체(제3조) · 이적단체(제7조 제3항)의 구성 · 가입등의 죄와 결사의 자유

국가보안법은 제2조에서 반국가단체의 정의를, 제3조는 반국가단체의 구성등을 처벌하며 제7조 제3항에서는 소위 이적단체의 구성 · 가입을 처벌하는 조항을 두고 있다. 헌법 제21조의 결사의 자유에 대한 예외를 규정하고 있는 것이다. 하지만, 제2조의 반국가단체의 정의 규정이 문언상 명확성의 원칙을 위반하고 있을 뿐 아니라, 그의 적용에 있어서도 자의적으로 이루어지고 있어 죄형원칙을 위배하고 결사의 자유를 과도하게 제한하는 위헌성을 안고 있다.

제2조는 "반국가단체"를 "정부를 참칭하거나 국가를 변란할 것을 목적으로 하는 국내외의 결사 또는 집단으로서 지휘통솔체제를 갖춘 단체"라고 규정하고 있다. 여기서 "참칭", "변란"의 의미내용이 그 사전적 의미는 물론, 조문이나 법률체계 내에서도 명확하게 확정되어 있지 않는 일종의 불확정개념에 해당한다. 원래 "참칭"의 사전적 의미는 "제멋대로 스스로 임금이라고 일컬음, 또는 그 칭호"를 의미하는 봉건적 개념으로,

---

지 법적용의 문제"라고 선언하고 있으나, 엄밀히 보자면 이 부분은 사실인정도 법적용의 문제도 아니다. 사실을 법률에 포섭하는 과정에서 필연적으로 정치적 평가 내지는 이념적 평가가 개입되어야 하는 일종의 법외적 판단의 영역이다. 예컨대 6 · 15 남북공동성명에서 나타나듯 북한이 "낮은 단계의 연방제"를 주장하는 것이 대한민국의 주권을 부인하는 것인지 아니면 대한민국의 주권을 존중하는 것인지는 순수한 의미에서 법외적 가치판단의 문제일 뿐이지 우리나라의 어떠한 법이나 법이론도 이를 판단할 수 있는 기준을 제시하고 있지 않다.

주권에 대한 도전의 의미 외에도 일종의 불경죄에 해당하는 것까지 포함한다. "변란"의 경우 "어떤 변고로 말미암아 세상이 어지러워지는 일. 사변으로 말미암은 소란"을 의미하는 바, 이때 형법상의 "내란", "폭동", "외환", "국헌문란" 등의 개념과 그 내연이나 외연에 있어 어떠한 차이가 있는지 전혀 판단할 수 있는 보조개념이 존재하지 않는다.

국가보안법 제7조 제3항의 이적단체구성죄는 반국가단체구성죄와 마찬가지의 문제를 야기한다. 이 조항은 반국가단체의 개념을 그대로 끌어들이면서 찬양·고무·선전·동조의 개념을 부가함으로써 표현의 자유 그 본질적인 부분에까지 국가권력의 개입가능성을 전제로 함으로써 그 위헌성은 가중된다.

제3항은 "제1항의 행위를 목적으로"라고 하면서 단체를 구성 또는 그에 가입한 자를 처벌하고 있어 제1항이 열거하고 있는 "국가의 존립·안전" "자유민주적 기본질서" "위태롭게" "정을 알면서" "지령을 받은 자" "활동" "찬양·고무·선전·동조" 등과 같은 법문의 모호성·애매성에다가 목적범이라는 초과주관적 구성요건요소까지 포함하고 있다. 목적범의 경우 그 목적에 대한 인식은 "미필적 인식"으로 족하다고 보는 판례의 입장(대법원 1999.12.7. 선고 98도4398 참조)을 감안한다면,[20] 체제비

---

20) 사실 1959년 새로운 국가보안법의 실시에 임해 전국의 고등검찰청 차장검사들이 회의를 하여 만장일치로 채택된 국가보안법 운용지침안은 다음과 같이 선언하고 있다(『동아일보』 1959년 1월 10일자(3면), 「신보안법의운용방침확정－10일전국정보담당검사실무자회의」).

> 二, 목적범의해석에관하여-본법위반범죄중「적을이롭게할 목적으로」「결사집회 또는단체를위하여」라는 문구가들어있는「목적범」에대해서는 행위에 대한 인식, 즉 범의이외에 목적내용에대한 인식을필요로하는 것입니다 그런데 그목적내용에대한 인식정도에 대하여서는「미필적인식」만으로는 불충분한것이고 적을 이롭게한다는「배타적결정적」인 인식을 필요로하는 것입니다. 이점은본법전체의 기본내용을이루고있으니만치 여러분께서는 이

판적인 단체는 공안기관의 선택에 따라 언제나 이 이적단체에 해당되어 처벌받을 가능성을 안고 있는 셈이 되어 버린다. 국가의 존립·안전, 자유민주적 기본질서에 대하여 어떠한 해악을 끼치는지에 대한 구체적 인식이 없더라도 추상적이고 간접적인 해악의 가능성만 인정되더라고 그 단체는 이적단체로 처벌받게 되는 것이다.

부연하자면 이 이적단체구성·가입죄는 "찬양·고무·선전·동조"라고 하는 구체적인 행위를 대상으로 규율하는 것이 아니라, 그러한 행위가 이루어질 수도 있다는 가능성을 전제로 단체를 구성하거나 그에 가입한 행위를 처벌하는 것이다. 즉, 일종의 이중예방의 방식을 취하고 있는 것으로, "찬양·고무·선전·동조"라는 행위를 억지하기 위하여 (그러한 행위의 존재와 관계없이) 단체의 구성·가입을 먼저 억지하는 구조를 취한다.

문제는 이러한 규율방식이 형법상의 범죄단체구성죄와는 다른 구조를 가지고 있다는 점이다. 후자의 경우에는 그 규제대상행위(즉 범죄행위)가 형법범—소위 자연범의 성격을 가지고 있음으로 인하여 금지되는 행위의 유형과 방식이 구체적이고 명확하게 특정되어 있기 때문에 나름의 예측가능성을 가진다. 반면 이적단체구성·가입죄의 경우에는 단체가 수행하고자 하는 구체적인 행위의 내용을 중심으로 그 구성·가입행위에 대한 가치판단이 이루어지는 것이 아니라, 그 구체적 행위가 가지는 사회적, 정치적 맥락에 따라 처벌하는 양상을 보인다. 그래서 그 단체가 수행하(고자 하)는 "찬양·고무·선전·동조"행위 그 자체에 대한 판단보다는, 그 행위와 북한 등의 반국가단체와 가지는 연관성 및 그 행

점에 대한충분한 연구를 거듭하시오목적내용에대한 증거수집에도 만전을 기하여야할것입니다.

위와 "국가의 존립·안전, 자유민주적 기본질서"와 같은 고도로 정치적 의미를 가지는 이념(이 또한 가치판단의 대상이다)에 대하여 가지는 의미 등과 연계지우는 판단이 처벌여부를 결정하는 기준이 된다. 그러다 보니 이 조항은 사전예방적인 규범이라기보다는 사후처벌을 위한 방편적 규율이 되고 만다. 사전적인 예측가능성이 조문 그 자체로부터는 나오지 않기 때문이다. 환언하자면, 그것은 법집행자의 자의적 해석에 의하여 그 내용이 특정될 수 있는 구조를 가지고 있고, 따라서 법집행의 대상이 결정되어야만 법조문의 의미내용이 특정될 수 있는 편의적 법률이 되어 버린 것이다.

결국 국가보안법상의 "반국가단체"나 이적단체의 구성·가입죄는 그 규정이 확대적용되거나 확장적용될 수 있는 가능성에 대한 예방적 수단—개념의 명확성—을 전혀 두지 않음으로써 헌법 제21조제1항이 보장하고 있는 결사의 자유를 현저하게 침해한다. 결사의 자유는 타인과 자유로이 교통을 할 수 있는 권리로서의 성격(인격발현권, 행복추구권, 친교권, 일반적 행동자유권 등)과 더불어, 국민이 여론을 형성하고 정치과정에 참여하는 능동적 권리로서의 의미를 가지면서 민주적인 국법질서를 이루는 요소로서의 성격도 인정되고 있다. 즉, 결사의 자유는 민주적 기본질서의 형성에 중핵적인 기능을 수행하는 기본권이라 할 수 있다.

그럼에도 불구하고 국가보안법은 애매모호하여 자의적 법집행의 길을 무한확장시키고 있는 규정으로 이런 결사의 자유를 본질적으로 침해하고 있다. 그 적용상 자기검열효과(소위 냉각효과(Chilling effect)) 또는 과대포섭효과(slipping slop effect)를 야기할 가능성을 안고 있는 것이다. 이러한 법의 구조는 법치주의의 핵심이라 할 명확성과 예측가능성의 원칙에 정면으로 위반하여 우대적 기본권 중의 하나인 결사의 자유를 침해하는 것으로 문언상 무효(void of vagueness)의 법리가 적용되어 위헌 무효라 하지 않을 수 없다.

4. 표현의 자유와 국가보안법의 충돌

1) 표현의 자유

현행 국가보안법이 가지는 또 다른 문제점은 그것이 현대 기본권체계에서 가장 핵심적인 권리로 보장되고 있는 표현의 자유 특히 정치적 표현의 자유를 본질적으로 침해하고 있다는 점이다. 그리고 이는 찬양·고무죄에서 적나라하게 드러난다. 찬양·고무죄의 경우 제7조 제1항에서 "국가의 존립·안전이나 자유민주적 기본질서를 위태롭게 한다는 정을 알면서 반국가단체나 그 구성원 또는 그 지령을 받은 자의 활동을 찬양·고무·선전 또는 이에 동조하거나 국가변란을 선전·선동한 자는 7년 이하의 징역에 처한다."고 하여, 학문, 예술, 종교 혹은 정치적 비판 등 어떠한 표현이라도 반국가단체와 일정한 연관하에서 이루어진다면 그대로 처벌받아야 하는 구조로 되어 있다. 즉, 학술표현의 자유, 예술적 표현의 자유(제22조), 종교적 표현의 자유(제20조), 정치적 표현의 자유(제21조)를 직접적으로 제한/침해하는 내용으로 되어 있는 것이다.

표현의 자유는 J. Milton의 Areopagitica(1644) 이래 가장 핵심적인 기본권의 하나로 인정되고 있다. 헌법재판소도 이 표현의 자유 내지는 언론·출판의 자유를 "현대 자유민주주의의 존립과 발전에 필수불가결한 기본권"으로 규정하면서 "이를 최대한도로 보장하는 것은 자유민주주의 헌법의 기본원리의 하나"임을 선언하고 있다(헌재 1992.6.26 90헌가23). 또한 "민주정치에 있어서 정치활동은 사상, 의견의 자유로운 표현과 교환을 통하여 이루어지는 것이므로, 언론·출판의 자유가 보장되지 않는 상황에서 민주주의는 시행될 수 없으며 표현의 자유가 보장되어 있지 않은 나라는 엄격한 의미에서 민주국가라 하기 어려운 것이다."(헌재 1992.11.12 89헌마88)고 한다.

하지만 제7조의 규정은 이런 법리에 정면으로 반한다. 그것은 ① 적법절차상 형사법에서 필수적으로 요청되는 명확성이 결여되어 있고, ② 표현의 자유의 최상층에 존재하는 정치적 의견·신념의 자유를 제한하고 있으며, ③ 명백하고도 현존하는 위험 혹은 명백한 위험을 전제로 하지 않으며, ④ 위축적 효과(chilling effect)를 제거할 수 있는 안전장치를 마련하고 있지 않고 있는 것이다.

2) 명확성의 결여

제7조의 죄가 성립하려면 우선 "국가의 존립·안전이나 자유민주적 기본질서를 위태롭게 한다는 정을 알면서"라는 주관적 인식에 관한 구성요건을 충족하여야 한다. 하지만 여기서 "국가의 존립·안전" "자유민주적 기본질서" "위태롭게" "정을 알면서" 등의 개념은 모두가 추상적·포괄적·가변적 개념으로 형사벌의 전제조건으로서의 구성요건을 이룰 만큼 특정되어 있지 않다.

(1) 국가의 존립·안전(외부로부터의 국가안보)

통상적으로 기본권제한의 근거로서의 헌법 제37조 제2항이 정하는 국가안전보장의 개념은 ① 국가정통성에 따른 국가(국토)의 존립보전, ② 헌법기본질서의 수호 · 유지, ③ 국가계속성에 따른 헌법 · 법률 등의 기능 유지, ④ 헌법기관의 보전 등을 의미한다. 제7조의 죄 역시 이런 범주적 틀 속에서 해석되어야 함은 물론이다. 하지만 법원이나 헌법재판소에 의해 해석되는 국가안전보장은 헌법 제37조 제2항이 요구하고 있는 필요최소한의 범위를 넘어서는 초과개념으로 일관되고 있다.

헌법재판소는 "국가의 존립 · 안전을 위태롭게 한다 함은 대한민국의 독립을 위협, 침해하고 영토를 침략하여 헌법과 법률의 기능 및 헌법기관을 파괴, 마비시키는 것으로 외형적인 적화공작 등일 것"이라고 하면서, "남북간에 일찍이 전쟁이 있었고 아직도 휴전상태에서 남북이 막강한 군사력으로 대치하며 긴장상태가 계속되고 있는 마당"에서 "평화시대를 기조로 한 형법상의 내란죄나 외환죄는 고전적이어서 오늘날 우리가 처한 국가의 자기안전 · 방어에는 다소 미흡하다."고 판시한 바 있다(1990.4.2. 89헌가113: 이러한 태도는 대법원의 경우에도 대동소이하다).

여기서 국가의 존립 · 안전의 개념이 혼란에 빠지게 된다. 즉, 그것은 언제나 "남북간의 전쟁"과 "휴전상태", "군사력에 의한 대치" "긴장상태" 등 북한의 존재와 연관하에서 이해되며, "오늘날 우리가 처한" 상황의 논리에 따라 그 실질이 결정되고 있는 것이다. 부연하자면 "국가의 존립 · 안전"이라는 법률적 개념의 내용이 "긴장상태" "남북대치" "오늘날 우리가 처한 [상황]" 등, 사실적 · 정치적 상태를 어떻게 인식하는가에 따라 다르게 결정될 수 있는 유동적 개념으로 대체되고 있는 셈이다. 그리고 그 판단의 모호성은 "위태롭게" "정을 알면서" 등의 용어를 통하여 더욱 가중된다.

(2) 자유민주적 기본질서(내부로부터의 국가안보)

헌법재판소는 "자유민주적 기본질서"를 "모든 폭력적 지배와 자의적 지배 즉 반국가단체의 일인독재 내지 일당독재를 배제하고 다수의 의사에 의한 국민의 자치, 자유·평등의 기본 원칙에 의한 법치주의적 통치질서의 유지"를 의미한다고 하면서 이는 ① 기본적 인권의 존중, ② 권력분립, ③ 의회제도, ④ 복수정당제도, ⑤ 선거제도, ⑥ 사유재산과 시장경제를 골간으로 한 경제질서 및 ⑦ 사법권의 독립 등으로 구체화된다고 판시한다(1990.4.2. 89헌가113). 그리고 이러한 태도는 우리 헌법학계에서 거의 이견 없이 그대로 인용되고 있다.

하지만, 이 조항은 너무도 많은 "자유민주적 기본질서"의 요소들을 내포하고 있음으로 인하여 지나치게 광범위하게 기본권을 제한하고 있을 뿐 아니라, 실제 이 ①에서 ⑦에 이르는 개념들 중 어느 하나도 명확하게 정의된 것이 없을 뿐 아니라 그 각각의 구성인자에 대하여도 논자에 따라 다른 주장을 하고 있는 터라, 그것을 부인하는 행위가 어느 수준에 이르러야 성립하게 되는지 도저히 알 수 없다는 점에서 그것은 지나치게 애매한 규정이 된다.

더구나, 이런 자유민주적 기본질서라는 개념 자체가 지나치게 규율의 범위를 확장하는 것이 되어 헌법 제37조 제2항이 정하는 과잉금지의 원칙을 침해한다. 이 개념은 독일연방헌법재판소의 판단(BVerfGE 2, 1, 12f)을 그대로 원용하는 것이면서도 구체적인 개념요소에 있어서는 약간의 변형을 가하고 있다. 헌법재판소는 그 원전이 되는 독일의 개념에다 ③ 의회제도와 ⑤ 선거제도, 그리고 ⑥ 사유재산·시장경제에 의한 경제질서를 추가하는 반면, ④ 정부의 책임성과 ⑤ 행정의 합법률성을 제외한다. 한마디로 우리 헌법재판소는 별다른 이유의 설시도 없이 독일 연방 헌법재판소의 그것에 비하여 '대의제의 원리'와 '자본주의적 경제질서'를 자유민주적 기본질서의 새로운 내용요소로 추가산입하는 일종의 법담론조작을 가하고 있다.

그러나 엄밀히 보자면 민주주의의 가장 본질적인 개념요소로만 이루어져야 할 이 민주적 기본질서의 개념에 민주주의의 실현방식 중의 하나인 대의제를 추가하고, 보기 나름으로는 평등을 기본요소로 하는 민주주의와 대치될 수도 있는 자본주의적 시장경제질서를 언급하는 것은 기본권제한목적개념으로서의 자유민주적 기본질서를 지나치게 확장하는 것이 된다. 보기 나름으로는 이적 · 동조등의 죄로 규율되는 대부분의 사건이 자본주의를 비판의 대상으로 삼고(⑥ 사유재산 · 시장경제에 의한 경제질서를 비판) 민중의 주도에 의한 변혁(③ 의회제도, ⑥ 선거제도에 대한 대안적 정치수단의 추구)을 주장하는 것임을 감안한다면, 이러한 헌법재판소의 태도는 앞서의 "국가의 존립 · 안전"의 경우와 같이 특정한 사안—소위 노동사건을 중심으로 하는 "공안사건"[21]—을 전제로 설정된 것으로 보지 않을 수 없게 된다.

실제 자본주의적 경제질서, 특히 사유재산제 및 시장경제체제에 관하여는 자유민주주의와 사회민주주의 간에 상당한 대립이 있는 영역이고 거의 대부분의 입헌국가들이 이 자유민주주의와 사회민주주의의 병존을 인정하고 있다는 사실을 감안한다면 "자유민주적 기본질서"의 개념요소에 이 자본주의적 시장경제질서를 산입한다는 사실 자체가 정상적인 정치과정에서 발생할 수 있는 의견 및 신념의 상당부분을 국가보안

21) 실제 검찰청의 공안부의 소관업무는 국가보안법등의 사건 외에도 선거사건과 노동사건을 포함한다. 검찰청 사무기구에 관한 규정 제8조 참조.

법이라는 법률로써 차단하는 셈이 되어 버린다. 역으로 이러한 한정 자체가 "자유민주적 기본질서"의 개념을 모호하게 함으로써 사회정의 및 재분배정책, 복지정책 등의 영역에 관한 정치적 논쟁의 범위를 크게 축소시키는 역기능을 자아내게 된다. 바로 이 점에서 우리 헌법재판소의 해석에 의하는 한(그리고 이러한 태도는 우리 법원 및 국가, 헌법학계도 마찬가지이다), 정치적 표현의 자유를 제한하는 국가보안법 제7조에서 이적·동조죄의 한 구성요소로서 "자유민주적 기본질서"를 적시하고 있는 것은 과잉제한의 가능성을 안고 있다.

나아가 제7조가 사용하고 있는 "위태롭게"라는 말 또한 너무도 다의적이다.[22] 그것은 위에서 언급한 모호한 안보개념을 목적어로 가지면서 실질적 위험을 넘어 의제된 위험 내지는 예상 가능한 위험의 의미로까지 확장될 가능성을 안고 있다. 특히 북한을 실질적인 인식지표로 되어 있는 반국가단체가 어떠한 위해의 전략·전술을 세우고 있는가에 따라 혹은 그 전략·전술에 대한 공안당국의 인식이 어떻게 되어 있는가에 따라 이 위험의 존재와 실체가 무한확장될 수 있는 여지를 안고 있는 만큼, "위태롭게"라는 말은 확정성·예측가능성을 우선으로 삼는 법률용어로서는 가장 적합하지 않은 것이라 할 수 있다.

(3) "구성원" "활동" "동조"

또다른 구성요건인 "반국가단체나 그 구성원 또는 그 지령을 받은 자의 활동"이라는 표현 역시 명확성을 결여하기는 마찬가지이다. 이는 헌

---

22) 이에 관하여는 헌법재판소 조승형 재판관의 소수의견(1997.1.16. 92헌바6.26,93헌바34.35.36(병합)) 참조.

법재판소도 위의 판결에서 인정하고 있다.

> 구법 제7조 제1항에는 "구성원" "활동" "동조" "기타의 방법" "이롭게 한" 등 다의적이고 그 적용범위가 광범한 용어들이 있어, 이를 문언 그대로 해석·운영할 경우에는 헌법상의 언론·출판, 학문·예술의 자유를 침해할 개연성이 있고 또 법운영 당국의 자의적 집행을 허용할 소지가 있어 법치주의에 반하고 죄형법정주의에 위배될 소지가 생기며, 나아가 우리 헌법이 천명한 평화적 통일지향의 규정과 양립하기 어려운 문제점 등이 생길 수 있다.

헌법재판소에 의하면 "구성원"의 개념은 북한정권의 지도부뿐 아니라 북한 주민까지도 포함하는 것이며 따라서 그 외연을 확정하기가 곤란하고 "활동" 역시 반국가단체가 수행하는 모든 행위들을 포함하게 될 수도 있어 마찬가지의 애매성이 나타난다고 한다. 특히 헌법 제4조의 평화통일조항에 의하여 지향되는 남북교류·협력의 활동과 대남적화통일 등 대한민국에 적대적인 활동이 동시에 이 개념 속에 포함되는 문제를 안게 된다.

"찬양·고무·선전·동조" 역시 마찬가지다. "훌륭함을 기리어 드러냄"(찬양), "남을 격려하여 힘이 나게 함"(고무), "주의·주장이나 어떤 사물의 존재·효능 따위를 사람들에게 설명하고 이해와 공감을 얻기 위해 널리 알림"(선전), "남의 의견이나 주장 따위에 찬동하여 따름. 보조를 같이함"(동조) 등의 사전적 의미에서 어떠한 표현이 금지되고 어떠한 표현이 허용되는지를 특정하는 것은 거의 불가능하다.

예컨대, 김일성이 동만주에서 무장항일운동을 하였다는 사실을 역사학자가 분석, 발표하는 것이 찬양·고무에 해당하는가(이재화, 1989)의 경우 1989년 12월 1일 국가안전기획부에 구속, 유죄판결됨), "남한 현실을 미제국주의와 파쇼권력, 독점자본가계급에 의하여 노동자계급 등 민중이 착취당하고 있는 신식민지국가독점자본주의사회로 규정하고 …… 계급동맹을 형성하여 민중민주주의혁명으로 파쇼정권을 타도"하자는 표현은 북한류의 소위 주사파의 주장과는 정면으로 충돌함에도 불구하고 그것이 선전죄에 해당하는가(서울사회과학연구소 사건, 1991), 자본주의 사회에 대한 사회과학적 분석방법으로서 마르크스주의를 택하는 것은 허용되는가?(한국사회의 이해 사건, 1994)

법문은 이 부분에 대한 어떠한 답변도 제시하지 않고 있다. 그리고 실제에 있어서도 검찰의 공소장이나 법원의 판결문 역시 그것이 왜 국가안보를 위협하는 찬양 · 고무 · 선전 · 동조의 행위인지에 대하여 단순히 북한 등의 반국가단체의 주장 등과 외관상 일치한다는 사실을 적시하는 것 말고는 어떠한 이유도 제시하지 않는다. 오히려 한 연구자(김귀옥, 한국전쟁과 레드 콤플렉스, 학문의 자유)가 지적하듯 공소장이나 판결문 모두 동일하게 "북한공산집단은 정부를 참칭하고 국가를 변란한 목적으로 조직된 반국가단체로서……"로 시작하여 "국가의 존립안전이나 자유민주적 기본 질서를 위태롭게 한다는 정을 알면서 반국가단체인 북한의 활동을 찬양 선전 또는 이에 동조하여 이들의 활동을 이롭게 할 목적으로 위와 같이 제작, 반포한 것이다"로 끝맺음한다. 뿐만 아니라, 그 중간중간 피고인은 "미국은 남북 분단의 주범이자 영구 분단을 획책"한다고 주장하거나 "북한의 주체사상을 고무 · 찬양했고 피지배계급에 의한 사회주의 혁명을 정당화"하거나 "북한정권의 정통성만을 인정하였다" 등으로 설시하는 것이 이 부분에 관한 법판단의 전부이다. 이는 역으로 검찰이나 법관의 수준에서도 이 "찬양 · 고무 · 선전 · 동조"의 개념을 도출하기가 지난하다는 사실을 반증하는 것이기도 하다.

3) 명백하고도 현존하는 위험 혹은 명백한 위험의 법리

이상의 논의는 곧장 표현의 자유를 제한하는 가장 기본적인 법리인 명백하고도 현존하는 위험의 법리에 대한 국가보안법의 무지로 이어진다.

미국 연방대법원에 의하여 약 80년 전에 개발된 이 명백하고도 현존하는 위험의 법리는 위험의 중대성, 위험의 명백성 및 위험의 현존성 등 세 가지의 요소로 구성된다. 이 중 '명백'이라는 말은 "합리적 의심의 여지가 없음" 즉, 일반 형사절차에서 요청되는 유죄입증에 상당하는 정도의 인과성의 판단을 의미한다. 그래서 어떠한 표현과 그로 인하여 야기되는 위험간의 인과관계가 사회통념에 의하여 부인될 수 없을 만큼 확실하여야 한다. 이 점은 소위 국방백서사건에 대한 미국연방대법원의 판단(New York Times Co. v. U.S., 403 U.S.713(1971))에 잘 정리되어 있다. 이 사건에서 브레넌(Brennan) 대법관은 "국가적 이익을 여러 가지의 방법으로 위험에 빠지게 '할 수 있다(could)' '할지도 모른다(may)' 혹은 '할 것이다(might)'"라는 판단만으로는 표현의 자유를 제한하는 근거가 되지 못한다고 단언하였다. 뿐만 아니라 국가가 "현재 교전중"인 경우(Our Nation "is at war")가 아니라면 표현이 억제되어서는 아니된다는 취지의 판단을 내리고 있다. 즉, 우리나라의 헌법 제21조에서 광범위한 표현의 자유를 보장하면서 비상계엄이 선포된 경우에만 특별한 조치를 할 수 있도록(제77조 제3항) 한 것과 마찬가지의 구조에서, 비상계엄이 선포될 정도의 위험이 현재 명백하게 야기되어 있거나 또는 그 가능성이 상당한 정도로 무르익은 경우에만 표현의 자유를 제한할 수 있음을 말하고 있는 것이다.

한마디로 이 법리가 요청하는 "명백성"은, 어떠한 표현이 중대한 국가적 이익을 침해할 것이 틀림없다는 정도의 인과성에 대하여 국가가 엄격하고도 중한 입증책임을 지고 있음을 의미한다. 그래서 국가는 표현의 자유를 제한하기 위해서는 사회평균인이 가질 수 있는 그 어떠한 합리적 의심도 배제할 수 있을 정도의 인과성의 입증이 있어야 하며, 이 문제를 판단하는 법원은 엄격한 심사의 과정을 통하여 국가가 제출한 입증의 타당성을 무죄추정의 원칙에 상당하는 의심을 가지고 면밀히 판단하여야 함을 요구하고 있는 것이다.

이러한 법리는 우리나라의 헌법학계에서도 거의 예외 없이 받아들이고 있는, 표현의 자유에 대한 제한의 법리이다. 단지 헌법재판소는 "[국가의 존립 · 안전이나 자유민주적 기본질서에] 실질적 해악을 미칠 명백한 위험성이 있는 경우로 처벌을 축소제한하는 것이 헌법합치적 해석"이라고 판단함(1990.4.2 89헌가113)으로써 현존성의 요건을 후자를 배제하고 있음이 특징적일 뿐이다. 하지만, 이렇게 헌법재판소의 입장처럼 "명백한 위험성"의 관념에 의존하더라도 제7조는 위헌성심사의 기준을 통과하지 못한다.

대체로 명백성이라 함은, 표현으로 인하여 발생되는 어떠한 위험이 발생할 것이라는 사실의 인식이 사회통념에 비추어 객관적이고 합리적으로 기대될 수 있는 상황을 가리키는 것으로, 여기에는 ① 관련된 위험의 내용과 정도의 명백성, ② 표현과 위험 간에 인식가능하고 합리적인 인과관계의 존재가 포함된다.

하지만, 우선 ①과 관련하여 위험에 처하게 되는 국가의 존립 · 안전이나 자유민주적 기본질서의 개념 자체가 이념의 수준에서 이루어지는 만큼 그 구체적인 내용을 결정하기 어려운 상황에서, 정치과정의 유동성을 감안할 때 어떠한 표현으로 인하여 발생된다고 예정되는 그 위험이 과연 우리 국가의 존립 · 안전 혹은 자유민주적 기본질서를 위태롭게 할 정도의 위험인지, 즉 그것이 "실질적 해악"에 해당하는지는 거의 명확하지 않다.[23] ②의 경우는 이러한 애매성이 더욱 가중된다. 어떠한 표현이 제기하는 비판성 혹은 부정성이 어떠한 과정을 통하여 위험으로 연결되는지에 대한 합리적 인과관계를 특정한다는 것은 사상의 자유시장이 가지는 자기치유적 기능을 생각할 때 거의 불가능에 가깝다.

미국 연방대법원의 경우 이 부분의 애매성을 치유하기 위하여 현재성의 요건을 삽입하고 있거니와, 민주적 토론으로 하여금 다양한 견해들이 가지는 사회적 · 정치적 폐단을 극복하는 가장 중요한 메커니즘으로 기능하도록 하는 것이 우리 헌법의 기본적 틀이라고 한다면, 사상의 자유시장이 가지는 순화기능을 전제로 할 때 과연 어떠한 표현으로 인하여 야기되는 위험이 그 자체 국가의 존립 · 안전을 위태롭게 하거나 자유민주적 기본질서를 위난에 빠지도록 하는 실질성을 가지는지는 대부분의 경우 객관적으로 판단하기 어렵다.

김근태 씨 사건 등에서 UN인권이사회가 국가보안법의 적용에 있어 "합리적 이유"를 제시하도록 요구한 것은 바로 이러한 부분과 관련을 가진다. 그것은 표현과 위험간의 명백성이 구체적이고 설득력 있게 입증되지 않는 한 국가보안법을 적용하여서는 아니된다는 요청이었던 것이

23) 이와 관련하여 일본의 阪本昌成(1988, 85~89쪽) 같은 이는 일본 형법상의 음란죄가 추상적 위험범의 형식으로 규정되어 있지만, 이를 정당화할 수 있는 헌법적 근거는 없다고 결론을 내림은 의미심장하다. 음란표현과 사회윤리의 상관관계 혹은 음란표현과 도덕적 타락의 상관관계에 대한 어떠한 입증도 없는 상황에서 표현물에 대하여 추상적 위험만을 예정하면서 법으로 금지하는 것은 명백 · 현존하는 위험의 법칙이나 엄격심사론을 벗어나는 것이라고 본다.

다. 환언하자면 당해 표현으로 인하여 어떠한 위험이 어떠한 과정을 통하여 언제 어디서 어떠한 모습으로 발생할 것인지를 모든 사람들에게 납득시킬 수 있을 때에만 표현의 자유를 제한할 수 있다는 것이 UN인권이사회의 기본요청이다. 그리고 바로 이러한 판단이 우리 헌법재판소가 취하고 있는 입장이기도 하지만, 그럼에도 불구하고 헌법재판소가 이 부분에 대한 판단의 지침을 제시하지 못하고 정부에서는 오히려 "권고" 사항일 뿐이라고 얼버무림은 역으로 이러한 인과연결에 대한 판단이 불가능함을 반증하는 셈이라 할 것이다.

문제는 이러한 인과관계의 인식기준이 국가보안법 그 자체로부터도 제시되어 있지 않다는 점이다. 현재 제7조는 목적범의 형태를 취하지 않고 오히려 미필적 인식만으로도 처벌할 수 있도록 애매하게 규정하고 있음은 이 명백성의 요청을 더욱 배제하는 결과를 야기한다. "위태롭게 한다는 정을 알면서"의 문언은 '국가안보 ← 위험 ← 위험발생의 가능성 인식 혹은 그 인식의 가능성 ← 표현'으로 연결되는 인과고리들을 무한히 확장하는 의미를 지닌다. 일종의 맥카시즘적인 경향성 이론(bad tendency theory)을 확대재생산하고 있을 뿐인 것이다.

4) 과잉확장효과 혹은 자기검열효과에 대한 제어장치의 결여

이러한 모호성과 애매성은 필연적으로 법집행의 자의성과 편의성이 작용할 여지를 마련하고 그 결과로서 과잉확장효과와 자기검열효과를 야기하게 된다(이 점은 헌법재판소도 명확히 인식하고 있다). 「막걸리보안법」과 같은 냉소적 표현은 이러한 제7조의 과잉확장효과를 단적으로 예증한다. 하지만, 그럼에도 불구하고 국가보안법은 이를 사전에 예방

할 수 있는 어떠한 장치도 마련하지 않고 있다. 국가보안법 제1조 제2항은 "이 법을 해석적용함에 있어서는 제1항의 목적달성을 위하여 필요한 최소한도에 그쳐야 하며, 이를 확대해석하거나 헌법상 보장된 국민의 기본적 인권을 부당하게 제한하는 일이 있어서는 아니된다."고 하여 그 남용의 가능성을 사전에 억지하는 듯한 규정을 두고 있으나, 확대해석 혹은 부당한 기본권제한을 판단할 수 있는 기준조차도 제시하지 않음으로써 그의 규범적 구속력은 단지 '주의적'인 것에 그치고 있을 뿐이다.

하지만, 문제는 이러한 입법상의 하자에만 그치지 않는다. 실제 우리나라에서 국가보안법이 위헌적인 정권유지법으로 환원되고 있는 가장 큰 이유중의 하나는 그것이 법집행과정에서 가장 유효한 권력의 수단으로 이용되고 있기 때문이다. 이는 두 가지 측면에서 문제가 된다. 우선, ① 국가보안법의 집행에 있어 제7조는 그 자체 독자적인 공소대상이 되기보다는 주된 공소사실에 부가하여 예비적 공소사실로서 이용되는 것이 적지 않다. 주된 죄명을 반국가단체구성죄 등 보다 중한 죄로 하면서 예비적으로 제7조의 죄를 적용함으로써 수사나 입증의 부실 혹은 법리적용의 오류로 인한 무죄판결을 우회하기 위한 수단으로 제7조의 죄를 이용하고 있는 것이다. 이는 보기 나름으로는 제7조가 독립된 행위통제규범으로서 이적행위를 사전에 억지하는 일반예방적인 규범으로 작용하기보다는 다른 죄의 소추과정에서 부수적으로 확보되는 이적표현물 등의 증거들을 예비적 청구를 위하여 이용하는 일종의 편법적 수단으로 이용되고 있음을 의미한다(특히 제7조 제4항의 이적표현물제작 · 소지등의 죄가 그러하다). 환언하자면 그것은 이적행위의 여하와 관계없이 다른 행위로 인하여 처벌되어야 한다고 판단되는 자에 대하여 그 처벌을 확실하게 담보하기 위하여 언제나 그 적용이 보장되어 있는, 일종의 만능의 처벌법규로서 작용하고 있는 것이다.

뿐만 아니라, 구속수사의 원칙은 이 제7조가 그 법문언상의 구체성 혹은 위험의 명백성 여부와 관계없이 가장 강력한 자기검열의 기제로 이용될 수 있게 한다. '한국사회의 이해'사건이나 이장희 교수사건, '레드 헌터'사건 등에서 보듯, 법원에서 종국적으로 무죄판단이 나더라도 사법경찰의 수사과정에서부터 인신구속, 재판 등의 일련의 과정에 이르기까지 혐의자 혹은 피의자에 대하여 엄청난 생활상의 고통을 부과할 뿐 아니라, 그를 계기로 사회 내에 심각한 레드 콤플렉스를 작동시켜 적지 않은 파장—이는 순수한 의미에서 일반예방론에서 말하는 위화의 효과가 된다—을 불러일으킨다. 즉, 국가보안법사건은 그 사법적 결과와는 관계없이 전사회적 긴장을 초래하고 이를 통하여 국민 모두에 대하여 집단적 피해의식 내지는 집단적 기피의식을 심어주게 되는 것이다. 그리고 이를 통하여 체제에 대한 비판적 인식은 '빨갱이'의 라벨을 첩부하게 되고 그 자체 사회적인 악으로서, 나아가 개인적인 비용으로서 평가되도록 집단심리를 조성하는 것이다.[24)]

24) 더구나 대법원은 "오로지 학문적인 연구나 영리추구 및 호기심에 의한 것이라는 등의 그 이적목적이 없었다고 보여지는 자료가 나타나지 않는 한 초과주관적 위법요소인 그 이적목적의 요건은 충족된다고 보아야 한다."(대법원 1999.12.7. 선고 98도4398 판결)고 함으로써 그 입증책임조차 피고인에게 전가함으로써 형사사법의 기본틀을 위반하였다. 그러나 이런 추정에 입각한 입장은 지난 해 대법원 전원합의체의 판결에 의하여 판례변경이 되었다(대법원 2010.7.23 선고 2010도1189).

5. 결론

사실 국가보안법의 문제점은 위에서 지적한 것에 한정되지 않는다. 별첨하는 표에서 열거하듯 그 모든 규정이 우리 헌법을 위반한다. 잠입 · 탈출죄(제6조)는 거주 · 이전의 자유(헌법 제14조)를 침해하는 데 그치지 않고 남북교류협력법과의 혼란을 초래함으로써 급증하는 남북교류관계에 공안기관이 언제든지 개입할 수 있는 여지를 마련한다. 구속기간연장(제19조)이나 참고인의 구인 · 유치(제18조) 등 형사절차상의 특례조항들은 무죄추정의 원칙이나 공정하고도 적법한 재판을 받을 국민의 권리를 정면에서 부정한다. 그리고 이 모든 것이 국가의 안보보다는 정권의 유지를 위하여 혹은 그에 기생하는 공안기관의 이익을 위하여 국민의 희생위에 구축된 것들이다.

국가보안법은 1948년 제정된 이래 국가의 안보를 위한 법이었다기보다는 정권의 안보 혹은 보다 정확히는 정권의 통치의 편의를 확보하기 위한 수단으로 이용되어 왔다. 그것은 이데올로기의 수준에서 정권에 대한 반대세력을 처단하는 수단이었을 뿐 아니라, 통치권력이 국민의 내면에 하나의 일상으로 자리잡게 만드는 일종의 폭력적 세뇌수단으로 이용되기도 하였다. '안보=질서=무저항 혹은 무조건적 복종' 도식을 만드는 틀이었던 것이다.

하지만, 체제가 민주화되면서 국가보안법이 수행해 왔던 이런 설명은 더 이상 타당하지 않다. 오히려 국가보안법은 국가의 안보나 정권의 안보 혹은 권력의 효과성이라는 명제와는 전혀 관계없이 보혁의 대립구도에서 정치적 선전의 소도구로서 이용되고 있거나 혹은 공안당국이라 불리는 일부 국가기관의 존립을 뒷받침하는 빌미로서만 이용되고 있을 뿐이다. 최근 방송통신심의위원회를 중심으로 SNS를 규제하겠다는 시도가 나오는 것도 그 밑바닥에는 이런 수구적 안보논리가 깔려 있다. 그리고 바로 이 점에서 국가보안법의 폭력은 더욱 퇴행적인 것이 된다. 민주화의 과정에서 어렵사리 구축되어 왔던 평화와 군축의 노력들, 민중적 삶을 향한 열정들, 평등과 삶의 질을 향한 열망들이 정치적 논쟁과 투쟁의 장으로 투입되는 과정에서 국가보안법은 그것을 차단하는 수구집단의 전략기제로 활용될 여지를 충분히 담고 있는 것이다.

작금의 "일심회사건"이나 간디학교 최보경 교사사건[25]은 그 하나의 예에 불과하다. 경우에 따라서는 얼마든지 유사사건들이 성립될 수도 있게 하는 것이 국가보안법의 위력이기도 하다. 그리고 바로 이 점이 "죽어버렸다"고 하는 국가보안법을 다시 죽여야 하는 이유이기도 하다.

---

25) 반미 · 주한미군철수를 내용으로 담은 교육자료를 제작 · 사용한 것이 국가보안법위반이라는 혐의로 기소되었던 최보경 교사는 항소심에서도 무죄판결을 받았다(『오마이뉴스』, 2011년 9월 22일자).

〈첨부자료〉 국가보안법과 기본권

조항		내용	관련기본권(헌법조문)	비고
2	1	반국가단체 정의	신체의 자유(§12, 13)	명확성 결여
3	1-3	반국가단체구성등	신체의 자유(§12, 13)	명확성 결여
			결사의 자유(§21)	명확성 결여, 명백성 결여
	4, 5	예비 · 음모	신체의 자유(§12, 13)	명확성 결여, 과잉금지위반
4	1	목적수행	신체의 자유(§12, 13)	
		가중처벌	평등권(§11)	일반범죄와 차별
		기밀	신체의 자유(§12, 13)	명확성 결여
		선전 · 선동, 유언비어	신체의 자유(§12, 13)	명확성 결여
			표현의 자유(§21)	명확성 결여, 명백성 결여
5	1	자진지원	신체의 자유(§12, 13)	명확성 결여
	2	금품수수	신체의 자유(§12, 13)	명확성 결여
			사생활의 자유(§17)	이중예방 등
	4	예비 · 음모	신체의 자유(§12, 13)	명확성 결여, 과잉금지위반
6	1, 2	잠입 · 탈출	거주 · 이전의 자유(§14)	명확성 결여
	5, 6	예비 · 음모	신체의 자유(§12, 13)	명확성 결여, 과잉금지위반
7	1	찬양 · 고무등	표현의 자유(§21)	명확성 결여, 명백성 결여
	3	이적단체구성	결사의 자유(§21)	명확성 결여, 명백성 결여
	7	예비 · 음모	신체의 자유(§12, 13)	명확성 결여, 과잉금지위반
8		회합 · 통신 등	사생활의 자유(§17)	명확성 결여, 이중예방 등
			통신의 자유(§18)	
			결사의 자유(§21)	
9	1, 2	편의제공	사생활의 자유(§17)	명확성 결여, 이중예방 등
	4	예비 · 음모	신체의 자유(§12, 13)	명확성 결여, 과잉금지위반
10		불고지	양심의 자유(§19)	양심추지금지위반
12		무고 · 날조	신체의 자유(§12, 13)	과잉처벌(과잉금지위반)
15	2	몰수 · 추징	재산권(§23)	행정처분에 의한 재산권 침해
			평등권(§11)	일반범죄와 차별
17		노동조합법적용배제	평등권(§11)	쟁의 중 불구속원칙에 대한 예외
			노동3권(§33)	
18		참고인의 구인	평등권(§11)	일반범죄참고인과 차별
			신체의 자유(§12, 13)	연좌제
19		구속기간연장	평등권(§11)	일반범죄참고인과 차별
			신체의 자유(§12, 13)	인신구속

[참고문헌]

국가보안법폐지국민연대, 2008 「야만의 시대를 끝장내자!」, 국가보안법 60년 토론회, 2008.11.27.

국가보안법폐지국민연대, 2010 『2010년 국가보안법 남용 실태 자료』, 2010.12.1. http://freedom.jinbo.net/

국순옥, 1994 「자유민주적 기본질서란 무엇인가?」, 『민주법학』 제8호.

김귀옥, 2000 「한국전쟁과 레드 콤플렉스. 학문의 자유」, 학술단체협의회, 『한국전쟁 어떻게 끝낼 것인가?』, 한국전쟁 50주년기념 학술토론회, 2000.6.2.

김상겸, 2005 「국가보안법 개정론−헌법국가의 관점에서」, 『헌법학연구』 제10권 제4호.

김승교, 2004 「국가보안법. 왜 문제이고, 어떻게 할 것인가」, 북한법연구회, 북한법연구 월례발표회, 2004.8.26.

김용갑, 1999 『국가보안법을 이야기한다』, 장막.

박건영, 2006 「한반도 평화체제 구축과 동북아다자간안보협력 전략」, 경남대학교 극동문제연구소, 『한국과 국제정치』.

박래군, 2007 「국가보안법 적용기관으로서 공안기관의 실태와 문제점」, 『보안법토론회자료집』, 2007.6.7.

박성희, 2004 「악법의 수족도 잘라라: 공안문제연구소 등 국민사상감정기관, 해체 마땅: 국가보안법 폐지 논쟁 제대로 읽기」, 『민족21』 통권 43호.

박원순, 1997 『국가보안법. 1−3』. 역사비평사, 증보판.

박원순, 2006 『야만시대의 기록 1』, 역사비평사.

신동운, 2004 「형법과 국가보안법의 관계에 관하여−형법전의 제정경위를 중심으로」, 『인권과 정의』 제339호.

양 건, 2004 「[중앙 시평] '국가보안법의 꽃' 꺾지 맙시다」, 『중앙일보』 2004년 7월 8일자.

오동석, 2008 「60년 묵은 악법. 국가보안법을 위한 변명」, 민주주의법학연구회, 신공안정국에 맞서는 대국민토론회, 2008.10.

오마이뉴스, 「최보경 국가보안법 위반 사건, 법원 또 '무죄' 선고」, 2011.9.22. http://www.ohmynews.com/NWS_Web/view/at_pg.aspx?CNTN_CD=A0001630171.

위키리크스, 2011 http://andocu.tistory.com/entry/386간첩단수사-김승규-국정원장에-노무현이-직접-사퇴요구-위키리크스-외교전문.

이성택, 2006 「민주화 이후의 「국가보안법」−제도화와 담론화의 전체주의 경향성을 중심으로」, 『사회와이론』 제8집.

이원표, 2005 「신문 사설에서의 이념 표현에 대한 언어학적 분석 : '국가보안법'폐지에 대한 논쟁의 경우」, 『사회언어학』 제13권 1호.

이재화, 1989 『한국근현대 민족해방운동사』, 백산서당.

이 우, 2001 『국가보안법 개폐론의 허와 실』, 서문당.

이호영, 2005 「경찰 내 보안 기관에 대한 비판적 고찰」, 『민주법학』 제27호.

정호기, 2007 「박정희시대의 '공안사건'들과 진상규명」, 『역사비평』 제80호.

최장집, 2005 『민주화 이후의 민주주의』, 후마니타스.

한국형사법학회, 2004 「국가보안법 논쟁에 대한 전국 형사법 전공교수의 입장」, 『형사법연구』.

한상희, 2004 「국가보안법의 현존재. 그 프루크루스테스의 모순—공안문제연구소를 중심으로」, 2004년 제250회 정기국회 국정감사 정책자료집②, 『"공안문제연구소를 아십니까?"』, 2004.10.

한상희, 2007 「한반도 평화체제 구축의 걸림돌-국가보안법」, 국가보안법폐지국민연대, 『평화체제 구축과 국가보안법』, 2차 남북정상회담 개최 발표에 즈음한 토론회, 2007.8.22.

한용진, 2007 「최근 국가보안법 악용 인권탄압 실태 보고」, 한국진보연대(준), 국가보안법폐지국민연대, 『국가보안법 악용 탄압실태와 공안기구의 개편방안』, 2007.6.7.

阪本昌成, 1988 『プライブァシー權論』, 일본평론사.

냉전과 탈냉전의 체제변화와 한국방송

6월항쟁과 북방정책

이창현

1. 서론

분단 이후, 냉전체제를 유지함에 있어서 남한과 북한의 언론은 분단체제를 유지 발전시키는 중요한 역할을 담당해왔다. 시민차원은 물론이고, 언론차원에서도 북한과의 직접적인 접촉이 국가보안법 체제에서 완벽히 차단된 상황 속에서 남한 언론에 담겨 있는 북한의 모습은 북한을 바라보는 유일한 창이었다. 언론에 나타난 모습을 통해서만 우리는 북한을 바라다볼 수 있었다. 세상을 바라보는 창으로서 언론의 색깔과 모양에 따라 우리는 북한의 모습을 전혀 다르게 이해해야 했다. 냉전체제 속에서 언론이 구성한 북한의 모습은 호전적이고 적대적이며 비인간적인 이미지로 나타났다(이창현, 1990).

방송은 영화나 신문 등 다른 매체와는 달리 '안방극장'이라는 별명을 갖고 있는데, 그 단어 뜻처럼 일상 속으로 들어와서 북한에 대한 인식을 매일같이 형성해왔다. 북한 무장공비의 출현과 간첩단사건 등 언론보도를 통해 북한에 대한 이미지는 일상적 기억으로 남게 되었고 이것은 역사관을 구성하는 중요한 틀을 제공하였다. 냉전체제 속에서 남북한 모두가 자신의 체제를 유지하기 위해서 상대방을 적대시하였으며 이를 국민의 의식 속에 담아내고자 방송을 동원해 왔다. 이 당시 남한방송에 비친 북한의 모습은 그야말로 '동토의 왕국'에 사는 '기아선상의 인민'들일 뿐이었다.

1990년 동구권의 몰락으로 냉전적 세계질서가 해체되면서 남한정부도 북한에 대한 독일식 흡수통합을 기대해왔다. 이를 위해 김영삼 정부는 남북한방송 상호개방안을 제시하기도 하였으며 북한에게 남한방송의 개방을 일방적으로 요구하기도 하였다. 그러나 무리한 남한 방송개방요구는 남북한간 신뢰회복의 부족으로 실천되지 못했고, 김영삼 정권 역시 냉전적인 방송관을 크게 변화시키지 못했다(이창현, 2001).

남북한 관계가 극적으로 변화한 것은 김대중 정부 시기였다. 남북한간 화해와 협력을 기치로 내세웠던 김대중 정부는 상호비방을 중지하고, 남북한 언론인의 상호교류, 공동제작 등을 부분적으로 추진하였다. 김대중 정부시기 6·15남북정상회담이 성공적으로 이루어지면서 남북한간 방송교류와 협력의 기본 틀이 만들어졌으며, 방송은 반공이념을 재생산하는 데서 벗어나 통일 지향적 이념을 재생산하는 기능을 담당했다. 이런 의미에서 6·15남북정상회담 방송은 50년 넘게 지속되어온 반공 이데올로기의 틀에서 벗어나 북한에 대한 인식을 긍정적으로 변화시키는 계기가 되었다.

김대중 정부에 이어 노무현 정부에서도 남북간 화해와 협력을 기반으로 남북관계를 더욱 긴밀하게 만들었으며 이러한 정치상황에서 북한에 대한 적대적 이미지는 축소되고 우호적 이미지가 더욱 강조되었다. 2007

년 남북정상회담 방송은 노무현 대통령 내외의 군사분계선 도보 통과 등 중요한 일정을 생중계로 방송하였으며, 아울러 회담의 진행을 정규 뉴스 및 뉴스 특보 등을 통해 시청자들에게 전달하였다. 특히 2007년 남북정상회담 방송에서는 노무현 대통령이 도보로 군사분계선을 넘는 장면이 무엇보다 중요한 의미를 갖고 있었으며, 이러한 모습은 시청자들에게도 커다란 사건으로 기억되었다.

그러나 이명박 정부에 접어들면서 남북한간 화해와 협력의 기조는 사라지고 북한과의 체제 갈등이 고조되는 상황에서 천안함 및 연평도 사태가 발생하여 남북한간 대화조차 없는 상황이 지속되고 있다. 대북 삐라가 공공연히 살포되고, 대북 확성기방송이 재개되려는 상황이었다. 중상모략과 상호비방을 금지하기로 한 6 · 15정상회담의 남북한간 기본합의를 무너뜨리는 것이었다. 방송통신위원회는 물론이고, 개별 방송사간의 교류협력 사업들도 줄줄이 중단되고 말았다.

본 논문에서는 일차적으로 6 · 15남북정상회담 이전시기 남한방송이 냉전체제의 이데올로기 생산에 어떠한 기능을 담당해왔는지를 파악해보겠다. 이차적으로는 탈냉전시대라고 이름 붙일 수 있는 6 · 15남북정상회담 이후의 화해와 협력시기에 남한방송에 나타난 북한의 이미지 변화와 남북 방송사간 교류협력사업의 성과를 제시해보겠다. 마지막으로 새로운 남북간 갈등기인 이명박 정부 시기 남북한간 언론교류와 협력이 어떻게 변화하였으며, 천안함사태와 연평도사태가 발생했을 때 북한에 대한 보도태도는 어떠했는지를 살펴봄으로써 방송의 역할변화를 기술해보고자 한다.

2. 냉전체제하의 한국방송

냉전체제하에서 한국방송은 지배이념으로서 반공 이데올로기를 재생산하였다. 남한방송은 자신의 지배 체제만을 옹호하였고 북한방송은 반공법, 보안법등 법적조치를 동원하여 듣지도 못하도록 하였다. 그 중에서도 북한 공산주의 체제 및 정권을 절대적인 '악'과 '위협'으로 규정하고 그것의 철저한 제거 혹은 붕괴를 전제하였고 동시에, 남한 내부의 좌파적 경향에 대한 적대적 억압을 내포하고 있었다. 남한사회에서 반공 이데올로기는 '일체의 사회적 가치들을 초월하는 것'으로서 '가치판단에 일체의 사실판단을 종속시키는 상태'를 말하며, '분단의식의 과잉사회화(over socialization)'라고 할 수 있다(김진균, 조희연, 1985; 권혁범, 1998에서 재인용).

냉전체제하에서 한국방송의 성격은 6 · 25전쟁시의 삐라와 심리전 방송에 뿌리를 두고 있다. 한국전쟁 당시의 전시방송 체제는 전후에도 일상적 체제가 되어 방송의 반공 이데올로기 동원에 기여하게 된다. 한국전쟁은 전쟁 전개과정의 성격상 심리전의 좋은 무대였다. 정용욱(2004)의 분석에 따르면 당시 심리전은 '가장 저렴하고 효과적인 전쟁수단'으로 냉전체제에서 미국의 세계관과 이데올로기를 실현하는 유용한 수단이었다. 또한 6 · 25전쟁은 미국의 군조직 체계에 심리전 담당기구를 상설화하고, 심리전 교리를 발전시키는 중요한 계기였다. 당시, 심리전 매체로서 삐라는 상대방을 이간시키고 이념적으로 설득하기 위해 사용되었다. 미군은 공산독재와 공산지배를 비판했고, 북한군과 중국군은 미제국주의와 이승만 정권을 비난했다. 이러한 삐라의 내용은 한국전쟁이 이념전쟁이라는 사실을 말해주었다(김영희, 2008, 330쪽). 한편, 한국전쟁 당시에 삐라가 담당하는 기능을 당시의 심리전 방송이 동일하게 담당하였으며, 이러한 전통이 한국방송에 영향을 미치게 되었다. 북한은 서울을 점령한 그날부터 방송을 운영했고 성공적인 전쟁수행을 위한 체제를 만들고 남한지역에 북한식 제도와 법을 도입하여 공산주의 체제를 만들고자 했다. 삐라와 방송 등을 통해 남한주민들은 북한의 일방적인 선전과 선동, 이데올로기적 교화에 노출되었고, 이것은 남북한간 이념적 갈등을 강화시키는 중요한 역할을 한 것이다(김영희, 2007).

특히 냉전시대의 전쟁이라는 특수성으로 인해 이념의 측면에서 언론자유는 극히 제한되었으며, 한국전쟁 당시의 사상적 검열은 미국 정보전의 일부여서 한국이라는 일국단위를 넘어선 전세계적 정보규제의 성격을 지녔다. 이후 대한민국의 검열은 이승만 정권이라는 한 정권의 정보제한과 규제를 넘어서서 동아시아 지역 전체에 정착되던 미 · 소 양대강국의 냉전 구도적 심리전에 이중적으로 종속되어 있었다(정근식 · 최영희, 2011). 이와 같이 전시동원체제의 일부로서의 방송과 전시방송의 내용검열은 냉전적 이데올로기의 일방적 확산을 가능케 했다. 전시체제에서는 방송을 심리적 기구로 파악하였기 때문에 상대방 방송의 청취는 금기의 대상이 되었고 이러한 전통은 남한사회에서 북한방송의 청취를 처벌하는 법적 체제로 남아 있다.

> 방송의 이념적 성격 때문에 남북한간 방송의 자유로운 시청취는 불가능하였다. 북한주민은 물론이고, 남한 주민들도 북한방송을 청취하는 것만으로도 강력한 법의 규제를 받았다. 단순히 북한방송을 청취하였다는 이유로 구속되는 사례도 적지 않았다. 적어도 북한방송을 청취하기만 하고 별도의 표현행위로 나아가지 않은 경우마저 마구 구속되는 상황이었다. 당시 단순한 우발적 청취만 가지고도 반공법 위반으로 처벌해온 '살벌'했던 시대의 상황을 반증[1)]하고 있다(박원순, 2000, 46쪽).

한국방송은 해방 직후, 미군의 냉전적 세계체제 속에서 사회주의 확산을 막고자 반공 이데올로기를 강화하는 중요한 역할을 수행하게 된다. 1948년 남한의 단독정부수립은 북한을 배제한 채 분단의 틀을 고정시켰으며, 6·25의 발발에 따라 반공이데올로기는 일반국민들의 인식 속에 뿌리 깊이 내면화되었다. 이승만 정권은 1948년 '국가보안법'과 함께 방송을 반공 이데올로기의 전파기구로 묶어 놓는 언론정책 요강을 발표했다. 반공을 국시로 하고 있던 당시상황에서 언론정책요강의 1호는 대한민국의 국책을 위반하는 기사, 2호는 정부를 모략하는 기사, 3호는 공산당과 북한 괴뢰를 인정 내지 비호하는 기사, 4호는 허위의 사실을 날조, 선동하는 기사, 5호는 우방국의 국교를 저해하고 국위를 손상하는 기사 등을 지배체제를 비판하는 것으로 간주하여 통제하는 기능을 담당했다. 5·16혁명공약에 나타난 '반공'이데올로기의 내용은 다음과 같다. 제1항은 반공을 국시의 제일의로 삼고, 지금까지 형식적이고 구호에만 그친 반공태세를 재정비, 강화한다. 제5항은 민족적 숙원인 국토통일을 위하여 공산주의와 대결할 수 있는 실력배양에 전력을 집중한다이다.[2)]

---

1) "피고인은…… 다방에 들어가서 앉아있는 동안 그 다방 카운터 위에 놓여있는 라디오에서 음악소리가 나왔는데 처음에는 대한민국 방송인 줄 알고 그대로 듣고 있던 중 잠시 후 음악이 끝나고 이어 '남조선 청와대무리의 박서방이 배를 채우려고 철도요금을 인상하였다'는 등의 대한민국을 험구 비난하는 소위 이북방송이 나왔는바 그 방송이 반국가단체인 북한괴뢰집단이 대한민국의 민심을 교란, 선동하는 방송임을 알면서 그 라디오를 끄려는 다방종업원에게 무슨 소리를 하는지 들어보자고 끄지 못하게 함으로써 반국가 단체의 활동을 동조하여 그를 이롭게 한 것이라고 하나, 원판시와 같은 내용의 북한방송이 들려온 것은 피고인으로서도 우연한 일로서 범죄에 대한 고의가 없었다 할 것이고(대법원 1968년 10월22일 선고, 68도 제1118호 반공법 위반사건 판결문(김철수, 『판례교재헌법』, 법문사, 1977, 297쪽 수록).

2) 보도지침에 나타난 반공 이데올로기 동원의 일부 사례로서 보도 불가 지시를 받은 내용은 다음과 같다.

〈보도불가내용〉

1986. 1. 8. 제2차 로잔느 남북체육회담:

전두환 정부 시기 한국방송은 국가권력의 직접적인 통제지침으로서 '보도지침'에 의한 통제를 받았다. 보도지침에 언급된 구체적인 사례로서 국제체육회담 관련기사의 경우에도 '북한을 옹호, 한국을 비판하는 내용'은 보도 불가 내용이며, '북한에서 전쟁의사 없다'는 평화적 메시지 역시 보도 불가의 내용이었다. 반면 '납치사건이 북한의 소행'이라는 것이나 '북한군 하사귀순'의 내용은 보도를 확대하였다. 이상의 내용에서와 같이 전두환 정부는 보도지침을 통해 북한의 부정적인 이미지를 강조하고, 긍정적인 이미지는 축소 보도해왔다. 이것은 궁극적으로 남북간의 대립구조 속에서 북한을 '체제전복세력', '반정부세력'과 동일시하여 파악하려는 것이다. 방송의 편성에서도 이러한 원칙은 체계적으로 관철되었다.

1980년대 후반에는 동구권의 몰락 등 국제정치의 변화에 따라 사회주의권과의 교류가 강화되었지만, 방송의 내용에는 반공 이데올로기의 틀이 그대로 유지되었다. 정부는 북한 및 공산권 국가에 대한 보도 요강을 만들어 언론사의 보도내용에 통제를 가하였다.[3] 보도요강에 따르면 언

외신 반응중 "북한옹호, 한국비판 내용"은 싣지 말 것,

1986. 1. 18. 일, 북한의원연맹회장, 최근 평양 방문중 김일성과 요담 "김일성 올해 안에 남북정상회담 용의, 전쟁의사 없다" 운운한 내용은 보도하지 말 것.

〈보도확대내용〉

1986. 1. 4. 북괴군 하사귀순, 크게 보도요망,

1986. 1. 13. 레바논 납치사건: "북한의 소행인 듯"식으로 부각시킬 것,

1986. 2. 3. 일본 산께이 신문의 "북한, 팀스피리트 비난, 명분 없다"

3) 북한 및 공산권 국가에 대한 보도요강(1988년 9월 10일) 보도요강에는 보도금지사항과 보도사전협의사항이 언급되어 있다. 보도금지사항은 다음과 같다. 1. 북한 및 반국가 단체를 이롭게 하거나 정부의 대북한 정책에 역행하는 여론을 조성하는 사항, 2. 남북한 정부 및 민간인사의 정치적 외교적인 비공식 접촉 교섭 및 교류 등 미공개 사항, 3. 비밀로 분류된 북한관계자료, 통신, 전자, 사진정보 및 공작 첩보사항, 4. 기타 북한관련 보도내용이 국민의 안보의식에 심대한 악영향을 미치는 것. 보도사전

론사의 보도내용이 북한을 이롭게 하거나 공산주의 체제의 우월성을 인식시킬 수 있는 내용인 경우 보도 금지 및 사전협의를 받아야 했다. 노태우 정권시기에도 정부는 직접적인 정보 통제요강을 뉴스제작현장에 강요하고 있었다. 기자의 능동적인 대북 취재가 봉쇄되고 있었고, 안기부나 내외통신에 의한 관급 보도 자료가 주된 정보원이 되었으며, 이러한 제작 관행이 고착되어 기자들의 대안적 북한관련 정보원에 대한 취재 노력은 사라졌다. 뉴스 룸의 기사처리 관행에 따라 이들 북한 관련 관급 뉴스 자료는 대부분 중요한 기사거리로 선택되었다(이창현, 1990).

그러나 국제정세의 변화에 따라 북한에 대한 보도태도에 부분적 변화가 생겨나기도 했다. 1998년경부터 진행된 한국언론의 방북러시는 북한을 호기심의 대상으로 재구성하고 이 호기심을 경쟁적으로 상품화하기 시작했다. 북한이 더 이상 위협을 가하지 않기에 객관화될 수 있었고, 더 이상 비교될 수 없기에 낭만화 될 수 있었고, 그 격차가 크기에 연민의 대상이 되어 이미지가 고정화되었다. 이러한 변화는 과거 북한에 대해 사소한 문제조차도 긍정적 평가가 불가능했던 것에 비하면 진전된 것이기는 하지만, 분명히 적대적 대립에 의한 '적대적 타자화'에서 절대적 격차에 의한 '비적대적 타자화'로의 변화를 보여주고 있다. 아직도 북한은 우리와 같은 민족으로 나타나기보다는 또 다른 '타자'로서 언론에 구성되고 있는 것이다(전효관, 2000). 한국방송은 한국전쟁을 거치면서 냉전체제에 부합하는 미국의 세계전략에 따라 반공적 이데올로기를 동

협의사항은 다음과 같다. 1. 공산주의 체제의 우월성을 인식시킬 우려가 있는 사항, 2. 민족동질성 회복에 저해되는 사항, 3. 북한 등 반국가 단체에서 발행한 자료와 국민의 대북 인식을 오도케 할 우려가 있는 외국 간행물 또는 외신내용, 4. 정부당국이 제공한 김일성, 김정일의 사진(김주언, 1989).

원해왔고, 북한방송은 국가보안법등의 법적 규제 등을 통해 원천적으로 청취할 수 없었던 것이다. 그리고 1990년대 이후 사회주의권의 몰락 등 국제정세의 변화에도 불구하고, 한국방송은 북한을 비적대적이지만 여전히 타자화해옴으로써 이질감을 강화시키는 역할을 담당해왔다.

3. 탈냉전, 화해와 협력시대의 한국방송

김대중 정부시기 북한에 대한 햇볕정책은 기존의 반공논리로 북한과 통일문제를 다루어온 방송에 대해 큰 변화를 요구했다. 김대중 정부 이전은 방송이 냉전 패러다임과 이분법적 매카시즘, 그리고 레드 콤플렉스를 강조하였다면, 김대중 집권 후에는 탈냉전 패러다임이 나타났고, 이념스펙트럼의 확장과 개방으로 통일/평화지향적 공존의 논리가 나타났다(언론연구원, 1999). 특히, 6 · 15정상회담 이후 방송은 냉전적 보도태도를 긍정적으로 변화해왔으며, 감정적인 부정적 보도태도를 자제하는 모습을 보였다(『미디어 오늘』 1999년 7월 8일자).

김대중 정부시기에 북한관련 보도의 프레임이 급격히 변화된 기점은 6 · 15남북정상회담이다. 회담 당시 한국방송진흥원(2000)에서 실시한 조사에 의하면 국민의 95%가 텔레비전 방송을 통해서 남북정상회담을 접했으며, 이 방송을 보고 국민의 64%가 김정일 위원장에 대해 긍정적인 이미지를 갖게 되었다고 응답했다. 당시 김대중 대통령과 김정일 국방위원장의 역사적 만남을 구성해낸 방송을 바라보면서 시청자들은 오랜 분단의 벽을 넘어 가슴 뭉클한 민족적 동질감을 느꼈을 것이다. 6 · 15정상회담 이후 북한보도에서 부정적인 보도가 줄어들었고, 중립적 보도는 증가했다. 1997년에는 76.7%였던 부정적 논조가 2000년에는 37.9%로 줄어들었으며 정상회담 이후에는 2.9%로 감소했다. 반면 긍정적 보도는 1997년 8월에는 5.5%에서 2000년 6월에는 79.9%로 증가했다(주창윤, 2000). 이상과 같이 남한방송의 북한 보도 태도는 김대중 정부의 등장과, 6·15정상회담을 계기로 급격히 변화했다고 할 수 있다. 가장 두드러진 것은 뉴스보도태도의 변화로서, 북한의 적대성 (부정적 요소)을 감소시키고, 북한을 이해(긍정적 요소)하는 요소가 많아졌다. 구체적으로는 북한을 자극하는 아이템을 가급적이면 피하고, 논평도 순화되었다. 구체적으로 김대중 정부가 들어선 1997년과 1998년 사이 KBS 9시 뉴스와 SBS 8시 뉴스에 나타난 북한뉴스의 경우, 부정적 뉴스와 열등한 이미지 등이 감소하고 있음을 보여준다(이창현, 1999).

〈표-1〉 방송3사의 남북방송교류 현황

연도	프로그램	방송일
2000	KBS 한민족 특별기획 3원생방송 "백두에서 한라까지"	2000.9.12
	MBC 현미,남보원이 본 평양	2000.8.14
2001	KBS 여기는 평양입니다, KBS 백두고원을 가다	2001.6.1~6.29 2001.8.14
	MBC 여기자 북한방문기 평양 10박 11일	2001.4.15
2002	KBS 남북통일축구경기 KBS 추석맞이 남북교향악단연주회	2002.9.7 2002.9.21
	MBC 평양특별공연 이미자 공연	2002.9.27
2003	KBS 평양노래자랑 KBS 남북경협현장	2003.8.10 2003.10.18
	SBS 정주영 체육관 개장기념 〈평양친선음악회〉	2003.10.6~7
2004	KBS 다큐멘터리 고구려는 살아있다	2004.7.10~11
	MBC MBC 스페셜 북녘의 음식기행	2004.1.31
2005	KBS 금강산열린음악회	2005.6.12
	MBC PD수첩 개성을 말하다	2002.2.15
2007	KBS 방송80년 특별기획드라마 '사육신'	2007.8.8~

출처: 박종수, 2009, 121~122쪽.

위의 표와 같이 6·15정상회담 이후 남북한간 방송교류는 급격히 증가했고, 이러한 교류는 남북한 방송당국간의 장기적 협력체제로 발전할 수 있었다. 남한의 취재진이 북으로 가서 공동제작을 하였고, 이러한 과정에서 인적, 물적 교류가 확대되었다. 2000년 '백두에서 한라까지'라는 한민족 특별기획방송을 기획하여 방송하였고, 기자들은 평양을 취재하였고, PD들은 평양음악회 등을 중계방송하였고, 드라마를 공동제작하기에 이르렀다.

6·15정상회담 이후 방송사들이 효율적으로 방송교류를 추진할 수 있도록 하기위해서 방송위원회는 2001년 6월 방송교류추진위원회를 구성하여 다각적인 지원정책을 수립했다. 아울러 2002년 8월 26일에는 방송교류협력을 위한 남북한간 '합의서'를 체결하였다. 또 남북화해와 협력을 위한 방송의 역할에 대한 요구가 증가하면서 방송법 개정(2005.4)을 통해 남북 방송교류 추진과 지원을 위한 법적·제도적 토대를 마련하고 이에 따라 방송위원회는 방송법 제27조 12호(방송위원회 직무)와 제35조의2 제1항(남북간방송교류협력)에 근거하여 남북 방송교류 업무를 수행하였다(박종수, 2009, 122쪽). 이와 같이 다양한 방식의 제도적 지원에 따라 남북한 방송교류와 협력은 더욱 강화될 수 있었던 것이다.

노무현 정부에서도 기본적으로는 김대중 정부의 남북한 방송교류와 협력체제가 유지되었다. 그러나 2007년 남북정상회담의 방송은 2000년 남북정상회담과는 달리 북한에 대한 이미지를 적극적으로 변화시키지는 못했다. 남북정상회담을 취재한 지상파 방송 3사의 보도 논조를 비교 분석한 결과, 80% 이상의 보도가 중립적인 논조를 보인 반면, 우호적 논조의 보도는 11.4%, 비판적 논조의 보도는 7%를 각각 차지했다. 참고로 2000 남북정상회담의 경우에는 우호적인 보도가 55%, 중립적인 보도가 44%를 차지했고, 비판적인 보도는 1%에 불과했다. 2000년에는 그야말로 환영 일색이었던 보도논조가 이번에는 신중하면서도 비교적 우호적인 중립적 관점으로 전환되었고, 부정적 · 비판적 논조의 보도도 7%로 증가했음을 알 수 있다(윤호진, 2007).

그럼에도 불구하고 2007년 남북정상회담 방송은 현장의 생생한 영상 전달력과 함께 남북화해와 민족공조라는 시대정신을 확대해갔다는 의미를 갖는다. 이는 냉전적 사고의 틀에 사로잡힌 채 시종일관 노무현 정권에 적대적인 보수신문들이 남북정상회담의 의의를 폄하하고 이를 부정적으로 보도했던 것과 대비된다. 실질적으로 2007년 남북정상회담의 평가나 남북문제 여론형성에 가장 영향력이 큰 매체가 무엇이라고 생각하는가라는 질문에 응답자의 38.2%가 KBS라고 응답했다. 이어서 조선일보(18.5%), YTN(7.1%)으로 이어진다(이원섭, 2007). 이처럼 공영방송의 역할은 중요했고, 방송이 갖고 있는 영향력이 크기 때문에 통일지향의 사회분위기를 유지하는 데 있어서 중요한 역할을 담당했다.

〈표-2〉 남북정상회담에 관한 언론보도가 국민에게 미친 영향

항목	긍정적 영향	부정적 영향	계
남북상호협력 필요성에 대한 국민의 인식	91.5	8.5	100.0
국민의 김정일 국방위원장에 대한 호감도	69.5	30.5	100.0
국민의 노무현 대통령에 대한 호감도	72.3	27.7	100.0
남북정상회담 성과에 대한 인식	82.8	17.2	100.0

출처: 이원섭, 2007, 56쪽.

위의 표에서와 같이 남북정상회담에 관한 언론보도가 국민에게 미친 영향은 '남북 상호협력 필요성에 대한 국민의 인식'(91.5%), 남북정상회

담 성과에 대한 인식(82.8%), 노무현 대통령에 대한 호감도(72.3%), 김정일 국방위원장에 대한 호감도(69.5%)에 긍정적인 영향을 미쳤다는 응답이 나왔다.

그러나 김대중과 노무현 정부를 거치면서 전체 언론이 힘을 합쳐서 통일 지향적 가치를 만들어내는데 있어서 힘을 모으기는 힘들었다. 보수적 신문에서는 여전히 냉전적 가치를 뉴스보도에 있어서 가장 중요한 가치로 삼고 있었다. 이에 대해 김정기(2007)는 "더욱 심각한 문제는 우리 주류언론 매체들이 아직 냉전시대 북한을 비방하던 나쁜 유산에서 탈각하지 못하고 있다는 사실이다. 정상회담을 앞두고 양 정상을 폄훼하는 미국 언론의 시각을 따른 것도 냉전시대 북한을 비방하는 것이 능사였던 유산에서 나온 행태처럼 보인다"고 지적한다. 이처럼 김대중, 노무현 정부에서는 방송을 중심으로 통일지향적인 가치를 사회적으로 만들어내는데 성공했지만, 보수신문의 경우는 분단지향적 가치를 유지하면서 방송과 갈등을 지속해 갔다. 이러한 대립구도는 북한 및 통일정책에 대한 사회적 합의보다는 갈등을 조장하도록 기여했으며, 보수정권의 등장이후, 보수신문의 프레임에 따라 공영방송까지도 냉전적 가치를 확대 재생산하는 계기가 된다.

4. 이명박 정부 시기의 방송

2008년 이명박 정부가 시작되면서 대북정책에 있어서 '비핵개방, 3000' 정책을 추진하였으나 북한의 강력한 반발을 초래하여 남북간의 갈등만 고조되었다. 이러한 정부의 대북 강경노선에 따라 남북한간 교류협력은 중지되었고, 지난 10년의 남북한간 언론교류의 성과를 뒤로한 채 이념적 갈등만 강화시켰다. 특히 보수신문의 냉전적 논조강화와 함께 통일지향의 화해 방송을 해왔던 공영방송 사장으로 보수적 인사를 앉힘으로써 6 · 15남북정상회담 이후 완화되었던 대북보도의 냉전적 시각이 다시 부활하였다. 이 때문에 남북한간 긴장조장을 견제할 수 있는 언론은 사라져버렸고 남북한간 위기는 더욱 고조하는 언론만 남게 되었다.

1) 삐라와 확성기의 부활

남북간 전단(삐라)[4]살포와 휴전선 확성기 방송은 냉전시대 심리전의 상징이었다. 이른바 심리전의 도구로써 상대방을 비방하고 중상하는 대표적인 미디어였다. 한국전쟁을 치르면서 전단과 확성기 방송은 중요한 심리전의 수단으로 사용되었고 이것이 휴전 이후에도 지속되어 왔다. 남북간 대화가 진행되고, 화해와 협력의 틀이 만들어질 때마다 제일 먼저 나오는 내용이 전단과 확성기 방송과 같은 상호 중상비방의 금지였다. 일찍이 1972년 7 · 4공동성명에서도 상호비방금지가 무력도발의 금지등과 같은 비중으로 합의되었다. 이러한 기반위에서 남북간 화해협력의 시대를 연 6 · 15남북정상회담의 합의가 나올 수 있었다. 결국 남북간 상호 비방중지는 국가 간 외교의 기본적 전제이듯이 남북 간에도 관계개선의 기본적 조건이었다.

강현두 · 이창현(1989)은 일찍부터 상호비방 중지를 기반으로 한 남북

[4] '전단, 벽보, 광고용 포스터'라는 뜻을 지닌 영어단어 'bill(빌)'이 일본으로 건너가 'びら(비라)'로 굳어졌고, 이것이 다시 삐라가 되어 우리나라로 들어왔다는 게 정설이다(최희진, 『경향신문』 2008년 12월 11일자).

간 방송 교류협력을 제안하였다. 사실상 남북간 상호비방은 법적으로도 불법행위였다. 일찍이 1992년 남과 북이 함께 작성한 남북 화해 부속합의서에서는 "남과 북은 언론 · 삐라 및 그 밖의 다른 수단과 방법을 통하여 상대방을 비방 · 중상하지 아니 한다"고 적시하고 있으며, 2004년 남북장성급회담에서는 상호비방 금지 원칙에 따라 남북은 삐라 살포와 휴전선 대북방송을 전면 중단하기로 선언했었다.

그러나 이명박 시대의 보수적 탈북단체들은 대북 전단 살포를 지속해왔다. 특히, 이명박 정부 들어 공공연히 탈북단체들이 1달러를 넣은 비닐 주머니의 삐라를 북쪽으로 대량 살포하고 북한체제 내부의 저항을 유도하는 내용을 보내고 있다. 예컨대, "김정일은 북조선 인민들을 노예로 부리는 살인마"라는 내용이나 "3대 세습 등 북한체제를 비난하고 리비아사태 등 중동의 민주화 열풍을 알리는" 내용을 삐라에 담고 있었다. 천안함사태 등을 전후하여 남북한간 갈등은 더욱 강화되었고, 군은 휴전선에 확성기를 재설치하였으며, 전단도 직접 살포하기도 하였다. 북한체제로 보면 심각한 체제위협이었으며, 이에 따라 북한 측은 전단 살포 장소와 휴전선의 확성기를 조준 포격하겠다는 심각한 반발을 보였다.

그러나 이러한 갈등은 남북한간 대화를 통해 해소되지 않고 긴장은 오히려 강화되었다. 2011년 4월 15일 김일성 생일날 30만 장의 전단을 북으로 뿌렸다. 접경지역 주민들이 관광객감소, 북한의 조준타격 주장에 따른 불안감 등을 이유로 반대했음에도 불구하고, 대북단체는 이를 강행했고 정부는 막지 않았다. 북한 최대의 명절날을 앞두고 북한체제를 정면으로 거부하는 삐라를 북한 측에 지속적으로 날려 보내고 있는 것이다. 이것은 남북간의 긴장을 더욱 강화시키고 화해와 협력을 위한 진정한 대화를 더욱 어렵게 하는 것이었다.

2) 천안함, 연평도 관련 보도태도

이명박 정부에서 남북한 관계를 더욱 경색시키는 계기가 된 것은 천안함, 연평도 사태의 발발이다. 대통령은 천안함사태 이후의 대국민담화에서 "한반도 정세가 중대한 전환점을 맞고 있다"고 언급하며 국민의 정부에서 시작돼 참여정부까지 지속된, 이른바 '햇볕정책'으로 상징됐던 대북 포용정책을 전면 수정하겠다고 밝혔다. 천안함사태 이전과 이후에 이른바 대북 정책의 '패러다임 시프트'가 필요하다고 하면서 과거 정부에서는 상상할 수 없을 만큼 강력한 수준의 대북 제재 및 대응 방안을 제시했다. 이 대통령은 한발 더 나가 "북한이 우리의 영해, 영공, 영토를 무력 침범한다면 즉각 자위권을 발동할 것"이라고 천명했다. 한편, 보수신문과 같이 KBS에서도 보도와 특집방송을 통해서 천안함사태에 대한 국민적 공분을 조성해갔다. 이에 전국언론노동조합 KBS 본부는 '북풍 바람잡이용 천안함 특집 방송을 당장 중단하라!'는 내용의 성명서를 아래와 같이 내기도 하였다.

> 6 · 2지방선거를 앞두고……5월 17일 사측으로부터 오는 20일 천안함사건 조사 결과 발표에 맞춰 교양제작국과 기획제작국에서 천안함 관련 프로그램을 급조해 방송하라는 지시가 떨어졌다…… 이번 주말 기획제작국 '심야토론'팀은 천안함사건을 정리하는 스튜디오 종합구성 토론을, 교양제작국에서는 서해교전을 주제로 프로그램을 제작하라는 것이다. 이게 도대체 뭐하자는 짓인가? 이제 아예 벌거벗고 관권선거와 북풍조성에 앞장서자는 것인가?……이 시점에 왜 갑자기 서해교전인가?

KBS 본부는 서해 교전 등의 특집 프로그램 등을 통해 천안함사태 역시 북한의 공격으로 발생한 것이라는 인상을 강하게 심어주고 안보 불안감을 조성하여 6·2지방선거에서 여당에게 유리한 결과를 안겨 주겠다는 의도를 갖는다는 비판이 있다. KBS보도의 문제는 지난 주말 천안함 함수를 인양했을 때 두드러졌다. 외부 폭발 가능성이 높지만 아직 누구의 소행인지는 확인되지 않고 있는 상황에서 KBS 보도는 북한 공격설을 기정사실로 몰고 있다는 인상을 지울 수 없었다. 예컨대, "북 실전배치한 음향어뢰 가능성"이라는 아이템에서는 "(음향어뢰가) 음향 센서로 배를 찾아내 표적에 가까이 가면 직접 부딪히거나 3미터 거리에서 터지게 된다"고 설명했다. 그리고 "합참은 북한 해군이 TNT 100~300kg 규모의 음향어뢰를 실전 배치하고 있는 것으로 보고 있다"고 연속 보도함으로써 누가 봐도 북한이 음향어뢰로 공격했다는 식의 논조이다. 그리고 '천안함 저속 기동……어뢰 공격에 취약' 리포트에서는 "천안함의 속도는 북한이 다수 보유한 상어급 잠수함의 어뢰 공격 대상이 되기 딱 알맞다는 분석"이라는 멘트를 통해 은근슬쩍 '북한 공격설'로 몰아가고 있다는 평가를 지울 수 없다(전국언론노동조합 민주언론실천위원회, 『미디어오늘』 2010년 4월 29일자).

아울러 연평도 사태 이후에는 갈등을 조장하는 기사들이 나오기 시작했다. KBS는 2010년 12월 2일 밤 〈뉴스9〉 아이템 '경기도가 다음 공격 목표'에서 『도쿄신문』 보도내용을 소개하면서 "단순 포격이 아닌, 생화학 공격 가능성도 조심스럽게 제기했다"고 주장했다. 북한이 연평도포격에 이어 연내 경기도를 포격할 수 있다는 일본 『도쿄신문』 보도에 대해 KBS가 그 내용의 진위여부를 따져보지 않은 채 한 발 더 나아가 생화학무기, 화생방 테러 가능성이 있다는 보도를 내보내 시청자들에게 더욱 불안감을 심어주고 있다는 지적이다(『미디어오늘』 2010년 12월 3일자). 이에 대해 김동준(2010)은 연평도 사태가 발발한 후 "10일간 방송 뉴스를 보고 있노라면 곧 전쟁이라도 날 것 같은 긴장감이 드는 것이 사실이었다." 앞으로 방송보도는 무엇보다 먼저 "평화적 해결의 프레임으로 전환해야 한다. 사태 발발도 이제 10일이 지나가는 만큼, 북한의 도발이 행위적으로 어떤 목적과 원인을 갖는지에 대해 차분한 접근을 당부한다. 지금 북한을 궁지로 몰아넣고, 북한의 행위를 예측 불가능한 것으로 판단하여 위험을 강조하는 것은 아주 쉬운 선택이지만 경계해야 할 태도다"라고 비판한다. 이처럼 이명박 정부시기에는 남북한간 갈등이 고조되고 이것이 보수언론과 공영방송을 통해 강화되는 상황에서 천안함 사태가 발생했고, 이것이 파블로프의 조건반사처럼 북한에 의한 폭파일 것이라는 반공적 프레임으로 보도가 이루어졌다는 점에서 문제가 많다.

한편, 이명박 정부에 들어서서 남북방송교류의 예산은 해마다 삭감되어 2008년도에 26억이었던 것이 2009년에는 9억 5천만 원으로 줄었고, 2010년에는 3억이었고, 2011년에는 2억원이 편성되는 등 급격히 줄고 있다. 그리고 방송통신위원회에서 구성한 '남북방송통신교류추진위원회'가 지난 2009년 5월 출범했지만 제2기 추진위의 경우 단 두 차례 회의를 진행해 안건 3건을 논하는 데 그치는 등 활동실적이 거의 없었다(『뉴스토마토』 2011년 10월 6일자). 결국, 이명박 정부의 방송은 화해와 협력의 기본 틀은 무력화시키고, 냉전적인 차원에서 갈등을 조장하는 방송만을 해왔다고 볼 수 있다.

5. 결론 : 남북관계와 방송의 역할변화

한국방송은 냉전과 탈냉전체제로 이어지는 사회변화에 부응하면서,

각 정권의 지배적인 가치를 재생산하는 역할을 담당해왔다. 이승만, 박정희, 전두환, 노태우, 김영삼 정권을 거치면서 정권별로 차이는 있지만, 방송은 냉전체제를 유지 확장시키는 기능을 수행해왔다. 남북한간 6·15 정상회담을 통해 햇볕정책을 이룩한 김대중 정권과 그 정책기조를 이어간 노무현 정권 시기에 방송은 과거 냉전체제와는 다른 새로운 탈냉전체제에 부응해가면서 남북한간 교류와 협력을 강조하는 시스템을 만들어왔다. 이 과정에서 방송인의 인적교류 및 방송프로그램의 공동제작 등 다양한 교류와 협력 프로그램을 만들어갔다. 그러나 이명박 정권에는 김대중, 노무현 정권이 가져왔던 탈냉전체제의 방송역할을 유지하기보다는 다시 냉전체제의 틀로 되돌아가서 방송이 남북한간 긴장을 강화하고 조성하는 기능을 담당하고 있다.

이 글에서는 냉전체제와 탈냉전체제의 변화 속에서 한국방송이 어떠한 역할을 담당해왔는지를 파악하기 위해서 강현두·이창현(1989)이 주장한 통일방송의 지향단계가 어떻게 달성되었으며, 또 어떻게 훼손되었는지를 파악해 보고자 한다. 이들은 남북한간 방송교류와 협력이 달성되기 위해서는 단계론적 접근이 필요하다고 주장했다. 1단계는 상대방 주민을 대상으로 한 대남, 대북방송의 이념동원을 중지해야 한다. 2단계는 남북한 모두 상대방 방송을 기술적으로 차단하는 전파교란을 중지해야 한다. 3단계는 남북한 모두 특정 프로그램 시간대에 상대방 프로그램을 있는 그대로 보여주는 가칭 '통일 시간대'를 편성해야 한다. 4단계는 방송생산자의 인적교류를 통해 미디어 이데올로기의 상호이해를 바탕으로 한 프로그램 제작이 이루어져야 한다. 5단계는 통일채널의 확보 및 통일방송국을 설립, 운영해야 한다고 말한다. 이들은 통일방송을 위해서 단계적 접근이 필요하다고 주장하면서 당시 1989년에도 1단계는 상당 부분 이루어졌고, 3, 4단계가 실험 중이라고 평가하였다. 심지어는 5단계인 통일채널의 확보논의까지 무르익었었다. 실질적으로 이들의 주장처럼 김대중 정부와 노무현 정부를 거치면서 3단계와 4단계가 상당부분 실현되었다. 그러나 이명박 정부에 접어들면서 다시 과거로 돌아갔으며 심지어는 상호비방금지라는 1단계의 원칙도 제대로 실천되지 못하는 현실을 초래했다.

〈표-3〉 남북한간 방송교류 및 협력의 정권별 특성

구분	냉전시대	탈냉전의 화해 협력 시대	재냉전 시대
1단계 : 대남, 대북 이념동원, 상호비방 금지	X 대남, 대북 이념동원 상호비방의 시대	O 중상모략 금지	X 상호비방의 재등장: 삐라와 확성기
2단계 : 상대방의 전파교란 중지	X 상대방 방송시청취시 법적 처벌	X 전파교란 중지 논의	X 전파교란의 유지
3단계 : 통일 시간대	X 논의자체불가	△-O 부분적 실현 : 남북의 창, 통일전망대에서 통일적 내용방송 (우호적 시각)	△-X 남북의 창, 통일전망대에서 부정적 내용 방송 (적대적 시각)
4단계 : 인적교류	X 논의자체불가	△ 부분적 실현:기자와 PD의 북한방문 취재허용, 언론인교류	X 기자와 방문취재 등 인적교류 불허
5단계 : 통일채널, 통일방송수립	X 논의자체불가	△ '백두에서 한라까지등' 프로그램 차원에서 공동제작방송 실현, 교류협력강화	X 공동제작등 남북언론교류 불허, 방송통신위원회 교류등 예산감축

위의 표에서와 같이 박정희, 전두환, 노태우, 김영삼 정부의 방송은 냉전시대라고 할 수 있으며, 김대중, 노무현 정부의 경우는 탈냉전의 화

해와 협력 시대라고 할 수 있으며, 이명박 정부의 방송은 재냉전의 시대라고 할 수 있다. 화해와 협력의 시대에는 남북한 교류와 협력의 5단계가 체계적으로 추진되었으며, 가급적이면 냉전적인 과거의 흔적을 지우려는 강한 노력을 기울였다. 2000년, 2007년 남북간 정상회담을 거치면서 일반 국민은 방송을 통해 북한의 실체를 보다 정확히 알 수 있었고, 인적교류와 프로그램 공동 제작 등을 통해 북한에 대한 긍정적인 내용을 접할 수 있는 기회를 제공받기도 했다. 그러나 보수신문의 북한에 대한 부정적 프레임은 여전히 북한에 대한 냉전적 시각을 유지한 채로 남아 있었으며, 방송의 역할을 한정적인 차원에 머물게 하였다.

이명박 정부에 들어오면서 정부의 대북 강경정책이 가시화되었으며 천안함사태를 계기로 남한 언론은 다시금 냉전적 갈등을 부각하는 보도태도를 보이고 있다. 6 · 15회담 당시 언론이 능동적이고도 주체적으로 북한의 보도태도를 바꾼 것이 아니라 6 · 15정상회담 이후에 급격히 변화하는 정치 환경에 그대로 순응했던 것처럼, 이명박 정부의 대북강경정책 이후의 언론도 정치적 상황에 부합하는 정치 종속적 언론 보도태도를 보이고 있는 것이다. 특히 보수신문의 프레임은 이명박 정부의 대북정책을 구조화하는 중요한 역할을 담당하였고, 방송 또한 보수신문의 프레임과 유사한 체제로 전환되었다. 이 때문에 이명박 정부시대의 방송은 남북한 관계의 경색국면을 반영하면서 북한에 대한 적대감을 강화시키는 재냉전적 내용을 담고 있다고 할 수 있다.

[참고문헌]

강현두 · 이창현, 1989 「통일지향의 방송을 위하여」, 『방송문화』 제100호.

권혁범, 1998 「반공주의 회로판 읽기: 한국반공주의의 의미체계와 정치사회적 기능」, 『통일연구』 제2권 제2호.

김동준, 2010 「사태의 평화해결을 위한 언론의 역할」, 『미디어스』 2010년 12월 2일자.

김수정, 2010 「주요 신문의 천안함 참사 보도 진단」, 문화연대외 4개단체, 『천안함 참사 관련 정부의 정보통제와 언론보도의 문제점』.

김영희, 2007 「한국전쟁 기간 북한의 대남한 언론활동」, 『언론정보학보』 통권 40.

김영희, 2008 「한국전쟁 기간 삐라의 설득커뮤니케이션」, 『한국언론학보』 52권 1호.

김정기, 2007 「냉전시대 논리와 미국시각에서 벗어나야」, 『신문과방송』 2007.11.

김주언, 1989 「80년대 언론탄압」, 『사회비평3』, 서울:나남.

김진균 · 조희연, 1985 「분단과 사회상황과의 상관성에 관하여－분단의 정치사회학적 범주화를 위한 시론」, 변형윤 외, 『분단시대와 한국사회』, 서울:까치.

박원순, 2000 『국가보안법연구3』, 서울:역사비평사.

박종수, 2009 『남북한 방송과 통신:교류와 협력, 어떻게 할것인가?』, 서울:고려사.

송재극 · 강현두 · 이정춘 · 장영국, 1992 『남북통일을 대비한 방송정책 기본방향에 관한 연구』, 통신개발연구원.

윤호진, 2007 「남북정상회담과 언론:2000년에 비해 보도량 감소, 논조 중립, 평가 다각적」, 『신문과방송』 2007.11.

이원섭, 2007 「남북정상회담에 대한 언론수용자 조사」, 『신문과 방송』 2007.11.

이창현, 1989 「방송매체의 반공이데올로기」, 『저널리즘』 가을, 겨울호.

이창현, 1990 「한국언론의 통일 및 북한보도분석」, 『저널리즘』 봄, 여름호.

이창현, 1999 「북한관련 텔레비전 뉴스의 보도유형과 분석－보도태도와 뉴스가치의 경향에 따른 분류체계(typology)의 적용」, 가을철 언론정보학회 발표논문.

이창현, 2001 「방송에 나타난 북한 이미지의 변천과 과제－6 · 15 정상회담 이후의 변화를 중심으로」, 『제2회 원탁토론 국제학술회의 신자유주의, 세계화, 탈냉전: 한반도 평화통일의 걸림돌과 디딤돌』 발표논문.

이창현 · 김성준, 2007 「남북정상회담 방송보도가 정상의 이미지와 통일인식에 미치는 영향」, 한국방송학회 국제세미나 발표논문, 청도, 중국.

전효관, 2000 「매체에 나타난 북한의 이미지구성」, 조한혜정, 이우영 엮음, 『탈분단

시대를 열며: 남과 북, 문화공존을 위한 모색』, 서울:삼인.
정근식 · 최영희, 2011「해방 후 검열체제의 연구를 위한 몇 가지 질문과 과제」,『대동문화연구』74집.
주창윤, 2000「북한관련보도의 반성과 새로운 패러다임 모색－방송영역－」, 한국언론정보학회,『남북화해시대 통일을 위한 방송의 역할』.
한국언론연구원, 1998『남북교류시대 북한보도』.

7장 냉전과 탈냉전 속 작은 사람들의 이야기*

김귀옥

1. 들어가며

2000년대 들어 한반도에 화해 분위기가 형성되어, 한반도에는 곧 봄이 올 듯했다. 그러나 2008년 현 정부가 출범하면서 남북 당국 간의 관계가 과거 냉전시대로 치달아, 2010년에는 대결의 국면으로 회귀하고 있었다. 세계사에서 동서 이념체제가 사라진 지 이십 년이 넘었지만 한반도에 화해와 대결의 동요하는 분위기가 남아 있는 것은 한반도에 남북 분단이 거시 정치 구조적으로뿐만 아니라 사회문화적으로 일반인의 삶에도 영향을 미치고 있기 때문이라고 볼 수 있다.

지난 냉전시대, 한국사회는 권위주의정권을 경험했다. 세계적 탈냉전이 시작되던 1990년대에도 한국은 민주화 과정에서도 냉전적 사회문화의 힘이 작동하고 있었다. 과장하자면 미국의 1950년대 초반의 매카시

* 이 글은 2010년 6월 11일, 민주화운동기념사업회 주최, 『6월항쟁 23주년 기념 "탈냉전과 한국의 민주주의" 학술대토론회』에서 발표된 논문을 중심으로 재집필한 것임.

선풍(McCarthyism)이 한국에서는 반세기가량 불었다고 할 수 있다. 민주화 이전 한국 사회는 민주주의의 기치를 든 민주공화국이었으나 냉전시대의 반이성적 흐름이 압도적이었다. 냉전주의와 결합된 반공주의라는 가치가 다른 모든 자유롭고 다양한 사고와 표현을 지배했다. 반공주의는 민주적 질서와 문화를 끊임없이 마비시켜 왔고, 그런 민주주의가 1970년대에는 한국적 민주주의로 간주되었다. 남북을 같이 놓고 보면, 남북 모두 냉전적 가치가 이성적이고 합리적 가치나 행위를 억압했다.

구미에서는 반이성이 지배했던 1940년대가 지나면서 1950년대 전후복구 시기를 거치면서 1960년대에는 민주주의의 성숙과 함께 전쟁의 광기와 전체주의적 몰이성을 비판하는 목소리가 높아졌다. 1930, 40년대 전체주의가 판칠 당시 유럽에는 국가와 공동체에 대한 맹목적인 '순종'이 민주주의 정신과 비판의식을 억압했다. 그러한 맹목성이 2차 세계대전 당시 600만 명의 홀로코스트에 침묵하도록 만들었다. 1950년대 이후 민주주의의 회복과 성숙 과정에서 1968년의 제2의 물결(New Wave) 시대를 맞이할 수 있었다. 독일인들이나 유럽인들은 다시금 1930, 40년대 중반까지 자신들에게 일어났고 자신들이 저질은 일, 즉 인류에게 가한 학살과 범죄에 치를 떨게 되었다. 그러한 반성은 국가와 시민사회에서 과거사청산운동을 가능하게 하는 원동력이 되었고, 민주교육이나 평화교육을 통하여 이성을 회복시키고 1970년대 헬싱키프로세스를 가동시켜 동서간의 화해와 대화를 촉진시킬 수 있지 않았을까 싶다.

1970년대 이래로 냉전적 분위기에도 불구하고 유럽 국가들은 동서진영간 교류를 그치지 않았고, 전체주의에 이성을 맡기지 않았다. 그 결과 과거 파시즘에 굴복하여 순종적이었던 '작은 사람들(kleine Leute)'(Peukert, 2003)이 반성을 통하여 이성과 시민권적 권리를 회복할 수 있었다. 그것이 바로 민주주의의 힘이다. 그러한 힘이 있었기에 독일에서는 1990년 통일 직후 경제위기 속에서 돌출된 신나치즘의 반이성을 극복할 수 있었다.

한국에서는 1990년대 중반까지 냉전의 온상에서 독재, 또는 권위주의가 서식했다(강만길, 2001). 그간 국가는 자신의 오류를 단 한 번도 반성하지 않았다. 해방 이후 식민주의 문제인 친일반민족행위자 문제는 말할 것도 없고 태평양전쟁 강제동원 문제와 일본군위안부 문제 등에 대해서도 눈을 감았다. 뿐만 아니라 해방과 전쟁과정에서 국가가 민간인들에게 저지른 폭력, 즉 국가폭력(state violence)에 대해서도 단 한 번도 반성하지 않았다. 또한 냉전독재시대 민주화운동 역시 '좌경용공'적 범죄행위로 간주된 채, 국가는 양심수를 양산하였다. 권위주의 정권 앞에서 숨죽여 살았던 작은 사람들은 수십 년간 냉전적 일상생활을 살아야 했다.

한국의 권위주의 정권이 오랫동안 국시로 삼아온 반공주의가 정당성을 누려오는 데에는 한국전쟁이 놓여 있었다. 한국전쟁에는 수많은 국가(군대, 경찰, 준경찰조직 등)에 의한 폭력사건이 발생하여, 무소불위의 힘을 갖고 있던 국가 앞에서 작은 사람들은 숨죽여 살았다. 한국전쟁은 50년에 가까운 냉전시대 늘 살아 국가에 의한 집단적 기억으로 구성되었다. 그 속에서 국가주의적 기억과 배치되는 기억들은 없어진 듯했다.

이제 이글에서는 한국전쟁기에 발생했던 국가폭력을 둘러싼 작은 사람들의 이야기를 찾아 나서려 한다. 작은 사람들은 냉전시대 일상생활을 어떻게 살았으며, 그들은 민주화를 어떻게 맞이해왔는가, 또한 그들의 삶 속에서 민주주의는 어떤 의미를 갖는가를 살펴보려고 한다. 그러기 위해서는 우선 작은 사람들의 목소리 찾기와 민주주의의 만남, 거시사와 미시사의 방법론의 만남에서 논의를 출발하고자 한다.

2. 작은 사람들의 목소리와 민주주의의 만남

작은 사람들(kleine Leute, little people)은 '아래로부터 연구' 속 주인공들이다. 우선 작은 사람들은 누구인가? 쉽게 말해 작은 사람들은 생활세계 속의 '민중'이다. 한국에서 오랫동안 민중은 사회운동과 연관 지어진 정치적 존재로 위치 지어졌다. 거시역사 속 기록되어진 역사에서 민중은 국가나 권력엘리트들에 대한 불평 · 불만으로 가득한 사람, 일탈자들, 동원되는 사람들, 고통 받고 희생당하는 사람들이다. 또한 그들은 사회변혁기 사회운동에서 대안 엘리트들에 의해 동원되지만, 사회운동이 소멸하면 역사에서 사라지는 존재였다. 마르크스는 작은 사람들로서의 노동자계급을 사회주의 사회변혁의 주체이자, 주인으로 설정하였고, 그러한 역사적 실험도 진행되었다. 그러나 사회주의 국가에서조차 사회주의 체제가 수립된 이후 작은 사람들은 역사의 전면에서 사라지고 사회주의사회에서도 여전히 동원되는 대상이 되었다. 또한 근대 독재사회가 레짐으로서의 민주주의체제를 표방하고 있을지라도 독재사회에서 작은 사람들은 독재자의 사람들과 저항자밖에는 보이지 않는다. 일부의 저항자를 제외한 근대 '국민'으로서의 사람들은 독재자에 순응하였다고 간주되었다.

그러나 독재시대가 마감되고, 민주화가 되면서 그 사회를 재조명하는 새로운 접근이 이루어졌다. 즉 생활세계 속의 작은 사람들에 대한 행위연구에서 새로운 발견이 이루어졌다. 그것은 1960년대 초 미국의 밀그램의 의해 미국인들을 경악하게 했던 '권위에 대한 복종'에 따르면 사람들이 권위에 복종하는 것은 특정한 '성격', 예컨대 민족성, 국민성과 같은 집단성격과 무관하고 권위적인 '상황' 또는 '구조' 때문이라는 점을 밝혀냈다(Milgram, 2009). 그러나 그 상황은 모든 사람에게 동일하게 작동하지 않는다는 점을 다른 연구자들은 강력하게 주장하여 강력한 권위적 상황에도 일상생활로부터 정치적 현장에 이르기까지 수많은 일탈 행위들이 발생한다는 사실들이 제시되었다. 포이케르트(Peukert, 2003)는 일탈 행위 행태들을 다음과 같이 도식화했다.

〈그림 1〉 제3제국에서의 일탈 행위 형태들

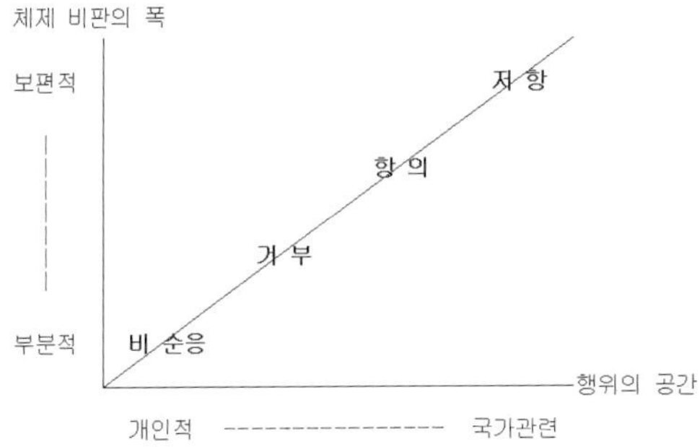

출처: Peukert, 2003, 120쪽.

포이케르트는 나치 독재 체제하에서 일상의 작은 사람들의 일탈 행위를 비순응－거부－항의－저항으로 유형화하였다. 비순응은 사소한 일탈이다. 그것은 교통법규를 어긴다거나 생활규범을 어기는 것과 같은 사적인 공간에서 일어나며 체제 전체에 대해 문제시하지 않는 개별적 규범 위반이다. 한걸음 더 나아가 히틀러청소년단체에 자식을 보내지 않는 부모나 사보타지하는 노동자들의 행위는 정치적 의미를 담은 거부의 행위이다. 항의 행위는 교회의 안락사 반대캠페인처럼 정부의 정책에 공식적으로 반대하는 행위이다. 저항은 나치 체제 전체를 거부하고 개별적인 행위 주체의 행위 속에서 나치 체제의 전복을 준비하는 행위이다(Peukert, 2003, 119~121쪽).

윤해동(2003)은 정형화된 기억과 세속화된 규범으로서의 역사를 거부하고 일제 강점기의 대다수 한국인들은 지배(협력, 친일)와 저항의 이분법적 세계가 아닌 회색지대라는 공공지대에 존재하였음을 주장하였다. 회색지대의 피지배 민중들은 한편으로는 총독부에 협력하면서 저항하는 양면적 모습을 보였다고 보았다(윤해동, 2003, 35쪽).

반면 김준(2006, 288쪽)은 포이케르트를 활용하여 한국 1970년대 박정희 시대 체제에 대한 피지배집단의 태도를 다음과 같이 분류하였다.

저항 – 불복종(거부) – 묵종(비순응) – 순응 – 동의 – 지지

김준은 1970년대 한국노동자들이 '잘살아보세'라는 경제적 성취동기를 내면화시켰고, 체제에 대한 강력한 저항을 하지 않았다고 하여, 독재체제에 '광범위한 지지와 동의'를 보냈는지에 대해 의문을 제기했다. 다시 말해, 경제적 성취동기로서의 생산력 증대에 대한 협조행위가 체제 자체에 대한 지지와 동의로 환원할 수 없다는 주장이다.

김준의 이러한 주장에는 1970년대 박정희 시대를 어떻게 볼 것이냐는 질문이 놓여 있다. 흔히 그 시대를 파시즘독재로 볼 때는 공적영역뿐만 아니라 사적영역에서도 식민지화가 진행되었다고 볼 수 있다. 그러나 개발독재로 볼 때는 공적영역에서는 동원 모델이 이루어지지만, 사적영역에서는 오히려 탈정치화가 작동하였다고 볼 수 있다.

그렇다면 한국의 냉전시대 수많은 작은 사람들은 어떻게 살고 자신의 문제에 직면했을까? 특히 한국전쟁에 의한 일대 피해자이자 냉전시대 작은 사람들의 하나인 피학살유족들에 있어서 침묵의 시간을 살았다고 여겨져 왔는데, 실제로 그들은 어떻게 살아온 것일까? 또한 피학살유족과 비슷한 범주의 월북가족은 월북인이 떠난 후 남한에서 어떤 삶을 살았을까? 한편 피학살자에 대한 가해자 문제는 어떻게 볼 수 있을까? 다

시 말해 군대와 경찰에 협조하여 많은 경우 지역 사회에서 피학살자에게 실제 가해행위를 했던 가해자들은 자신의 가해 행위를 한국전쟁 시기와 정전 후 어떻게 이해해 왔을까? 그들의 태도와 행위를 과연 협조와 저항이라는 전통적인 틀로 설명할 수 있는가? 또는 침묵했던 사람들을 제3의 회색지대에 있던 것으로 간주해도 되는가?

이 문제에 다가서기 위해서는 법정자료를 포함한 국가기록자료, 언론보도 자료 등에만 의존해서는 냉전시대 작은 사람들의 목소리가 잘 들리지 않는다. 이번 연구에서는 세 범주에 속하는 사람들의 냉전과 탈냉전시대를 살아온 이야기를 구술사 방법론(Oral History Methodology)에 따라가 보고자 한다. 특히 이들에게 민주주의는 어떤 의미인가를 그들의 삶의 지평에서 주목해 보기로 한다.

3. 냉전과 탈냉전시대의 세 사람 이야기

이 글에서는 세 사람이 냉전과 탈냉전시대를 어떻게 살아왔고, 현재도 살아가고 있는지 살펴보도록 한다. 그들의 이름은 가명을 쓰며, 간단한 인적 사항은 다음과 같다.

이름(가명)	생년	성별	출신지	거주지	직업	기타
김양사	1934	남	인천 강화군	인천시 강화군	농업	전시 소년단 활동
장명순	1924	여	강원도 양양군	강원도 양양군	농업 및 잡역	남편 월북과 시부와 친척들의 피학살
정현정	1934	여	평북 철산	서울시 은평구	자영업 및 전업주부	부모 피학살, 피학살유족회 활동

1) 정현정 이야기: 전쟁은 부모님과 재산, 모든 것을 앗아 갔어

■일제 강점기: 두려웠으나 자부심으로 빛나던 시절

정현정(가명, 1934년생, 여)에게 일제 강점기와 전후 냉전시대 중 어느 때가 더 어려웠냐고 물으면 단연코 냉전시대라고 대답한다. 일제 강점기는 일경의 감시로 늘 쫓겼으나 그래도 삶의 지주가 되었던 부모님, 특히 애국자였던 아버지 정상윤이 계셨기 때문이다. 아버지 집안은 선각자로서 증조부가 국경무역으로 자수성가하여 유치원을 세웠고, 재력에 힘입어 아버지도 일본의 명치대학으로 유학할 수 있었다. 1928년 대학 3학년 방학 때 고향 방문을 하였다가 신간회 철산지부 사건에 연루되었고, 〈그림 2〉 항소심 재판기록에 따르면 1년간 옥살이를 하였던 것으로 보인다.

〈그림 2〉 정현정의 아버지, 정상윤의 재판기록

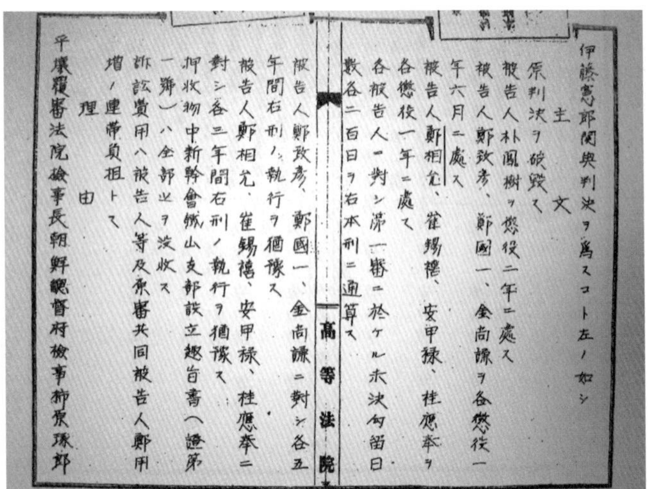

伊藤憲郎關與判決ヲ爲スコト左ノ如シ

主 文

原判決ヲ破毀ス

被告人朴鳳樹ヲ懲役二年ニ處ス

被告人鄭致彥、鄭國一、金尙謙ヲ各懲役一年六月ニ處ス

被告人鄭相允、崔錫禧、安甲祿、桂應奉ヲ各懲役一年ニ處ス

各被告人ニ對シ第一審ニ於ケル未決勾留日數各二百日ヲ右本刑ニ通算ス

被告人鄭致彥、鄭國一、金尙謙ニ對シ各五年間右刑ノ執行ヲ猶豫ス

被告人鄭相允、崔錫禧、安甲祿、桂應奉ニ對シ各三年間右刑ノ執行ヲ猶豫ス

押收物中新幹會鐵山支部設立趣旨書（證第一號）ハ全部之ヲ沒收ス

訴訟費用ハ被告人等及原審共同被告人鄭用增ノ連帶負担トス

理 由

平壤覆審法院檢事長朝鮮總督府檢事柿原琢郎

高等法院

0055

* 정상윤(鄭相允), 강조는 인용자(정현정 제공, 2006.12.16)

그런 정현정의 부친은 정현정에게 삶의 지주이자 등불이었다. 아버지는 그녀에게 "너희 시대에는 여자도 능력 있으면 대통령도 할 수 있고, 국회의원도 할 수 있고, 남녀 가림 없이 그런 시대가 너희한테는 도래가 된다"며 글도 가르쳐주고, 심지어 주도(酒道)도 가르쳐주었다고 한다.

1928년 신간회 철산지부 사건으로 1년간 옥고를 치른 후 그의 아버지는 석방되었다. 석방 후에는 일제 경찰의 사상보안관찰로 인해 철산에서 사업은커녕 일상적인 삶을 사는 것 자체가 힘들었다.

> 맨날 감시를 하고 그러니까 뭐 순간순간 살 수도 없고 그러고 그러다보니까–, 그 많은 재산을 유지할 수가 없는 거예요. 그렇게 해서 돈도 무척 들었지만, 일본 놈들이 가만 두지를 않죠. 그러니까 완전히 그냥 다 이렇게 파손되고 그런 게, 그러니까 그 지경이 되니까 거기에서 더 이상 살 수가 없잖아요. 그래서 저희 할아버님이 그 왜정 말에 한참– 뭐 뭐야 저기 계룡(산)에 '정도령'이 뭐 그런 낭설이 있었잖아요. 그래가지고 핑계가 인제, 거기로 인제 이렇게 피난을 간다는 명목으로, 그러니까 내가 음– 여덟(8)살 때(정현정, 2006, 183쪽).

1941년경에 정현정 집안은 '정감록 사상'을 핑계를 대고 충청남도 공주로 이사하여 일경의 감시를 우회하고자 했다.

■해방의 짧은 기쁨과 열기의 폭발

정현정에게 해방은 나라의 해방과 함께 아버지의 해방이요, 집안의 해방으로 기억되고 있다. 해방 당시의 분위기를 살펴보자.

> 8 · 15해방을 맞은 거예요. 8 · 15해방이 되자, 아버님이 인제 식을 하시드라고요. 그래서 저희도 그 화제의 해방식 맞으면서 우리 집에서 그냥, 온 동네사람들 다 이렇게 잔치를 하고, 거기에다가 태극기 우리가 직접 다– 그려

서 다 하나씩 그려서 그렇게 그런 아주 큰 행사를 지냈지요. …… (제가) 국민 학교 5학년 때 인제 8·15해방을 맞이했는데, 미군정 3년, 고 기간에, 아버님이 **군 인민위원장이셨어요. 그때는 정식으로 간판 내걸고 그러고 그렇게 하셨었어요. 그래 그 시절에, 군정시절에 그러니까, **군 인민위원장을 하셨지요(정현정, 2006, 185쪽).

이러한 풍경은 다른 지역과 비교해 그리 특별한 일은 아니다. 해방 당시에 대도시에는 대대적인 해방 환영행사가 개최되었다. 정현정의 아버지는 마을에서 환영행사를 주도하였고, 미군정기에 **군 인민위원장으로 되었다.

아마도 과거 일제 항일투쟁의 경력으로 인해 정상윤은 지역민들에게 존경이나 지지를 받을 조건이 되었으리라 짐작된다. 그런 분위기는 정현정의 동네만의 특징은 아니었다. 각 지방의 인민위원회는 브루스 커밍스(Bruce Cumings)가 지적하듯이 일제와 친일반민족행위자들에 대한 분노가 응축된 아래로부터의 자발성의 결과로 성립되었다. 인민위원장을 비롯한 각급 인민위원회 구성원들은 사회주의자는 말할 것도 없고, 학생, 무장해제당한 군인, 지방마을 유지, 지방지주, 심지어는 일제 관리 노릇하던 사람들 중에서도 어느 정도 신망을 얻은 사람으로 채워졌다. 그 결과 1945년 8월 말경에는 38선 이남에만 해도 145개 이상 결성되었고, 적어도 한반도의 절반을 그 인민위원회가 통치했다(Bruce Cumings, 1986, 103~110쪽). **군도 그런 지역에 하나였을 뿐이다.

또한 해방 이후 정현정이 본 사회적 분위기는 혁명적 열기로 가득차 있었다.

**군 인민위원회에서 있을 때 무슨 8·15 기념행사라든지, 인제 국경일에는 행사가 있잖아요. 그러면은 그 아버지 쪽에 그 인민위원회 그쪽에서 하는 그 행사는 공주산성에 있어요. 그 넓은 산성에 그냥 사람들이 꽉 차는 거예요. 근데 이제 우파들은, 그 공주 무슨 극장 안에서 그저 열댓 명 한 이십(20)명 모여서 쑥덕쑥덕하다가-, 그러니까 완전히 그때 분위기는, 내가 보기에는, 뭐 칠십 프로(70%) 내지는 팔십 프로(80%)라도 거의 뭐 구십 프로(90%) 뭐 이상 뭐 그런 분위기였었어요(정현정, 2006, 185쪽).

이러한 기억이 과장된 것일 수는 있어서 왜곡된 것으로 보기는 힘든 것 같다. 한 예로, 최근 글쓴이가 현지조사를 진행하고 있는 강화 지역에도 이러한 양상(김귀옥, 2006, 56쪽)은 유사하게 나타나고 있었다. 또한 이러한 사실은 1946년 미군정 여론국이 서울 시민 8,453명을 대상으로 한 여론 조사 결과를 떠올리게 한다. 즉 "귀하가 찬성하는 것은 어느 것입니까? 자본주의 1,189명(14%), 사회주의 6,037명(70%), 공산주의 574명(7%), 모른다 653명(8%)"(국사편찬위원회, 1973, 104~105쪽)이다. 당시 이러한 현상은 하지 중장이 동경 주둔 맥아더 육군대장에게 보낸 "공산주의자들의 활동은 만일 적극적인 조치가 취해지지 않을 경우, 그들이 통제권을 장악할 수 있을 만한 지경에 이르고 있습니다"라는 다소 과장된 보고에도 나타나 있다(김국태, 1984, 119쪽).

그러한 현상에는 자발적 결사체인 인민위원회에 대한 대중적 지지로 나타나 있었다. 또한 대중적 지지가 나타났던 이유는 이념이나 지향의 차이에도 불구하고 친일파에 대한 광범위한 증오감과 함께 민주적인 새로운 사회 건설에 대한 대중적인 희망 때문이었던 것으로 보인다. 이러한 현상이 한국전쟁기에 어떤 비극을 가져다줄지 정현정을 비롯한 당대 작은 사람들은 거의 몰랐을 것이다.

■부모의 시신도, 호적도 잃어버린 전쟁

16살이었던 정현정은 한국전쟁 과정에서 부모님을 모두 잃어버리는 고통을 당했다. 그의 아버지 정상윤은 6·25가 발발하기 전에 체포되어 대전형무소에서 옥살이를 하던 중에 전쟁이 나자마자 이승만 정부가 서울을 후퇴한 직후 처형당하였다(정현정, 2006, 191쪽). 아버지의 처형과 관련된 사실은 다음과 같은 기록에서 찾을 수 있다.

> 1950년 7월, 충청남도 대덕군 산내면 낭월리 대전형무소 재소자 1천 8백여 명이 처형을 위해 끌려 나왔다. …… 직접적인 지시자는 당시 내무국장 김병원이었다. 김병원은 6·25가 발발하자 "전국 요시찰인 단속 및 전국 형무소 경비의 건"(6월 25일), "불순분자 구속의 건"(6월 29일), "불순분자 구속 처리의 건"(6월 30일) 등의 치안국 통첩을 각 도 경찰국에 발령했다. 한편 육군본부 정보국 산하의 CIC도 김창룡의 지시 아래 이른바 '불순분자'에 대한 검거와 처형에 나섰다. 대전형무소 재소자 학살사건은 이런 상황에서 계획적으로 자행된 것이다(이도영 편역, 2001, 28쪽).

대전형무소 수인들이 죽게 된 것은 정부의 '예비검속' 때문이었다. 예비검속법은 일제 강점기 1941년 5월 15일 제정되었고, 해방 후 미군정 법령 제11호를 통하여 폐지하였다(경찰청 과거사진상규명위원회, 2006, 22쪽). 다시 말해 "전국 요시찰인 단속 및 전국 형무소 경비의 건", "불순분자 구속 처리의 건" 등은 모두 법적근거가 없는 상태에서 집행된 불법적인 것이 된다. 정현정의 아버지는 죄수일 수는 있어도 법적으로는 사형당할 이유는 없었다. 해방 후 근거도 이미 사라진 일제의 예비검속법에 의해 처형당할 이유는 더더군다나 없었다. 아버지의 시신을 수습할 길도 없었다. 돌아가신 것만 확인하고, 영정을 놓고 49제를 올렸다.

1950년 9·28수복 직전에 정현정의 어머니는 아버지의 유지를 받는다는 입장에서 동민들의 요구에 따라 **군 여맹위원장을 했다. 정현정의 설명에 따르면 어머니는 아버지와 달리 사상도 강단도 없는 분이었으나, 아버지가 죽고 난 후 **군이 인공치하가 되자, 어머니는 아버지의 후배들에 의해 '여맹위원장'이 되었다고 한다. 인공치하에도 이 지역에는 별다른 좌우갈등이 없었고, 우익에 대한 좌익의 처형 사건도 별로 없었다고 한다.[1)]

그러나 9 · 27수복으로 인민군이 후퇴하는 과정에 어머니는 동네사람의 고발에 따라 부역자로 체포당하여 공주형무소에 수감 중이었는데 1 · 4후퇴로 형무소 수인들이 이감되던 중 처형당하였다. 정현정과 어머니의 마지막 만남을 잠시 살펴보기로 한다.

> 공주형무소에 그 때 수감 중이었죠. 그러다가 1 · 4후퇴 난거예요. 그런데, 나는 그 때 귀동냥으로 쫒아 댕긴 거라고. 1 · 4후퇴 날 무렵에 며칠 전에, 막 그 소문이 나더라고. 그 공주형무소에 있는 재소자들을, 그 죄수들을, 빨갱이 죄수들을, 뭐 어디로 뭐 이송을 한다 막 뭐 그러더라구요. 그 죄수들을 재소자들을 전부 트럭에다 실었더라고. …… 그런데 어머니가 두 번째 트럭인가 거기에 딱 앉아계시더라고요. 그랬는데, 말로는 그 때 뭐 그 형무소 안에서 무슨 장티푸슨가 뭐를 앓으셨다 그래요. 그래 가지고선 참- 힘들다고 뭐 그런 얘기를 들은 거 같다고 그런데 보니까, 뭐 이거는 뭐 사람이라고 할 수가 없는 거예요. 너무 초췌하고 뭐 그냥 어떻게 뭐 말 할 수가 없더라구요. …… 그냥 엄마하고 부르니까, 그냥 눈도 똑바로 못 뜨는 거예요. 아주 완전히, 막 이게 뭐, 참 너무 비참하더라고. 초점 눈에 초점도 없더라고요. ……
>
> 그 한 겨울인데도 여름 옷 그 옷이죠. 뭐 누가 집에서 무슨 연락을 해서 뭐 면회를 한 번 가본 적도 없고 그런데 뭘 입었겠어요. 그 추운 겨울에도 더군다나 그 해 겨울 되게 추웠거든요. 그런데, 그렇게 해서 그 추운 저기 트럭에 딱 타고 가는데 그렇고 앉아 계시더라구요. 얼마나 배가 고프겠어요. 그래서 내가, 그 때 좀 이렇게 준비해가지고 이렇게 뭐, 그까지 갈라니까 뭐 어디 돈이나 많이 준비해서 갔어요. 좀 있는 걸로, 그 나가서 뭐 떡 과일 뭐

---

1) 정현정이 살던 지역과 가까운 공주 옥룡동 대추골에서는 인공 치하에서 그 지역 공무원과 교사 50여 명이 피학살당하는 사건이 있었다고 한다(국방부 군사편찬연구소 엮음, 2002, 317쪽).

> 이런 거 여러 가지 사가지고 이렇게 한 보따리해서 같이 나눠 잡수라고 이렇게 올려 드렸어요. 그랬더니 그걸 받더라고.……
>
> (한참을 목 메여 운다) 이렇게 얘기를 하면은, 왜 눈물이 나냐면요. 그 때 그, 엄마의 그 모습하고 그 상황이 너무 또렷하게 느껴지기 때문에 막 미치겠는 거예요. 그렇게 하고서는, 기가 막히게 '너 왔냐? 한마디도 못 하시더라고(정현정, 2006, 200~201쪽).

그날 어머니와의 대면은 지상에서의 마지막 만남이었다. 아버지에 이어 어머니조차 죽어서도 가족의 품으로 돌아오지 못했다.

동네에 돌아온 후 그는 한동안 마을에서 꼼짝달싹도 못한 채 있어야 했다. 왜냐면 양민증[2)]이 없었기 때문이었다. 심지어 그는 동네 3명의 남성들에게 끌려가기도 했다.

> 내가 어떤 고통을 받은 지 알으세요? 그 동네에서 왜 그 세 사람이 어머니 그렇게 끌고 갔다 그랬죠. 그 사람들이 나를 그렇게 괴롭히는 거예요. …… 옆에 바로 빈집이 있었거든요. 그런데 그리 끌고 들어가서 그 때는 그 사람들한테 뭐 그걸 뭐야 왜 뭐야, 그 치안하는 그 사람들이 있었잖아요. 그 사람들한테 다 총을 줬을 때에요. 그 때는 그래서 그 사람들이 막 갈기면 죽는 거예요, 그냥. 그 그렇게 무시무시한 세상 아주 저기 세상이었거든요. 그 사람이 그러니까 그 M1 총인가? 그 큰 거를 딱 들고 와가지고서는 그 때 어머니가 잡혀가기 전이지. 들고 와가지고서는, 빈 집으로 끌고 가는 거예요. 그걸 보고 어머니가 밤새 그냥 뭐 앉았다 일어났다 한창 난리가 난거죠. 그런데 끌고 들어가서 날더러 뭐라 그러냐면은, "야 이 빨갱이년, 너희 아버지 두목이고 뭐 그런데 너도 맹랑하고. 그러니까 그 인민군들이, 어디다 총을 다 묻고 갔고 뭘 냄긴(남긴) 흔적을 내놔라" 그거예요. 그러고 트집을 잡는 거예요(정현정, 2006, 217~218쪽).

생명의 위협적인 상황에서 그는 어디에서 용기가 났는지, 오히려 소

---

2) '양민증'은 종잇조각에 불과하지만, 좌익과 관련이 있는 가족, 의심을 받는 가족구성원은 양민증을 발급받을 수 없었다. 이것이 없으면 외출도 할 수 없었다(김영미, 2007, 296쪽).

리를 쳤다. 가슴을 들이대고 쏠 테면 쏘라고 외쳤을 때, 그들은 화를 내면서 자리를 떠났다고 했다.

■플래쉬 백(flash back): 꿈속에서도 잊을 수 없는 고통의 반복

한국전쟁이 끝나면서 부모님 때문에 가족의 해체는 말할 것도 없고 친척들에게도 여러 가지 피해가 돌아갔다. 심지어 6촌은 신원조회에 걸려 공무원 발령도 되지 않았다. 친척들은 부모의 흔적을 어떻게 하면 지워버릴 수 있을까 전전긍긍했다. 엎친 데 덮친 격으로 그에게 닥친 더기가 막힌 사연은 1962년 주민등록제도가 시행되는 과정에서 친척에 의해 자신이 작은아버지의 딸로 된 것이다. 법적으로 부모를 잃게 되면서 그는 부모의 재산을 포함하여 모든 것을 잃어버리고 말았다.

그런 가운데 자신을 이해해 줄 남편을 만나 결혼하여 4남매를 낳았다. 또한 서울로 이사와 남편이 벌리는 사업의 흥망에 따라 정신없이 살았으나 그녀의 가슴에 가득 찬 슬픔은 무엇으로도 없앨 수 없었다.

> 어머니 아버지 잃고서 십 년 동안, 꿈에, 밤에 자면은 꿈에 나타나는 거예요. 그런데 그냥 이렇게 제일 가슴 아픈 거는, 이렇게 평범하게 그렇게 나타나는 게 아니라, 아버지가 그냥 이렇게 도망 다니시고 내가 그거 쫓아다니고, 그 애달프게 그러고, 그런 것들이 자꾸 연상되더라고 그렇게. 그렇게 살았으니까 그런 건지. 그 어머니 꿈을 꿔도 그 초췌했던 그 모습 그냥 그런 것들이 자꾸 보이는 거야. 그러고 어떤 때는 그냥 아버지가 딱 그냥, 평범하게 그렇게 나타나셔도, 어머니 아버지만 꿈에 봤다하면 그냥 붙들고 우는 거예요. 그냥 막 꿈속에서. 그러면, 얼마나 울어대는지 그러면, 남편이 막 깨우는 거예요. …… 그러니까 "이제 잊어버릴 때도 됐지 않았느냐" 그래요. "너 어째 오랜 세월 그렇게 했는데도 그렇게 못 잊고 그러냐" 그래서 내가 "그걸 어떻게 잊냐. 내가 죽어서 땅 속에 묻히기 전에는 못 잊는다"고 어떻게 그 상황을 잊냐고 내가 어떻게 잊겠냐고(정현정, 2006, 204쪽).

그는 억울하고 답답함을 토로할 데가 없어서, 바쁜 살림살이 중에도 교회를 나가기도 하고, 틈틈이 신문이나 책을 읽으면서 공부를 하였다. 또한 그는 자녀들에게 자신의 부친인 외조부에 대한 옛날이야기를 해주었다. 할아버지가 얼마나 멋쟁이고, 선각자였으며, 딸자식도 평등하게 키우셨고, 가난한 사람들에게 인정이 많은 분이었음을 각인시켰다. 또한 할아버지와 할머니가 어떻게 억울한 죽음을 당했는가를 이야기해 주었다.

그 덕분인지 큰아이는 학생운동에 참여하였다. 자식에게서 용기를 받아 그 자신도 사회문제에 좀 더 관심을 갖게 되었다. 또한 학생이나 지식인들이 사회민주화투쟁을 할 때면 지지를 하고, 더 적극적으로 관련 행사에도 참여하였다. 마침 다니고 있던 교회가 진보성을 띠고 있고, 사회민주화를 종교적 목표 중 하나로 보고 있었기 때문에 자신의 희망을 키우게 되었다.

■피학살자 유족의 진실 규명은 마음의 족쇄를 푸는 지름길

1990년대 중반 이래로 각지에서 피학살자 유족들이 만들어 활동해온 단체들이 힘을 합하여 마침내 2000년 9월 7일, '한국전쟁전후 민간인학살 진상규명 범국민위원회'가 발족되었다. 정현정도 용기를 내어 부모님의 원혼을 풀기 위해 '대전산내희생자유족회'에 참여하였다.

대전형무소의 경우에는 이미 조사팀이 가동되었지만, 어머니의 경우에는 공주형무소에서 처형된 것이 아니기 때문에 정확한 조사를 하는 데에는 많은 시간이 걸릴 것으로 추측하여 걱정이 크다.

그는 아버지의 신간회 활동으로 인한 재판 기록 자료를 찾아내어 2006년 진실 · 화해를 위한 과거사정리위원회(위원장 송기인, 약칭 진화

위)에 진실규명을 신청했고, 2007년 5월 16일 항일독립운동에 대한 진실 규명 결정을 한 바 있다.

좌익계열도 항일독립운동 공적 인정

진실 · 화해를 위한 과거사정리위원회(위원장 송기인)는 지난 15일 전원위원회를 열어 '정상윤의 신간회 평북 철산지회 사건'과 '박창래의 여수수산학교 학생독립운동 사건'에 대해 진실규명 결정을 내렸다고 16일 밝혔다.
이들은 모두 사회주의계열 독립운동에 참여한 인물로, 진실위원회가 좌익활동을 한 이들에게 항일운동 공적을 인정하는 진실규명 결정을 내린 것은 이번이 처음이다.
진실위원회는 1928년 당시의 신문과 판결문을 통해 정상윤(1905~1951 · 추정)씨가 같은 해 8월 신간회 평북 철산지회 발기인대회에서 사회를 맡아 회의를 진행하고 '신간회 철산지부 설립 취지서'를 배포하려다 붙잡혀 옥살이를 하는 등 독립운동에 참여한 행적을 확인했다고 밝혔다.
신간회는 민족주의와 사회주의 진영이 함께 1927년 2월 발족한 민족운동단체이며, 철산지회는 1928년 경찰의 삼엄한 경계 속에 발기인대회를 열다 정씨를 비롯해 박봉수 · 정치언 · 정국일씨 등 주모자 9명이 체포됐다. 정씨의 아들[3]은 지난해 "아버지가 좌익활동을 했지만 항일독립운동 사실은 인정해 달라"며 진실규명을 신청했다. …… (『한겨레신문』 기사등록 : 2007년 5월 16일 오후 07:52:4) (강조는 인용자)

그러나 아직 국가보훈처에서의 국가유공 관련한 문제는 그녀의 부친에 대한 조사 단계에서 중단되어 있는 실정이다. 부친의 대전형무소 죽음에 대한 결정문이 없기 때문이다. 또한 그의 부모님과의 호적은 정리되지 않은 채 방치되어 있다.

그의 소원은 부모님의 억울한 죽음을 밝혀내고, 부모님 모두가 조국 완전 독립과 정의로운 세상을 실현하기 위해 노력하셨음을 인정받는 것이다. 그것이 아버지, 어머니와 같은 유족들의 한을 푸는 길이고, 이제

[3] 정현정(가명)을 아들로 표기한 것은 기자의 오해인지, 오타인지 알 수 없다.

후손들은 더 이상 억울한 세상을 살지 않는 길이다. 그래서 그는 평화통일을 애타게 희망하고 있다. 그에게서 진정한 민주화는 부모님의 법적 지위가 회복되는 것이며, 사회적으로도 빨갱이에서 인간으로 회복하는 것을 의미한다. 그에게서 아직 민주화는 멀었다.

2) 장명순 이야기: 남편의 월북과 시부의 죽음으로 멸문된 가정을 지키다

■'빨갱이'에 묻힌 항일의 빛나는 역사

강릉이나 양양 일대 동해안 지역의 최대 파벌하면 강릉 최씨 문중을 꼽을 수 있다. 강릉 최씨 문중은 동해안 일대 지역의 정치, 경제, 사회 영역에서 심대한 영향력을 갖고 있다. 양양 역시 강릉 최씨의 영향력은 타의 추종을 불허한다고 한다. 그런 양양 내에서 양양읍의 ○○리는 그 일대에서는 가장 유명한 빨갱이 동네이다. 이곳은 일제강점기로부터 전쟁 당시까지 100가구가 넘었고, 타성 가구는 17집밖에 안 되었다. 그나마 타성가구들도 대부분 친인척으로 얽혀 '아재', '조카', '아지니' 등으로 불렸다.

전쟁 이래로 그곳이 빨갱이 동네, '큰 모스크바'로 불린 이유는 일제시기로 거슬러 올라가면 소위 '적색농조운동'이라고 하는 사건에서 연원한다. 1932년 '양양농민조합사건'으로 농민조합 조합원과 관련자 367명이 체포되었고, 그 가운데 주동자라고 하는 36명이 2~4년의 실형을 살았다(조성운, 2002). 이 운동은 양양 일대의 1919년 3·1만세 운동 이래로 1923년에 물치노농동맹회가 결성되어 전국적인 소작운동에 참여하였으며, 1925년에는 조산농민조합이 결성되었다. 농민조합운동은 야학 활동을 통해 확산되었는데, 당시 양양에는 14개 리에 야학이 설치되어 있었다. 1927년 12월 물치와 조산, 용천, 정손, 소야, 서림 등 6개 지역의 조합이 군농민조합으로 통합되어 양양농민조합이 출범했다(조성운, 2002, 46쪽; 엄경선, 2009, 102쪽).

2008년 양양군 조사에서 양양읍의 ○○리 최씨 일가, 딸, 며느리, 친손주, 외손주 등을 만났다. 최씨 집안의 며느리인 장명순(가명, 1924년생, 여)은 삼척 출신의 지체 낮은 집안의 딸이었다. 삼척에 살던 중 일제 당국에 의해 북간도 개척농장으로 이주 명령이 떨어지자, 아버지는 가족과 함께 고향을 떠나 북진하던 중 양양읍의 ○○리에 주저앉았다.

> 우리 아버지는 (삼척에서) 오다 보니까는 여기[양양 ○○리를 의미함] 떨어지면 큰돈을 벌 것 같더래요. 그래서 여기가 딱 그냥 바닷물 소금 공장 거기다가 하나 세워두고 '나, 여기서 일 좀 할 수 없냐'고 그러니까 하도 (최씨 문중에서) 좋아라 하더래요. 그래 하는데 하루 흙을 뭉쳐 소금을 만들더래, 진흙으로. …… 근데 우리 아버지 힘이 좋으니까 소금을 그 사람들한테 막 갖다먹고, 너희 땅(토지) 있는 거 가지고 오라고 그랬대. 그래가지고 엄청 돈을 벌어가지고 여기다 자리를 잡고 크게 살고, 우리들- 우리들 삼남매에요. 오빠 하나, 언니, 나 삼남매인데, 그때 세월에 그렇게 맨 몸을 이불 위에 우리를 얹어놔서 내가 막내니까 이런 아기를 얹어 가지고 다섯 식구가 왔잖아요. 두 내외하고, 우리 셋하고. 그래 가지고서 소금으로 그렇게 벌었대요. 그래서 땅도 사고, 논도 만평이 넘게 사고. …… 그리고 그 다음부터는, 또 소금 공장 그렇게 하는 사람을 조산 최가가 그렇게 많으니까 이 길 갈래로 저쪽[바닷가 쪽을 의미]을 다 상놈으로 인정하고, 이쪽[마을쪽]에 사는 사람만 양반이야. …… 우리 아버지가 (소금공장을) 안해 버리고. 땅만 가지고 사람 두고 농사를 지어도 먹고 남으니까. 우리 오빠도 일본 가서 공부하고. 그렇게 살고 그러니까 그렇게 살은 거예요(장명순, 2008, 380~381쪽).

한국의 전통적 풍습 상 한 동족촌에는 외지 출신의 타성받이가 정착하긴 힘든 법이다. 장명순의 부친은 소금 장수를 하여 큰돈을 벌어 땅을 사들여 농업으로 전환함으로써 이 지역에서는 성공한 사람으로 행세할 수 있었다. 장명순의 오빠는 아버지의 성공에 힘입어 해외유학을 할 수 있었고 장명순도 양양읍의 ○○리에 있는 ○○예배당학교에 다녔고, 양잠강사로도 활동하였다. 그는 문턱 높은 강릉 최씨 문중의 장남인 일본 유학생 최○집과 결혼하였으나 완고한 최씨 집안에서 그를 정식 며느리로 인정하지 않았고 호적이나 족보에도 올리지 않았다. 그래도 그는 딸을 낳았고 시부모를 모셨다. 시아버지는 일정 때는 양양농민조합사건으로 옥고를 치렀고, 해방 후 양양읍 내무서장이 되었다. 시아버지의 절친한 친구는 당시 38선 이남의 주문진에서 대한청년단을 이끌었고, 그의 아들이 인공치하에서 체포되어 함흥형무소에 있던 것을 인우보증을 서서 풀어주었을 정도로 민족주의자였다. 이 무렵 그의 남편 최○집은 아들과 함께 원산에 있었던 것으로 증언했다. 그래도 장명순은 양양 일대 최고 학벌의 신랑인 최○집에 대한 자부심이 대단하였다. 그러나 그 자부심은 자신에 대한 일말의 긍지와도 통했다. 다시 말해 지체 낮은 집안 출신으로서 그런 신랑과 결혼할 수 있을 정도의 자신감을 표현하는 것이다.

■전쟁은 집안 남성들의 부재를 가져왔다

해방이 되고 38선 이북이었던 양양군에서도 다른 지역과 마찬가지로 일제 강점기 항일 지도자였던 사람들이 지역 지도자로 부상하였다. 그런 사람들 가운데에는 실력과 지명도, 인맥 등이 뒷받침되었던 사람들은 해방 직후 고향에서 평양으로 떠나 활동하기도 했다. 그런 분위기 속에서 자연스럽게 양양읍의 ○○리가 양양군 내 지역적 중심이 되었고, 특히 강릉 최씨가 중심에 섰다. 이는 머지않아 다가올 회오리바람을 예고하였다. 다시 말해 한국전쟁 이후 그 지역이 유엔군에 점령되어 38선 이남으로 편입되면서 서슬 시퍼런 대학살극이 기다리고 있었다.

전쟁이 나면서 최씨 집안을 포함한 양양읍의 ○○리 일대는 풍비박산이 났다. 1950년 12월경, 후퇴하던 국군이 들어와 인근 사람을 학교로 소집하여 교사에 가둔 채 방화를 했고 마을 전체에 방화했다. 최씨 며느리와 그의 조카(A1)는 당시를 다음과 얘기하였다.

> A1: 사람들 학교에다가 모이라고 그래놓고 학교에다가 불을 질렀다고 하잖아요.
> A: 뒤가 높으니까 창문을 깨니까 팔이 닿아서 나가기 너무 쉽더라고. 모르는 사람은 앞으로 창을 치고 뛰어나가니 이렇게 높은데서 머리를 곤두박질을 하고, 업은 애가 쑥 빠져 달아나고 이 난리를 치는데 나는 어떻게 된 게 뒷유리를 깨고 나가니까 뒤에 이렇게 산이 높거든. 산이 높고 소나무가 서 있으니까 그냥 발을 내딛겠더라고. 그리로 나가면 거기로 바로 숨어 바닷가 훤하게 매일 다니던 대니까. 그리 나가는데 바람이 치- 부르니까, 바람이 치- 부르니까 불똥이 하나도 안 튀었지. 학교만 지른 게 아니야. 동네도 다 다니면서-
> A1: 여기 양양 일대는 다 불 질렀거든요.
> A: 그해가, 그 전쟁 나던 해 동짓달 스물 나흔날 일거에요. 그거는 사람마다 다 안 잊어버려(A: 장명순, A1: 그의 조카의 구술; 장명순 2008, 382쪽).

한편 친공 부역자로 몰린 시아버지는 속초경찰서에 체포되었던 중 함께 구속되었던 80여 명과 함께 속초 장사동 '모래기' 근처 구덩이에서 집단학살당하였다.[4] 동네 사람들에 대한 학살 사건은 그치지 않았고, 미군 비행기 폭격에 의한 희생사건들도 있었다.

그의 시련은 여기서 그치지 않았다. 지역 우익 청년들이 장명순을 끌고 가서 남편이 어디 있냐며 고문을 했다.

---

[4] 그 사실은 그의 집안사람으로서 구속되었다가 도망쳐 나온 최○집에 의해 밝혀졌다고 한다.

뒤로 펄떡 제쳐 놓고는 여기다 뭘 막 넣는데 그게 고춧가루 물이라고 그래. 그런 묻힌 걸 넣는 그런 고통도 당했어요. 둘이 와서 데리고 갔는데 거기(창고에) 가니 많더라고. 많아도 많았는지 뭐 했는지 하도 무섭고 정신이 없어서 내가 죽는 게 무서운 게 아니라 그 어린 걸 젖을 한가득 젖을 먹고 있는데- 그때는 다섯 여섯 살까지 젖을 먹었어요. 그거를 떼어 놓고 나만 끌고 가니 그게 막 울고, 저기로 기어 나오고, 뛰고 그 정신에 여기다 뭐를 넣는지도 모르고 몇 사람인지도 몰라요. 지금은 길도 없어요. (뒤를 가리키며) 요기로 넘어가. 그런 일도 몇 번 당했죠(장명순, 2008, 377쪽).

전쟁이 끝난 후에도 우익 청년단들의 위협은 존재했고, 그 후 긴 세월, ○○리 최씨 일가는 과거의 위세는 사라지고 멸문 위기에 처하게 되었다. 또한 장명순은 남편과 아들과 소식이 돈절되어 그리움의 세월을 살아야 했고, 시아버지의 죽음은 집안과 일가친척의 삶에 짙은 그림자를 드리웠다.

■연좌제의 긴 너울과 조용한 기억 투쟁

1953년 정전이 되고, 1954년 11월 38이북지역이 대한민국으로 편입(김귀옥, 2000; 한모니까, 2009)된 후 양양 일대 강릉 최씨 문중에는 연좌제의 긴 너울이 옥죄였다. 장명순의 남편의 형제들 중 월북하지 않았던 막내 동생(장명순의 막내 시동생)은 전쟁 무렵에 중학생이었는데, 풍비박산된 집안의 운명에 비관하여 자살을 기도하기도 하였다고 한다. 시동생의 아들인 장명순 조카의 증언을 들어보자.

공무원 못했지. 우리는 우리 아버지가 시청 청소부 못했어. 나도 그랬어요.[5] 나도 시청 청소부도 못했다고. 그래가지고 우리가 공부 일찌감치 때려

---

5) 장명순의 조카는 현재 고성군 바닷가에서 자영업을 하고 있다.

치운 게. 이 나라에서 내가 군인이 될 거야? 공무원이 될 거야? 아무것도 못했어, 우리는. 진짜 그랬어요. 아버지가 한 번 어디에다가 원서를 한번 냈었어요. 광산 (노동자). 그것도 안됐죠. 하여튼 모든 게 제약이 있었어. 우리는. 그러니까 아버지가 한때 우리 중학교 1학년 때인가 2학년 때 가위를 들고 베를 찔러가지고 자살을 하려고 하더라고. 내가 이 나라에서 뭐를 하냐고. 우리는 그렇게 살았단 말이에요. 근데 이거는 당해보지 않은 사람들은 몰라. 이야기를 아무리 해도(장명순 조카의 구술: 장명순, 2008, 377쪽).

연좌제의 감시망은 일상적으로 작동하였다. 정전협정이 체결된 후에도 부역혐의자나 그 가족들, 부역혐의 피학살자 유족, 10촌 내 친척조차도 신원조사를 받아야 했다. 그 결과 피해 유족의 경우, 교사나 공무원 직종에 지망하는 경우, 신원조사에 걸려 취업의 기회마저 차단당하거나 여권 발급에도 제한을 받는 사례가 허다했다(서중석, 1999, 768쪽). 장명순의 막내 시동생의 집안에는 1970년대 말까지도 보안대가 감시했다. 심지어 동네 사람들로부터도 감시를 받았다. 계속 장명순의 조카 이야기를 들어보자.

지금 나는 속초에 살았는데, 어렸을 때는 양양에 살았는데, 지금은 세배를 하러 옛날에 살던 동네를 가면은 거기 어른들이 그런 이야기를 나한테 하더라고. 그때 당시에 오천 원인가 만원을 받았대요. 그 보안대 회사한테. 오(XX)네 시골이 우리 집을 빵 둘러. 그 사람들이 돈을 받았고, 우리 집을 감시했던 거여. 그러니 그거를 그게 북한애만 있었던 게 아니야. 오(XX)제가. 이제 그 노인네들이 그때 참 미안했다고 이런 이야기를 (나중에) 하더라고 나한테. 어쩜 귀신같이 알아. 오늘 아버지가 여기 있다가 내일 서울에 볼일이라도 보러 가면 그 다음날 머리 스포츠로 깎은 놈들이 한 둘이 딱 와가지고 아버지 어디 가셨냐고 금방 와. 한번은 병규 양반이, 최병규 씨가 우리 집에 왔었어요. 아버지 만나러. 근데 이 새끼들[보안대원]이 온 거야. 문밖에 와가지고 뭐라고 그러냐면 "에이– 이 빨갱이들" 이런 이야기를 했다고. 그러니까 방안에 있던 최병규 씨가 뛰어나가더니 "이– 새끼들이!" 하면서 막 두드려 패는 거야. 우리 집안이잖아. "이 새끼들이 아버지가 빨갱이이고, 형들이 다 빨갱이였고 그렇다고 우리까지 왜 다 빨갱이 취급을 하냐"고 보안대 애들을 막 두드려 패는 거야. 난 그런 걸 보면서 컸단 말이에요, 우리는(장명순, 2008, 376쪽).

어떤 문서에도 보안대 측에서 지역민에게 돈을 주고 '요시찰인'을 감시 보고하도록 했다는 기록을 발견하기는 어려울 것이다. 그러나 지역민의 증언을 거짓으로 보기는 어렵다. 지역민에 의한 일상적 감시망은 현지 조사를 했던 강화 지역이나 철원 지역에서, 서울 등에서도 흔히 발견되고 있다.

뿐만 아니라 토지를 둘러싼 문제가 심각해졌다.

내가 알기로는 그 집[큰 집] 땅들이 내가 이리로 저리로 많은 걸 알거든요. 그런데 또 다른 사람들이 다 경영을 하고, 뭐— 자기 것으로 세금 매기고 그러더라고요. 여기 저— 뒤에 용*이 집도 집 짓고 그랬는데 다 그게 사월댁 땅인데 어떻게 되고 또 그러더라고요. 우리 원 큰댁, 아주 원 큰댁은 하나도 없어지고 전계리가 큰 댁 노릇을 하거든. 지금 집 지은 자리는 원 큰댁 밭이여. 어떻게 또 그렇게 되고. 우리 아주 원 큰댁. 정순댁 아주 원 큰댁 밭인데 …… (장명순, 2008, 371쪽)

최씨 집안이 보유했던 토지나, 남자들이 월북했거나 학살당한 집안 일가들의 토지를 먼 친척이나 외지 사람들이 임의로 빌려 사용하였다. 그런 중에 1977년 부동산관련 특별조치법이 발효되었을 때 최씨 집안 땅을 친척들끼리 인우 보증 2인을 세워 명의변경을 했던 것 등을 장명순은 낱낱이 기억하고 있다. 이 점은 친인척 관계를 중심으로 한 사회관계망에서 잠재된 갈등으로 남아 있다.

한편 최씨 집안은 흥미로운 방식으로 기억 투쟁을 하고 있었다. 족보를 통한 기억의 역사화이다. 일제가 35년간 폐문시키지 못한 채 세도를 떨쳤던 강릉 최씨 비인공파 문중이 한국전쟁 3년 만에 시들게 되었다.

그래도 그들은 문중 재산을 발판으로 하여 종친회를 계속 열고, 문중 족보를 만들고 있다. 족보에는 월북자들의 신원을 '재북'자와 함께 상세하게 올려두었다.

〈그림 3〉 강릉 최씨 양양읍 ○○리의 어느 집안 족보 중

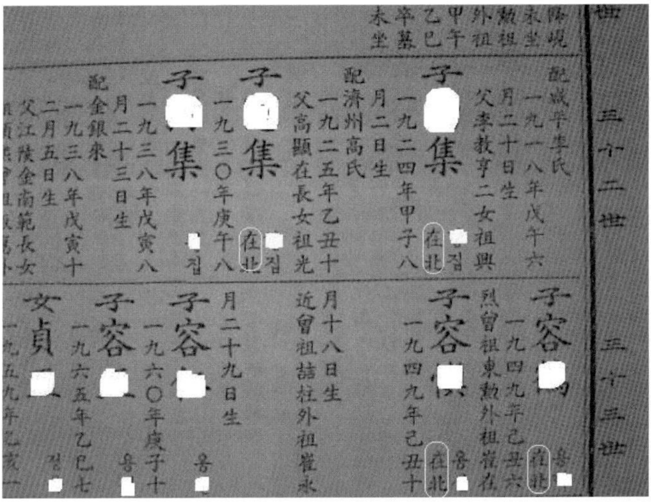

출처: 강릉최씨비인공파 종친회 엮음(1984, 262쪽).

강릉 최씨 족보는 국가보안법의 서슬이 시퍼렇던 1984년 제작되었으나 '재북'이라는 수많은 글귀들을 족보에 집어넣었다. 그들의 기본 의식 저변에는 자신들의 가족들은 체제를 선택하여 경계 너머로 '월북'한 것이 아니라는 인식이 깔려 있다. 그들은 처음부터 38선 이북에 살았고, 일가 중에 많은 사람들이 일제 강점기에는 3·1만세운동이나 농업조합운동과 같은 항일독립운동을 하였고, 해방 후에는 가진 소작농들에게 땅을 나눠주며 새 사회 맞이를 했을 뿐인데, 전란을 통하여 빨갱이 집안으로 낙인찍혀 멸문지화의 변을 입었다는 인식이 깔려 있는 것으로 풀

이된다. 이는 일종의 암묵적인 문중에 의한 집단적 기억투쟁(정근식, 2003, 150쪽)이요, 반공이데올로기에 대한 우회적인 저항이라고도 볼 수 있다. 또한 이러한 족보는 '자신이 속한 집단에 결속시키며, 집합체 의식의 강고한 요소로 만든다'는 의미에서 부툴(G. Bouthoul)이 말하는 망탈리테(mentalités)이다(김영범, 1991, 266쪽). 최씨 집안에서는 족보라는 가족사를 통하여 반공주의 국가 기억을 넘어 집단적 맥락에서 기억을 써 나가고 있다. 알박스(M. Halbwacks)가 말하듯 그들은 "기억은 언제나 사회적으로 가공되며, 공정성을 추구하지 않음"(Olick, 2004, 66쪽)을 잘 알고 있는 것 같다.

■민주화는 여성의 자리를 만든다

장명순은 불면의 밤이면 사라진 동네 사람들을 한 집 한 집 떠올린다. 택호와 아이들 이름도 기억해 본다. 새벽에 잠이 오지 않으면 불상을 향하여 합장하고 집안이 무사하게 해달라고 절한다. 자신의 억울한 신세를 원망하지도 않고 살아왔다고 한다.

> 젊어도 원망할 수가 없어요. 왜냐면 나만 그런 게 아니라 우리나라 전체가 그렇게 헤어진 사람 천지이고. 북에서 나온 사람들 속초에 아바이촌에 가서 물어봐요. 살아서 원망할 것도 없고, 그저 오래 살아서 서로 한번 봤으면 그거고. 나 같은 경우는 할머니, 혜○(딸) 아버지[남편]가 할 일을 내가 다 했잖아. 시어머니 죽었을 적에. 그 가난하고 어려운데 그렇게 살면서 그때는 관도 돈 주고도 못사는 걸 강릉에다 사람 보내서 시어머니 관 해줬지. 그 좋은 마 한 필도 샀지. 저녁 제사 차렸지. 내가 다 했잖아. 지금도 살아서 보면 그 옛말을 하고 싶어, 내가. 잘 살았던 못 살았던 너[남편]는 너대로 그렇게 잘 살고, 나는 여기서 이런 고통만 당하고. 이런 일은 내가 다 했잖아. (한국전쟁 때 학살당한 시아버지 유골) 파내서 화장할 때도 혜○이는 아들까지 올라와서 그거 다 손질하고 돈 다 댔잖아(장명순, 2008, 412쪽).

장명순이 사는 ○○리나 일대에는 집집마다 한두 명씩 월북한 가족이 있다고 할 만큼 이산가족이 많다. 친인척 개념으로 생각하면 이산가족이 아닌 집이 없는 셈이다. 그래서 장명순은 스스로의 인생에서 너무도 억울할 일이 많을 테지만, 남편의 부재 속에서도 딸을 키웠고, 최씨 집안의 대소사를 책임져 왔다는 자부심으로 원망하는 마음을 다스리며 살아왔다. 그러나 장명순에게 너무도 미안하고 억울한 한 가지 일이 있었다. 최씨 집안의 족보에 자신의 딸이 올라가 있지 못한 사실이었다. 남은 친인척들이 오랫동안 방치를 하다가 2009년 족보에 비로소 딸의 이름이 올랐다. 그의 딸, 혜○은 1945년생이므로 60년이 넘도록 딸로서의 명실상부한 지위를 차지하지 못했던 것이었다. 2010년 3월, 전화 인터뷰를 통해 딸이 족보에 오른 것이 자신이 오른 것 이상으로 기쁘다고 했다.

〈그림 4〉 강릉 최씨 양양읍 ○○리의 변경된 족보내용

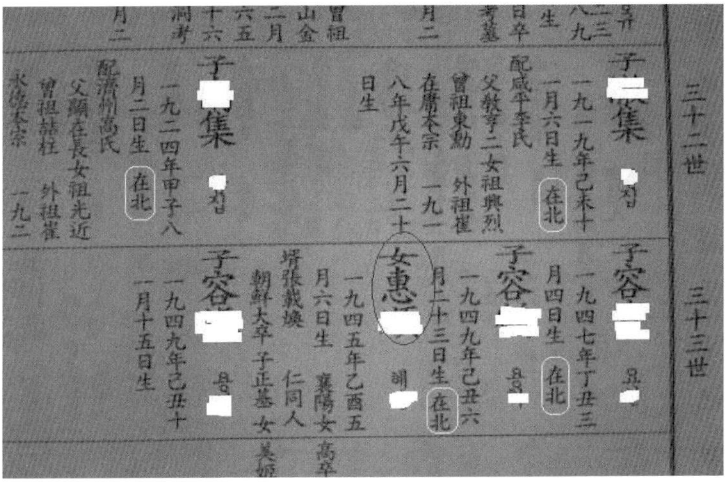

출처: 강릉최씨비인공파 종친회 엮음(2009, 546쪽)

〈그림 3〉과 비교하면 〈그림 4〉에는 앞의 〈그림 3〉에서 없는 혜○의 이름이 올라져 있음을 확인할 수 있다. 이와 같이 장명순에게 민주화는 잃어버린 딸의 원 자리를 찾아주는 것이었다. 오랜 그녀의 애절한 소원이 2009년 종친회가 족보를 개정하는 과정에서 이루어졌다. 비록 남편의 부인으로 오르지 못했으나 장명순의 자신이 오른 것과 같다고 했다. 족보는 남성 중심적 가계의 역사, 즉 가부장이데올로기의 상징이다. 그러나 혹자에게는 족보는 없어져야 할 전통적 유물이지만, 또 혹자에게는 족보가 자신의 존재성의 위치를 파악할 수 있는 척도로 우리 사회 저변에서 여전히 강력한 힘을 발휘하고 있다.

3) 김양사의 이야기: 소년이 치른 한국전쟁

구술사방법론은 방법론적 개인주의를 취한다. 면접은 짧으면 1시간, 길면 10시간 이상을 진행하며, 장기 면담인 경우엔 몇 개월을 두고 작업하기도 한다. 그 과정에서 면접자는 자연스럽게 구술자의 인생에 공감하고 연민하게 된다. 구술사가 어려운 것 중 하나는 바로 이 점이다. 구술자와의 먼 거리를 유지하면 관조의 힘을 발휘하기는 좋을지 몰라도 거리감이 마음의 장벽으로 느껴져 구술자의 내면의 목소리를 듣기가 어렵다. 거꾸로 거리가 너무 가까우면 적절한 대상화가 어려워, 분석하고 설명이 되기가 어렵다. 구술조사를 마친 후, 구술자를 관조할 정도의 거리를 유지하면, 역사적 사실 위에 구술자를 조망하고, 비판적 접근을 해야 한다는 것은 고통스럽지만 연구자의 중요한 사명이다. 연구자로서 고통을 느끼게 되는 이유는 작은 사람들인 구술자들의 삶의 고통에 공감하기 때문이라고 할 것이다. 그중 한 명이 김양사이다.

김양사(가명, 1934년생, 남)는 21세기적 관점에서 보면, 한국전쟁 과정에서 전형적인 학살의 가해자로서의 위치를 갖는다. 한국전쟁 당시 10대 중반의 청소년이었던 그가 자신이 한 행위의 의미를 알았을까, 왜 하게 된 것일까. 객관적으로 2005년 진화위가 발족되었어도 그가 할 수밖에 없었던 가해행위의 의미에 대한 역사적 진실은 제대로 규명되지 않은 채, 이제 역사의 의문으로 남겨지려는 순간이다.

이제 김양사를 통해 전쟁, 냉전과 탈냉전의 의미를 이해하고자 한다. 그런 과정에 김양사에게는 위의 두 사람과는 전혀 다른 민주주의를 발견할 수 있다.

■해방은 잊혀진 청년회의 부활이었다

〈그림 5〉 이북과 접경한 군철책이 둘러쳐진 강화도

강화군 양사면 철산리의 김양사(가명, 1934년생, 남)가 살았던 고향은 강화도 최북단으로서 이북 개풍 송악산을 바로 지척에 바라보는 곳이다. 그의 윗대로부터 그곳 철산리에서 살았고 그도 그곳에서 태어나고 자랐고 현재까지 집터만 바뀌었을 뿐 계속 그곳에서 살고 있다. 철산리는 한국전쟁 이래로 북쪽 바닷가가 철책으로 둘러쳐져 황량한 벽지이다. 그러나 한국전쟁 전까지만 해도 철산리는 철산면의 면소재지로서, 면사무소와 파출소가 소재했다. 당시 철산리에는 700여 호가 살았고, 포구에는 기생집이 일곱 집이나 있을 만큼 제법 규모가 있던 지역이었다. 또한 남으로는 논밭이 펼쳐져 있어서 남쪽 마을 사람들은 농사를 지었고, 북쪽 해안가 사람들은 어업을 주로 했다. 해안가는 개풍군을 바라보며 한강하구에 면하여 수십 척의 배가 정박할 수 있는 중간 기착지, 포구의 역할을 했다.

> 여기 그 당시 왜정시기 한 700호 있었어요. 포구로. 근데 6·25나면선 자꾸자꾸 이사가다 보니깐 지금은 아주 몇 식구 남았던 걸 아주 이주를 시켜버렸죠. 그니까 전부 이주해서 거기는 없고, 아직 집터만 남아있고, 농사짓고 밥해먹고 다 그래요(김양사, 2007, 2쪽).

해안가에 수백 집이 살았으나, 그곳인 한국전쟁이 끝나면서 철책이 둘러쳐지자, 그쪽 마을 사람들은 전부 서울이나 인천으로 떠났다.

김양사가 철산리의 해방을 기억할 때 가장 선명한 것은 '철산청년회'이다. 이 단체와 관련해서는 일제 강점기인 1920년대 신문에 '철산청년회'[6]가 등장하고 그 단체는 강화 읍내의 청년회들과 연관되었던 것으로 보인다. 1920년대 말 신간회 사건이 일어난 후 철산청년회도 지역에서

6) 『동아일보』 1924년 3월 7일자.

불령선인(不逞鮮人) 단체로 간주되어 희미해지지 않았을까 추정된다.

해방 무렵 동네 청년 선배들이 동네 분위기를 주도했고 그들도 자신을 '철산청년회'라고 불렀다고 한다. 그 청년회는 당시 20대 전후로 한 청년들이 약 30여 명이 되었다. 그들은 야학을 열었고, 해방 당시에는 자위대도 했으며 축구 시합도 종종 열어 마을 사람들의 단합회를 벌였다고 한다. 따라서 그 지역에서 제법 똑똑하다는 청년들은 모두 청년회 활동을 했으며, 대표적인 사람들로 최영○(대표), 장석순, 승배웅, 구연성 등이 있었다고 한다. 11살이 막 넘은 소년이었던 김양사가 이들을 선명하게 기억하는 것은 다음과 같은 사건으로 시작된다.

철산리에 잊히지 않은 큰 사건이 발생했던 것은 1947년 1월 14일이었다. 『자유신문』(1947년 1월 19일자)에 다음과 같은 기사가 보도되었다.

〈그림 6〉 미군정관에 의한 철산리 사람 총격사건 기사

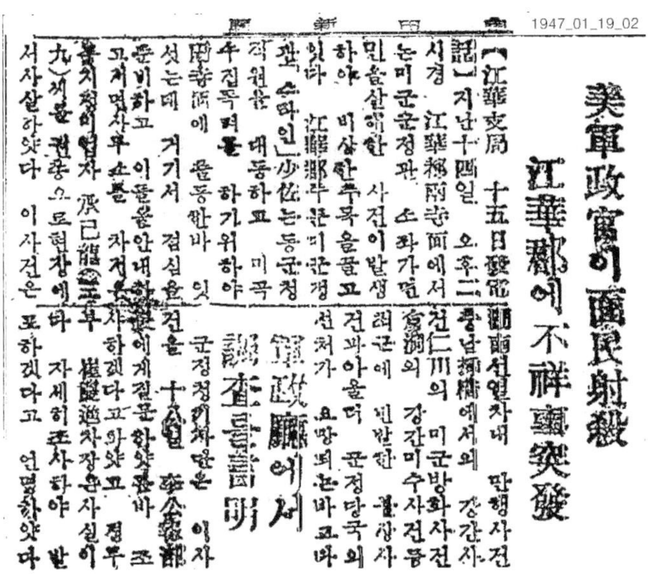
1947_01_19_02

美軍政官이 國民射殺
江華郡에 不祥事突發

【江華支局 十五日發電話】 지난十四일 오후二시경 江華郡府內面에서는 미군군정관 소좌가 면민을 살해한 사건이 발생하야 비상한 주목을 끌고 잇다 江華郡주둔 미군경찰 「수타인」少佐는 동군청 직원을 대동하고 미곡수집독려를 하기위하야 府內面에 출동한바 잇섯는데 거기서 점심을 준비하고 이들을 안내하고 서면사무소로 자전거를 치려던자 承己龍(三九)씨를 권총으로 현장에서 사살하얏다 이사건은 [illegible]面선열차내 만행사건 충남扶餘에서와 강간사건 仁川의 미군방화사건 京畿의 강간미수사건등 련군에 빈발한 불상사건과 아울러 군정당국의 선처가 요망되는바고와

軍政廳에서 調査言明

군정청에서는 이자건을 十二日 [illegible]에게 질문한바 조사하겠다고 하얏고 정부 [illegible]차장은 사실이다 자세히 조사하야 발표하겠다고 언명하얏다

즉 1947년 1월 14일, 이 사건은 "미 군정관 핑클대위가 양사면에 미곡 수집 독려차 방문하여 당시 철산리 면사무소에서 개최된 환영식에 참석한 승기룡을 사살한 사건"(강화군 군사편찬위원회, 2003, 730쪽)이다. 승기룡 씨는 철산면 지역 유지였고, 그의 아들 승배웅은 철산리 청년회 멤버였다. 따라서 평소 지역계몽활동을 하였던 승배웅과 그의 동료들은 승기룡의 억울한 죽음으로 인해 미군과 이승만 세력을 원수로 삼게 되었다고 한다.

대한민국이 설립된 후 강화지역에 전반적으로 일어난 변화가 철산리에도 일어났다. 먼저 1949년부터 한국전쟁 전까지 농지개혁이 전개되었다. 철산면에도 부잣집은 몇 집 있었으나 대부분의 지주는 강화읍이나 개성시에 거주했다. 그들의 토지는 대개 소작농에게 5년 연부상환을 조건으로 불하되었는데, 별 탈 없이 진행되었던 것으로 김양사는 기억하고 있다.

■한국전쟁은 마을공동체를 파괴했다

전쟁 당시 만16세였던 김양사에게는 인공 시절을 회고하는 것이 불편한지 상세한 구술을 하지 않았다. 반면 김양사의 기억은 1950년 9·28수복 이후부터 선명해졌다. 6월 25일 전쟁이 일어났을 때, 철산리에는 인민군은 들어오지 않았다. 그러나 강화는 이북의 접경지구이었다 보니, 서울이 점령될 무렵 강화 전역에 인공이 선포되었고, 철산리에도 인민위원회가 설립되었다. 이 당시 왕년의 철산청년회 멤버들이 세를 장악했던 것으로 보인다. 철산리 사람들이 전반적으로 요직을 차지했고, 면 인민위원장은 자꾸 갈렸다고 했다.

9·28 수복 당시 인민위원회 간부들의 일부가 월북했다고 한다. 그는 월북자의 한 사람을 다음과 같이 회고했다.

> 월북했다 들어온 사람이 고순○ 하나고, 여성동맹은 많았는데 안 나가고. 그 사람들 잡아가서 (양사)특공대에다가 각 기관에서 들어 와가지고 살렸잖아요. 여자니까 처녀니까— HID[7]로 갔어. 강화군 HID본부. 그 이후로는 소식 없어요. 그니깐 (북쪽으로) 침투시켰겠죠. 정보수집 하라고. 그때 그 당시에 HID가 사업이 그런 거 아니에요? 고순○는 나하고 동창생이거든요(김양사, 2007, 6쪽).

그의 동창인 15살의 어린 여성은 월북했다가 귀향한 후, HID에 끌려갔다고 기억한다. 위의 증언에서 그는 강화군에 설립된 특공대에 대한 언급이 있다. 당시 그는 특공대의 보조를 하는 양사면 소년단 대장으로 활동하고 있었다. 계속 구술 내용을 들어보자.

> 51년 1월말 일경 될 걸, 강이 얼어가지고 추웠어요. 날씨가 눈도 많이 오고 그러는데, 우리 소년단이 야밤에 해안근처를 경보를 해요. 난 가끔 순찰을 돌고. 4인 내지 5인 조를 짝을 져서 나갔는데 여기서부터 해안선을 쭉 다 하는 거죠. 근데 야간에 배가 들어왔어요. 그거 발견해가지고 특공대 연락해가지고 잡았는데, 소년단도 같이. 소년단은 뭐 무기가 있나? 그래서 때려서 잡았는데— 16명 사살했죠. …… 강화 사람인데 내가 볼 땐 몰라요. 하여간 들어 왔는데요—. 잡자마자 그냥 그 추운겨울에 소년단이 붙들어가지고 몽둥이로 패니까— 말도 못하고 죽어서 인적상황을 하나도 몰라요, 16명을. 하나만 살렸어도 아는데— 인적상황을 몰라요. …… 막 들어오는 걸 발견해서 특공대에 연락하니깐 여기서 총을 쏘고 특공대가 나가니깐 막 도착을 하면서 배가 닿을 거 아니야? 그니깐 이 사람들이 급하게 물로 내려 뛰어 내린 거야. 다 그니깐— 거기 나무가 많았어요. 겨울에 땔려고. 그걸 불을 지르니깐. 환한 대낮같지. 그니깐 그 사람들이 얼음 뒤에 숨고, 그니깐 찾아가지고 붙들어서 이 새끼 막 넌 누구냐 하고 때리니깐— 언사람 한, 두 대 맞으니깐

---

7) HID란 Headquarters Intelligence Detachment, 육군첩보부대의 줄임말이다.

대가리를— 애들이 몽둥이로 때리니까 금방 죽더라고. 그래서 내가 때리지 말라고, 살리라고 내가 살리라고 악을 써도— 뭐 아직 아이들이니깐 무서우니깐 그냥 무서워서 그냥 때리기도, 그냥 모르는 거야. 정신없이 덤빈 거야. 그러니까 아침에 발견하니깐 열여섯 명이더라고(김양사, 2007, 7~9쪽).

구술 내용을 보면 월북했던 강화사람들 16명 정도가 어떤 목적인지 모르지만, 야음을 틈타 철산리 포구로 들어왔다가 그곳에서 경비를 서던 소년단과 양사특공대에게 발각되어 모두 살해당했다. 살해에 적극적으로 가담했던 것은 10대의 소년단원들이었던 것으로 보인다. 소년단 대장이었던 김양사는 소년단원들을 말렸다고 한다. 그러나 김양사는 당시 대장의 특권으로 양사파출소 소유 '권총'을 지급받았다고 한다.

그렇다면 풀어야 하는 것이 있다. 강화지역의 특공대와 소년단은 무엇이며, 어떤 경위로 총기 등의 무기를 소지했는지 해명할 필요가 있다.

강화도에는 1950년 12월 18일 강화읍내 청년 24명이 '강화향토방위특공대'(약칭 강화특공대)를 조직하였다. 이 단체는 "국민방위조직을 강화하여 향토를 방위한다"는 목적으로 설립되었다(강화군사편찬위원회, 1976, 353~354쪽). 특공대의 주역할은 북한 공비 및 이에 협력한 자를 발견 혹은 그에 관한 정보를 입수하는 것으로 이러한 사항의 발견 시 경찰에 신고할 뿐 아니라, 이들을 체포할 수 있도록 되어 있었다. 또한 '강화청소년유격대'(약칭 소년단)는 1950년 12월 하순경에 결성되어 1952년경에 해체되었고 특공대를 보좌하며, 무기(총기, 칼 등)를 소지하여 지역 순찰을 하였다.[8] 그러한 권한을 부여한 것은 무엇인가? 그것은 바로 1950

[8] 소년단은 강화 일대에는 읍, 면, 리 단위마다 대부분 조직되었다. 청년들의 대다수가 군대나 제2국민병으로 차출되었기 때문에 마을을 지키기 위해서 10대 소년들을 활용한 결과이다(김귀옥, 2006).

년 7월 22일 제정되어 8월 4일 공포된 "비상시향토방위령"이다. 주요 내용은 다음과 같다.

> 제1조 본령은 단기 4283년 6월 25일 배한 괴뢰군의 침구로 인하여 발생한 비상사태에 있어서 국민의 자위조직을 강화함으로써 향토를 방위하며 공공의 안녕질서를 유지함을 목적으로 한다.
>
> 제2조 만14세 이상의 국민은 모두 본령에 의하여 향토방위의 의무를 진다. ……
>
> 제4조 만14세 이상의 국민은 괴뢰군, 공비 기타 이에 협력하는 자를 발견하거나 이에 관한 정보를 탐지하였을 때에는 즉시 경찰관서에 통보하여야 한다. 살인, 방화, 강도, 강간, 절도, 통화위조, 상해, 왕래방해, 공갈협박, 음료수에 관한 죄에 대하여서는 전항의 례에 의한다. ……
>
> 제6조 자위대원은 당해부락에 거주하는 17세 이상 50세 이하의 남자로서 사상이 건실한 자 중에서 대장이 선임하되 청년방위대원, 대한청년단원을 주로 한다. 단, 공무원 기타 공공기관의 직원은 제외한다.
>
> ……
>
> 제10조 자위대원이 임무집행 중 괴뢰군, 공비 기타 이에 협력하는 자를 발견하였을 때에는 대장의 승인을 얻어 이를 체포할 수 있다. 제4조 제2항의 규정한 범인을 발견하였을 때에는 즉시 이를 체포하지 아니하면 도망할 우려가 있는 경우에 한하여 이를 체포할 수 있다. 전2항의 체포는 각 자위대의 관할 구역 내에 한하여 할 수 있으며 늦어도 48시간 내에 최근지소재의 경찰관서에 이를 인도하여야 한다(국방부 정훈국 전사편찬위원회, 1952, C58~59쪽).

대통령령에 입각하여 1950년 9·28수복 당시와 1·4후퇴 당시 경찰력의 공백상태에서 치안대나 향토 자치대가 만들어졌다. 강화도에서는 위에서 언급한 '강화향토특공대'와 그들의 보좌를 하는 '소년단'이 구성되었다. 그러한 조직들은 자치적 성격을 가졌으나 경찰력 공백 시 사실상 경찰권이 위임되어 있어서 지역 사회를 통치(김귀옥, 2008)하는 준국가기구로서의 성격을 가지고 있다.

그런 정황 속에서 강화의 특공대는 말할 것도 없고 소년단원들조차 일반 지역민(주로 여성과 노약자들)에게는 위협적인 존재였다. 또한 김양사는 16세의 소년이었으나 총기를 지급받아 작은 지역사회에서 막강한 권한을 누리는 지위를 일시 차지했다. 그런데 소년단원 가운데에는 당시 부역혐의를 받았던 집안이나 월북한 집안의 소년들이 적잖았던 것으로 보인다.

> 자기가 위험하니까, 생명이. 낙인찍히면 죽거든. '넌 빨개이 자식이다', '빨개이다' 하면 죽인단 말이에요. 그러니까 자진해서 더 열심히 해야죠. 자기 형이나 부모가 월북을 했어도 그런 사람이 많아요(김양사, 2007, 23쪽).

이는 전형적 생존형 반공소년이 되어야 살아남을 수 있던 상황이다. 그런 소년들에게 과연 좌우 이념이 있었을까?

전쟁이 끝나면서 700가구가 되던 철산리 사람들이 다 흩어지고 이제 그곳에는 40가구만 남았다.

■군대초소가 민간인 집보다 더 많은 동네

전쟁은 반농반어(半農半漁)의 마을은 반쪽 지역으로 만들었다. 정전되고도 김양사는 원래 살았던 해안가 동네에서 살았으나, 1972년 해안가 사람들은 다 철거되었다. 과거 해안가 그 많던 배들도 다 사라지고, 과거 면소재지에서 다른 인근 면에 편입된 낙후한 농촌지역이 되었다. 해안가 아름다운 곳이나 동네 어귀, 야산 틈틈이, 모든 곳에 군대초소가 들어서 있다.

〈그림 7〉 철책으로 둘러쳐진 강화 양사면 철산리 해안가

2007년 10월 15일 김귀옥 촬영

비록 강화도는 섬이지만 휴전선을 상정하여, 민통선이 그어졌다. 철산리로 들어가려면 몇 군데에서 검문을 받아야 하고 통금이 최근에도 남아 있다. 그곳은 "해안초소 및 해안취약지구" 조건과 "접적(接敵)지구"로서의 성격을 모두 가지고 있는 지역이었기 때문이다.

> 출입증이 있었죠. 출입증. 그 야간에는 순찰은 돌아 가면서했고. 밤10시 이후에는 자유로이 잘 못 다녔어요. 지금은 마음대로 하지만. 그리고 해병대들의 행패가 심해가지고, 그 야간에 불켜 놓고 회식 같은 거 좀 하면 잡아다가 기합주고 그랬어요. …… 아마 해병대가 행패부리고 그런 거는 박정희 때, 박정희서부터 끝났을 거야. 박정희 대통령이 그 해병대 해산시킨다고 한 번 그랬죠? 왜냐면 너무 악질이라고. 그때부터 좀 나졌죠. 그렇지 않으면 그 당시에는 매도 많이 맞고, 밥도 많이 해다 주고 그랬어요. 닭도 많이 잡아먹고 개도 많이 잡아먹고. 그래서 개병대라고 했잖아. 그런데 차차 군대가 잡혀갔지. 아마 그건 팔십 년대 돼서 좀 좋아졌을 거예요(김양사, 2007, 27쪽).

그 지역에 사람이 살 만한 곳으로 된 게 1980년대 중반경이라고 했다.

다만 그 지역은 접적지구로서 혜택을 본 게 있다면, 북한에 과시하기 위해 1970년대 초반에 집에 전기가 들어온 것 정도라고 할까(한국전력공사, 1995, 100쪽). 마을도로에 콘크리트가 깔리고 버스가 동네 어귀에 들어온 것은 1990년대 넘어서였다. 교통편이 불편하여 자녀들은 10km 되는 중학교를 걸어 다녀야 했다. 그는 일가친척, 동네사람 대다수가 탈농한 채, 척박한 동네에서 살아남아야 한다는 일념으로 농사짓고 동네일을 보았을 뿐 지난 전쟁의 시절은 그저 하나의 추억에 불과했다.

■민주화는 소년단의 영광을 찾는 것

김양사와 같은 접적지구 사람들의 정치적 특성 중 하나는 정치적 정권 지향, 보수 지향적 태도를 취한다는 사실이다. 그것이 신념의 문제인지, 생존적 논리의 문제인지는 알 수 없으나, 접적지구 사람들은 강력한 반공적 태도를 표명하는 것을 볼 수 있다. 과연 이들에게 민주화는 무엇이었을까?

김양사와 같은 사람에게 민주화되고, 자신에게 일어난 가장 중요한 사안은 소년단 활동은 인정받아 '참전유공자'가 된 것이라 할 수 있다. 2004년, 노무현 정부하에서 그들은 2인 이상의 인우보증이 있으면 국가보훈처로부터 '참전유공자'로 인정(김귀옥, 2006, 64쪽)받고 소정의 연금도 받게 되었다. 2000년대 들어 과거 강화지역의 소년단 출신들은 '강화청소년유격대'로 세를 규합하여 강화읍내에 사무실을 두어 친목과 단결을 과시하였고, 군복을 제작하여 과거에는 없던 전통을 만들었다. 김양사에 따르면 당시에 소년단으로 활동하지 않았던 사람들까지 상호 인우보증을 세워 참전유공자가 되도록 협조했다고 한다.

그런데 그에게는 전적으로 빠져 있는 것이 하나 있다. 즉, 그에게는 참전유공자의 작으나마 영광을 안겨준 한국전쟁 당시의 사건에 대한 성찰은 없었다. 그것을 통해 성찰 의식이 부재한 어떤 사람만을 보는 것뿐만 아니라, 누구도 그 사람에게 그것은 잘못되었다고 말하지 않았던 우리 사회에 더 큰 잘못이 있음을 말할 나위 없다. 그는 앞선 증언에서 말했듯, '몰매를 퍼붓던 동료들에게 말렸다'는 말할 마디로 자신의 행위가 '심했음'을 인정했다. 그러나 전쟁이 끝나고 동료들과 단 한 번도 그때 일을 반성하거나 부끄러워 해본 적이 없는 듯했다. 김양사를 통해서 두 번 그 지역에서 같이 소년단 활동을 했던 사람들을 만났다. 그들 가운데 한 사람은 아버지가 월북한 사람이었는데, 그 사실을 덮고 소년단 활동을 시켜주었던 사실에 대해 김양사는 자랑스럽게 말했다. 틀림없이 빨갱이 가족으로 능지처참형을 당할 사람을 구해준 게 사실이다. 그러나 자신이 차도살인(借刀殺人)의 역할을 맡게 된 사실, 결과적으로 자신의 손으로 이유도 모른 채 동향인을 죽여야 했던 사실에 대해 전혀 회의하지 않았다. 아마 그는 험한 세상을 만났기 때문이라고 생각하고 있다. 그는 츠벨라이트(Klaus Theweleit, 1987)가 말하는 히틀러의 남성들처럼 '반성의 코드'가 형성되지 않은 채 살아온 경우로 볼 수 있다.

4. 맺음말: 작은 사람들에게는 여전히 불완전한, 불안전한 한국의 민주화

위에 소개된 세 명 모두 우리 시대의 작은 사람들이다. 그들이 냉전시대 피해자의 자리에 섰든지 가해자의 자리에 섰든지 그들 모두는 자신의 삶에 대한 통제력을 갖지 못했다. 그래서 그들의 기구한 삶을 가해와 피해의 사실로만 읽는 것은 부분적 이해일 뿐 전체적인 이해는 되지 못한다.

냉전시대 세 사람의 삶의 방식을 보면, 김양사의 경우에는, 정부 당국의 시책에 불만은 있으나 그럭저럭 지지를 보내며 순응하는 체제 협조적인 삶을 살았다. 그가 접적지구에서의 살기로 결정한 이상 당국의 결정에 순응하지 않을 수도 없었다. 그렇다고 하여 그가 얼마나 부귀영화를 누렸던가? 오히려 그는 탈냉전시대, 민주화과정에서 잊힌 소년단의 활동을 인정받아 '참전유공자'로서의 명예를 얻을 수 있었다. 구조적으로 냉전시대에도 그는 박탈된 삶을 살았던 작은 사람들에 불과하다.

한편 정현정과 장명순은 전형적인 피해자이며 연좌제 대상이 될 수밖에 없는 비국민적 요소를 갖고 있는 사람이었고, 그들은 '묵종'하는 삶의 방식을 택했으리라 짐작할 수 있다. 그러나 정현정과 장명순은 다른 방식으로 피해의 역사를 기억하며, 잊지 않으려 했다. 특히 정현정은 자식에게까지 피해의 역사를 교육시켰고, 사회단체를 찾아가는 등의 방법을 통해서 부모의 억울한 죽음을 기억하려 했다. 다시 말해 그는 묵종하는 삶을 넘어서 개인적 수준의 거부를 하며, 체제에 동화되려 하지 않으려 했다. 따라서 김양사는 순응 유형이라면, 장명순은 묵종 유형에 가깝고, 정현정은 불복종 유형에 가깝다고 볼 수 있다.

한편 한국에 있어서 냉전시대가 탈냉전시대로 가는 데는 민주화가 중요한 역할을 했다(박명림, 2006). 민주화가 잃어버린 것을 국민, 특히 냉전시대 작은 사람들의 주권을 되찾는데 중요한 의미를 갖는다면, 이 글의 작은 사람들도 2000년대 중요한 한 가지씩을 획득하고 있다. 정현정은 진화위로부터 아버지의 항일독립운동의 사실을 인정받는 결정문을 획득하였다. 장명순은 족보에 오르지 못한 딸을 최씨 문중 사람으로 만들어 줬다. 또한 김양사는 한국전쟁기 소년단 활동을 했던 것을 인정받아 '참전유공자'가 되었다.

그러나 21세기 한국에는 냉전과 탈냉전이라는 비동시적인 것들이 동시적으로 존재하여 기능하고 있다. 1998년 이래로 한국은 큰 틀에서는 탈냉전적 흐름 속에 있으나 여전히 한반도는 남북이 상호 주적개념을 갖고 화해와 적대를 반복하고 있고, 한국에는 국가보안법이 작동하고 있다(손호철, 2006). 이러한 흐름은 개인에게도 더욱 뚜렷하게 나타나 있다. 정현정에게는 민주화시대가 열리면서 넓어진 시민사회 영역에서 부모님의 억울한 죽음을 호소하고 공감할 수 있는 시민사회가 생겼지만, 여전히 그의 부모의 죽음이 실체는 밝혀지지도 못했고, 자신과 부모의 법적 관계는 상실된 채 과거와 마찬가지의 삶을 살고 있을 뿐이다.

심지어 장명순은 집안 내 일상적 관계 속에서 부분적 관계 회복이 이루어졌을 뿐, 자신의 처지를 개선하지도 못한 채 80세를 넘겨야 했다. 또한 사회적으로는 여전히 시아버지 죽음의 진상을 규명하기 위한 노력은커녕 과거사규명을 위한 의미화의 작업도 시작되지 않았다. 역설적으로 말해 진화위의 5년간의 활동이 지역 사회에는 제대로 확산되지 못했음을 반증하는 것이기도 하다. 또한 그는 월북한 남편과 아들을 만나기 위해 이산가족상봉 신청을 할 엄두도 내지 못해 왔다. 지난 10년간 17차례 이산가족 상봉 신청은 늘 화중지병(畵中之餠)이었다.

한편 김양사에게 권력의 욕망은 있었을지라도 그가 한국전쟁기 가해의 자리에 선 것은 우연이었고, 그가 소년단의 대장이 된 것은 무리들 가운데에서 나이가 가장 많았고, 똘똘하여 눈치가 익었기 때문이었던 것으로 봐진다. 설령 그가 '무고한 인명을 살상하는 데 앞장섰다 하더라도', 16세 청소년의 행위를 잔혹한 행위였다고 말할 수는 있으나 가해자로 부르기에는 스스로를 통제할 권한이 진정 있었던가를 묻지 않을 수 없다. 그러나 우리 사회가 유럽의 1970년대 민주화 정도라도 되었다면, 그에게 반성하고 사과해야 한다고 말했어야 했다.

이제 우리 사회에게 물어야 한다. 한국 사회에서 민주주의가 얼마나 성숙하였는가. 우리 사회에서 지난 몇 년간 넘치듯이 보였던 시민권적 자유의 하나인, 표현의 자유가 몇 년 사이에 다시 숨죽여 가는 것을 보게 된다. 설령 과거 냉전시대처럼 합리적 이성의 마비까지는 아닐지라도 탈냉전시대에도 여전히 한국의 이성은 자유와 마비 사이에서 동요하고 있지 않은가 우려스럽다. 사회의 미성숙, 불균형은 개인에게는 커다란 부자유, 인권의 억압 등을 가져왔음을 우리는 이미 알고 있다. 역사의 바퀴는 일직선으로 나아가지는 않는다고 했다. 그래서 작은 사람들에게 우리의 민주주의는 여전히 불완전하고 불안정하기만 하다.

[참고문헌]

강릉최씨비인공파 종친회 엮음, 1984『강릉최씨비인공파보(江陵崔氏庇仁公派譜) 전』, 강릉최씨비인공파보소.

강릉최씨비인공파 종친회 엮음, 2009『강릉최씨비인공파세보(江陵崔氏庇仁公派世譜) 전』, 강릉최씨비인공파보소.

강만길 외, 2001『이제 문제는 냉전세력이다』, 중심.

강화군 군사편찬위원회, 2003『신편 강화사』 상, 강화군 군사편찬위원회.

강화군사편찬위원회, 1976『강화사』, 강화군.

경찰청 과거사진상규명위원회, 2006「보도연맹원 학살의혹사건 중간조사결과〈종합발표문〉」(발표자료집).

국방부 군사편찬연구소 엮음, 2002『한국전쟁사의 새로운 연구』, 국방부 군사편찬연구소.

국방부 정훈국 전사편찬위원회, 1952『한국전란1년사』, 국방부.

국사편찬위원회, 1973『자료 대한민국사』 3, 국사편찬위원회.

김 준, 2006「박정희 시대의 노동」,『근대의 경계에서 독재를 읽다』, 그린비.

김국태, 1984『해방3년과 미국I: 미국의 대한정책 1945~1948』, 돌베개.

김귀옥, 2006「지역의 한국전쟁 경험과 지역사회의 변화―강화도 교동 섬 주민의 한국전쟁 기억을 중심으로―」,『경제와사회』 71호.

김귀옥, 2008「한국전쟁기 강화도에서의 대량학살사건과 트라우마」,『제노사이드 연구』 제3호.

김연철, 2009『냉전의 추억』, 후마니타스.

김영범, 1991「망탈리테사: 심층사의 한 지평」,『사회와역사』 제31권.

박명림, 2007「민주화 이후 국제관계와 세계인식」,『역사비평』 통권 80호(가을호).

서중석, 1999『조봉암과 1950년대』, 역사비평사.

손호철, 2006『해방 60년의 한국정치, 1945-2005』, 이매진.

엄경선, 2009『설악의 근현대 인물사』, 마음살림.

윤해동, 2003『식민지의 회색지대: 한국의 근대성과 식민주의 비판』, 역사비평사.

이도영 편역, 2001『죽음의 예비검속: 양민학살진상조사보고서』, 월간말.

정근식, 2003「집단적 기억의 복원과 재현」, 제주4·3연구소 편,『4·3과 역사』 2.

조성운, 2002『일제하 농촌사회와 농민운동: 영동지방을 중심으로』, 혜안.

한국전력공사, 1995『배전백서』, 한국전력공사.
한모니까, 2009「한국전쟁 前後 '수복지구'의 체제 변동 과정 : 강원도 인제군을 중심으로」, 가톨릭대학교 박사학위논문.

Cumings, Bruce(김주환 옮김) 1986『한국전쟁의 기원』하, 청사.
Harootunian, Harry D(윤영실 · 서정은 옮김), 2006『역사의 요동 : 근대성, 문화 그리고 일상생활』, 휴머니스트.
Milgram, Stanley(정태연 옮김), 2009『권위에 대한 복종』, 에코 리브르.
Olick, Jeffrey(최호근 외 옮김), 2006『국가와 기억』, 민주화운동기념사업회.
Peukert, Detlev(김학이 옮김), 2003『나치시대의 일상사』, 개마고원.
Slater, Lauren(조증열 옮김), 2005『스키너의 심리상자 열기』, 에코의서재.
Theweleit, Klaus, 1989[1987] *Male fantasies,* translated by Stephen Conway. University of Minnesota Press.
Zinn, Howard, 1990 *Declarations of Independence,* HarperCollins.
Zinn, Howard · Donaldo Macedo(김승종 옮김), 2005『하워드 진, 교육을 말하다』, 궁리.

정혜열 · 김귀옥, 2006.12.16「정혜열 구술녹취문」,『하나된 평화의 나라: 희망제작소 우리시대희망찾기 프로젝트』(미발표 제본).
장명순 · 김귀옥, 2008.1.18「장명순 구술녹취문」,『이산가족의 섬: 지역사회의 월남/월북 가족의 사회적 관계와 트라우마(구술녹취자료집)』, 한성대학교 전쟁과평화연구소.
김양사 · 김귀옥, 2007.9.15/10.19「김양사 구술녹취문」,『2007강화지역 피해자조사 녹취문(구술녹취자료집)』, 한성대학교 전쟁과평화연구소.

8장 탈냉전과 한반도 평화 그리고 민주주의

김근식

1. 문제제기

한반도 평화가 위협받고 있다. 긴장과 대치의 서해 바다에서 일어난 천안함 침몰 사건은 북한의 소행으로 발표되었고 이명박 정부는 대북 제재와 남북 교역 중단을 선언하면서 햇볕정책 이전으로 남북관계를 환원시켰다. 북한은 악의에 찬 날조극이라며 곧바로 남북합의 전면 파기와 남북관계 전면 중단을 선언하고 나섰다. 모든 대화 채널과 관계의 끈이 사라진 채 일촉즉발의 긴장고조만이 행동 대 행동의 상호작용에 의해 에스컬레이트되고 있다.[1] 연평도포격 사건은 남북의 극단적 기싸움으로 이어지면서 일촉즉발의 전쟁위기에까지 이르렀다. 통제 불능의 긴장고조 상황이 조성되자 급기야 유엔안보리가 한반도의 위기해소를 주문하기도 했다.[2] 천안함사태와 연평도포격 이후 남북관계는 순식간에

---

[1] 김근식, 「MB의 평화무능」, 『경향신문』 2010년 5월 25일자.

[2] 2011년 1월 미중정상회담에서 한반도 문제가 주요의제로 다뤄지고 양 정상이 한반

적대와 대결 관계로 변화했고 상시적 긴장고조와 함께 군사적 충돌 가능성을 우려해야 하는 최악의 상황이 되고 말았다. 적대적 남북관계가 한반도 평화를 위협하고 한반도 긴장고조가 또한 남북관계를 퇴행시키는 악순환에 놓여 있는 것이다.

남북관계의 망실은 한반도 평화의 위협으로 결과되고 남북간 극단적 대결과 긴장고조는 그 자체로 민주주의마저 위협하게 된다. 천안함사건에 대한 정부 발표를 놓고 찬반의 진실 논란이 벌어지면서 이명박 정부는 정부 발표를 믿지 않거나 정부 방침에 이의를 제기하는 발언과 행동에 대해 법적 처벌도 불사했다. 민주주의의 기본권인 사상의 자유와 표현의 자유가 안보 이데올로기를 내세워 위협받고 있다는 우려마저 나왔다. 연평도포격 이후 두드러진 안보 담론의 극성과 과도한 군사주의의 횡행 역시 민주주의를 위협하는 악성 토양이 되고 있다. 김일성 부자를 사격장 표적지로 사용하고 검찰총장이 '종북세력 척결'을 취임사에서 선언하는 등 연평도사건 이후 퇴행적 민주주의의 모습은 갈수록 더하고 있다.

2010년 천안함 침몰과 연평도포격 이후 한반도 긴장 고조와 민주주의의 후퇴를 목도하면서 우리는 다시금 우리가 서 있는 한반도의 근본적 문제점을 성찰하게 된다. 탈냉전에도 불구하고 온전한 의미의 냉전 해체가 미완성이고 냉전의 역사적 유물로서 여전히 한반도 평화는 불완전하며 그로 인해 결국은 우리의 민주주의 또한 완성되지 못하고 있음을 뼈저리게 경험하고 있는 것이다.

이 같은 문제의식을 전제로 본고는 탈냉전의 완성으로서 한반도 평화

도 평화와 안정을 주문하면서 이를 위해 남북관계 개선을 강력히 요구한 것도 연평도 사태 이후 긴장고조에 대한 우려 때문이었다.

체제 정착을 제시하고 이에 기초해서 한반도 평화가 완성되어야 남북공히 민주주의 문제가 한걸음 더 진전될 수 있음을 제기하고자 한다. 그리고 한반도 평화의 핵심은 군사적 차원에 머무는 게 아니라 돌이킬 수 없는 남북관계의 진전에 있음을 강조하고자 한다.

2. 한반도 냉전구조의 세 차원

반세기 동안 지속된 한반도의 냉전체제는 크게 세 차원으로 중첩되어 있었다.[3] 미국과 소련을 필두로 한 진영간 갈등의 축이 국제적으로 형성되었고 이는 한반도에도 예외가 아니었다. 한반도의 남과 북의 대결은 곧바로 북한 중국 소련의 북방 삼각 동맹과 남한 미국 일본이라는 남방 삼각 동맹의 진영간 대결을 반영하고 투사하는 것이었다. 북한이 하는 것이라면 무조건 한미일은 반대하고 공동보조를 취했고 남한이 주장하는 것이라면 역시나 북중소는 거부하고 동일한 입장을 취했다. 그만큼 한반도 냉전구조는 일차적으로 한반도를 둘러싼 한미일 대 북중소의 동북아 냉전 구조를 국제적 조건으로 내재하고 있었던 것이다.

한반도 냉전구조는 두 번째로 남한과 북한의 상호 적대관계와 대결상황을 가장 핵심적 요인으로 형성되어 있었다. 분단 이후 전쟁을 거쳐 냉전적 대결 관계가 고착화되면서 이후 남과 북은 체제 갈등과 경쟁을 거치게 되었고 서로를 인정하지 않은 채 상호 부인과 적대의 '전부 아니

---

3) 한반도 문제를 동북아 차원과 남북관계 차원 그리고 대내적 차원으로 접근한 유사한 논의로는 동북아시대위원회가 주도한 「동북아 구상과 남북관계 발전전략」, 통일연구원, 2006이 대표적이다.

면 전무'식의 무한 대결을 지속해왔다. 남한은 북을 반국가단체로 규정한 법률적 토대까지 만들어 북한과의 모든 접촉과 교류와 연결을 차단하고 북의 주장에 결과적으로 동조하는 것까지도 이적행위로 처벌할 수 있었다. 반공은 국시이면서 동시에 반공이데올로기로 발전되어 정권유지의 전가의 보도로 수시로 활용되곤 했다. 북한 역시 '괴뢰' 정권을 정치적으로 승인하지 않은 채 '남조선 혁명'을 조직하고 촉진하는 것에 초점을 맞췄고 간첩 남파와 남한 내 지하당 건설 등을 수시로 시도했다. 남과 북의 정치적 대결과 상호 적대 관계에 더하여 한반도 냉전 구조의 한반도적 차원은 간헐적으로 지속된 군사적 도발과 충돌에도 극명하게 존재하고 있었다. 전쟁을 일시 중단한 정전상태의 한반도는 그 자체로 언제나 교전개시가 가능한 불안정한 평화 상태이고 따라서 남북의 냉전적 대결은 정치적 상호 적대와 군사적 상호 충돌 가능성으로 존재하고 있었던 것이다.

한반도 냉전체제의 마지막 차원은 바로 대내적 차원이다. 즉 동북아 차원의 국제적 진영간 대결과 한반도 차원의 남북간 관계적 대결만으로 냉전이 형성되어 있는 게 아니라 남과 북 내부의 정치와 문화에 이미 냉전구조는 스며들어 있었다. 북한의 수령체제와 남한의 군사독재를 거치면서 한반도의 냉전적 대결은 남과 북 각각에 반공주의와 반미주의로 침습되었고 이에 동의하지 못하는 세력은 반체제 세력으로 낙인찍혀 탄압을 받기 일쑤였다. 남과 북 양 체제에는 항상 수령 보위의 일심단결과 총력안보와 총화단결이 지배적 담론으로 등장했고 내부적으로 냉전적 대결이 양산해 놓은 일관된 대결문화와 집단주의가 남과 북을 막론하고 횡행했던 것이다. 북이 수령제로 행진할 수 있게 되었던 것도, 남이 군사독재가 지속될 수 있었던 것도 바로 역사적으로 형성된 한반도 냉전체제의 대내적 유산이었음은 민주화 이후 지금 돌이켜 볼 때 아무도 부인할 수 없는 분명한 사실이었다.

냉전체제는 크게 한미일과 북중소의 적대적 삼각동맹이라는 동북아 차원과 남북의 적대관계라는 한반도 차원 그리고 한국의 반공주의와 북한의 반미주의라는 대내적 차원으로 입체화되어 있었던 것이다.

3. 탈냉전, 한반도 평화, 한국 민주주의의 진전

1980년대 말부터 시작된 미소 냉전의 종식과 사회주의권 붕괴는 급기야 한반도에도 영향을 미치게 된다. 이른바 탈냉전의 역사적 물결이 한반도의 냉전 구조에도 밀어닥친 것이다. 이차대전 이후 오랫동안 지속된 동서 냉전이 소련의 붕괴로 종식되고 그 도미노 현상으로 동구라파 사회주의 국가들이 급격하게 체제전환에 나섬으로써 한반도의 냉전 구조 역시 기초부터 흔들리기 시작한 것이다. 대립과 갈등의 냉전체제가 와해되고 약화되면서 이제 한반도는 협력과 공존의 평화 체제로 전환될 수 있는 계기를 마련한 것이었다.

노태우 정부는 이른바 북방외교를 통해 한소 한중 수교를 필두로 사회주의권과 관계정상화를 해나감으로써 냉전의 틀을 흔들었다. 한소 한중 수교는 동서 냉전의 첨예한 대결장이었던 동북아 차원의 냉전구조를 한 꺼풀 벗겨내기에 충분했다. 한미일과 북중소의 진영 대결이 한 축에서 무너졌고 이후 한국의 대중 대러 관계는 그야말로 상전벽해처럼 급진전되었다.

이제 중국은 한국의 최대 교역상대국이 되었고 사회문화적 교류 또한 급상승했다. 러시아 역시 한국의 주요한 자원협력국가로서 인적 물적 교류의 증대에 예외가 없었다. 과거 냉전 시기에 비한다면 지금 한중일 삼국 정상회담이 정례화되고 한중일 FTA 등이 논의되는 현실은 과거 대결적 동북아 질서가 협력적 한중일 삼국관계로 전변했음을 입증하고도 남음이 있다. 새롭게 부상하는 아시아 경제권의 핵심으로서 한중일 경제협력과 상호의존성의 증대는 동북아 차원의 냉전질서가 적어도 한 축에서는 거의 사라졌음을 의미한다. 냉전 시대의 진영간 대결이 사라진 자리에 탈냉전의 동북아 협력과 공동번영의 토대가 마련되었고 이는 곧 한반도 평화를 형성하는 대외적 조건으로 작용하였다.

한반도 차원의 냉전적 대결은 남북의 적대적 대결이었는바, 이 역시도 탈냉전 이후 1990년대를 지나면서 상호 인정을 통한 교류협력의 진전으로 화해협력의 남북관계로 정착되었다. 탈냉전 이후 남북의 체제경쟁이 무의미해지고 사실상 남측의 승리로 귀결되면서 남북관계는 전환점을 맞게 되었다. 한국은 체제경쟁에서의 승리를 바탕으로 기능주의적 접근에 자신감을 가지게 되었고 남북관계 개선을 통한 한반도 평화와 통일 가능성에 주목하게 되었고 과거 냉전적 대결이 아닌 화해협력의 남북관계를 지향하게 되었다. 체제경쟁에 패하고 상시적인 위기상황에 직면한 북한으로서도 체제유지와 생존을 위해 상호 체제인정과 공존의 노선을 불가불 선택할 수밖에 없었다.

탈냉전 시기의 남북관계는 1988년 노태우 정부의 '7·7선언'에서 비롯된다고 할 수 있다. 북을 적이 아닌 '동반자'로 규정함으로써 전면 대결이 아닌 화해협력의 틈새를 열어놓게 되었다(심지연, 2001, 85쪽). 변화된 정세에 조응하는 남과 북의 필요성이 맞아 떨어지면서 1992년에는 남북 기본합의서가 채택되었다. 수차례의 총리급 회담으로 도출해낸 기본합의서는 지금도 그 내용을 보면 냉전시대의 남북 대결을 끝내고 탈냉전시대에 걸맞은 남북공존과 화해협력의 모범답안을 담고 있다.

남북관계에서 적대와 대결보다 화해와 협력이 우위를 점하게 된 것은 1998년 김대중 정부 출범 이후 이른바 '햇볕정책'이 지속적으로 추진되면서부터였다. 북한에 대한 흡수통일 배제와 화해협력의 지속적 증대를 대북정책의 주요 목표로 설정했던 김대중 정부는 북한에 대한 식량 및 비료지원을 확대하고 다양한 사회문화 교류를 활성화했으며 경협에서 정경연계 대신 정경분리 원칙을 확고히 견지하면서 북미간 관계 개선을 적극지지 후원했다.

2000년 6월에는 역사적인 남북정상회담이 개최됨으로써 반세기 동안 지속되었던 남북 당국의 적대적 대결관계는 화해적 협력관계로의 전환을 시작할 수 있게 되었다(김근식, 2006). 남북정상회담 이후 남북 당국간 관계는 급속히 개선발전했고 각종 회담을 통해 활발한 협력관계를 구가했다. 당국간 관계의 발전뿐 아니라 체육, 문화, 학술, 방송, 종교 등 다양한 분야와 여성, 청년, 농민, 노동 등 다양한 부문간 교류협력도 활발히 진행되었으며 민간차원의 대북지원 사업도 지속적으로 이루어졌다. 개성공단과 금강산 사업 그리고 경의선 동해선 철도도로 연결은 남북정상회담 이후 화해협력의 남북관계를 상징적으로 보여주는 경협의 대표주자들이었다.

이후 노무현 정부 역시 2차 북핵 위기에도 불구하고 북핵과 남북관계 병행론에 따라 화해협력의 남북관계는 지속되었고 2007년 2·13합의로 핵문제가 진전되자 이를 배경으로 2차 남북정상회담이 성사되기도 했다. 정상회담의 결과로 도출된 10·4남북정상선언은 6·15 이후 진전된 남북관계를 향후 한 단계 업그레이드 시킬 수 있는 의미 있는 내용을 담고 있었다(김근식, 2007b). 노무현 정부 때까지 지속된 남북관계 진전을 가장 상징적으로 드러내는 것은 바로 통일부 홈페이지에 '일일 남북교류현황'으로 북한체류인원과 차량수 및 선박수가 매일 표시되었던 점이다.[4] 반세기 이상 지속된 적대와 대결의 남북관계가 민족화해의 증진과 남북관계 개선으로 협력과 공존의 남북관계로 변화되기 시작했고 이는 탈냉전 이후 한반도 평화를 형성하는 가장 핵심적 요소가 되었다.

동북아 차원의 냉전 구조와 한반도 차원의 냉전적 대결이 완화되면서 대내적 차원의 냉전 문화 역시도 조금씩 약화되고 변화되었다. 탈냉전 시대 화해협력의 남북관계가 개막되고 진전되었음은 사실상 상호인정과 평화공존의 원리가 합의되고 실천되었음을 의미한다. 즉 배제와 대결의 상호 관계 대신에 이제는 인정과 공존의 정치문화가 좀 더 확고하게 뿌리내릴 수 있는 토양이 마련된 것이다. 특히 분단체제가 대내 정치에 작동하면서 배제와 대결의 논리가 내재화되었음을 감안하면 탈냉전 이후 남북관계 개선은 배제와 대결 대신 인정과 공존의 정치 문화가 대내적으로도 작동되고 그 결과 민주주의의 핵심 규범이 국내 정치에 전이되고 확산되는 결과를 낳게 되었다. 탈냉전 이후 민족화해 증진과 남북관계 개선으로 결국에는 여야간, 좌우 진영간, 국가와 시민사회 관계에서 관용과 공존의 가치가 확산될 수 있는 시대적 조건이 마련된 셈이었다(김근식, 2000, 83~86쪽). 그리고 인정과 공존의 정치문화는 평화로운 상호관계를 가능케 하는 핵심적 가치로서 대내적 차원에서 한반도 평화를 진전시키는 데 기여할 수 있었다.

기존의 냉전체제가 종식되면서 동북아 차원에서는 한중 한소 수교가

[4] 남북관계가 경색된 이명박 정부 시기에도 통일부 홈페이지 초기 화면에 북한체류인권과 차량수가 표시되고 있다.

이뤄졌고 한반도 차원에서는 남북정상회담과 남북관계 개선이 진전되었으며 대내적 차원에서는 상호 체제인정을 통해 탈냉전이 진행되었다. 진영간 대결의 한축이 무너졌고 남북의 적대관계가 화해협력으로 전변되었으며 대내적으로는 관용과 공존의 정치문화 토대가 마련됨으로써 한국 민주주의에 기여하게 되었다. 탈냉전 이후 한국의 민주주의는 냉전의 적대적 대결관계 약화, 민족화해의 진전 및 상호 인정과 관용의 정치문화가 확산되면서 한 단계 발전할 수 있게 된 것이다. 그리고 그만큼 한반도 평화는 진전되고 있었다.

4. 한반도 평화의 확장: 탈냉전의 완성

탈냉전 이후 냉전체제가 상당히 약화되고 일부는 해소되었지만 그럼에도 불구하고 냉전의 유제가 완전히 걷힌 것은 아니었다. 세계적 차원의 냉전체제는 해체되었지만 한반도 차원의 냉전구조는 잔존하고 있었다. 탈냉전으로 형성되기 시작한 한반도 평화는 여전히 채워야 할 부분이 많이 남아 있었다. 탈냉전은 완성되지 못했고 한반도 평화는 더욱 확장되어야 했다.

김대중 정부의 남북정상회담 개최와 급속한 남북관계 개선에도 불구하고 한반도 평화체제는 여전히 과제로 남아 있었고 이를 계승한 노무현 정부는 국정과제의 우선순위로 '한반도 평화체제 구축'을 올려놓아야만 했다. 탈냉전과 남북관계 개선이 한반도 평화체제를 완성하지 못했고 이는 곧 냉전체제의 유산이 여전히 남아 있음을 의미하는 것이었다.

탈냉전 이후 한반도 평화는 진전되었으나 완성되지 못했고 답보상태였다. 북미 북일 적대관계가 온존하고 있고 남북관계 역시 정치군사적 관계는 여전히 적대와 대결이 유지되고 있다. 대내적으로도 남북이 상호인정은 하게 되었지만 북에는 선군주의와 전체주의, 남에는 반북(염북)의식 및 남남갈등이 온존함으로써 온전한 의미의 탈냉전은 아직 미완성이었다. 한반도 평화가 입체적으로 완성되지 못한 것이다. 그리고 미진한 탈냉전을 완성하는 것은 결국 동북아 차원과 한반도 차원 그리고 대내적 차원에서 한반도 평화가 더욱 진전되고 항구적인 한반도 평화체제가 정착되는 것을 의미한다. 지금의 한반도 평화가 더욱 확장되어야 하는 것이다.

'확장된' 평화의 관점에서 한반도 평화체제의 과제는 무엇보다 동북아 차원의 냉전 유제인 북핵문제를 해결하는 것이 급선무이다. 2002년 2차 북핵위기는 북미 갈등과 남북 긴장의 상존하는 위험 요소로 지금도 작동하고 있다. 한중 한소 수교가 동북아 차원의 한반도 평화를 개선시킨 첫 걸음이었다면 북미 북일 적대관계는 한반도 평화를 막고 있는 냉전의 대표적 유산이 아닐 수 없다. 아직도 북한이 미국과 일본을 상대로 체제인정과 안전보장을 받지 못하고 있고 역으로 미국과 일본이 북으로부터의 위협에서 자유롭지 못한 현실은 바로 핵문제에서 적나라하게 드러난다.

북핵문제는 단순히 북의 핵보유를 막는 비확산 차원으로 연유되고 진행되고 종결되지 않는 사안이다(김근식, 2007a). 사실상 1993년의 북핵문제도 마찬가지였고 지금의 2차 북핵문제도 근본적으로는 보다 포괄적 문제와 연관되어 있다. 즉 북핵문제는 북한의 핵개발과 이를 막으려는 미국 주도의 핵비확산 의지와의 충돌에서 비롯된 문제이긴 하지만 보다 근원적인 측면에서는 탈냉전기 북미관계 정립이라는 큰 문제와 연결되어 있는 것이다. 결국 북핵문제는 핵을 카드화함으로써 미국으로부터 주권보장과 함께 자신의 생존을 보장받으려는 북한과 핵비확산이라는 국제규범을 고수하고 불량국가 북한을 근본적으로 전환시키려는 미국 사이의 오랜 대결관계의 산물이다.

북핵문제는 사안의 성격상 핵을 넘어 북미관계 정립 및 향후 동북아 질서와 직결되는 것이고 따라서 북핵문제의 평화적 근본적 해결이야말로 북미간 상호 안보위협을 해소함과 동시에 북미 적대관계의 해소를 완성함으로써 한반도 평화체제 구축으로 나아가는 최소한의 필요조건인 것이다. 북핵 해결은 북미관계가 정상화되고 이는 거의 자동적으로 북일관계 개선을 병행 혹은 보장하게 됨으로써 동북아 차원의 냉전 유제였던 북미 북일 적대관계를 해소하고 한반도 평화를 진전시키는 첩경이 되는 것이다.

또한 확장된 한반도 평화를 위해서는 한반도 차원에서 정치군사적 화해협력을 진전시킴으로써 되돌릴 수 없는(point of no return) 남북관계를 구조화하는 것이 필요조건이다. 두 차례의 정상회담과 공고해진 화해협력에도 불구하고 남북의 갈등관계가 근본적으로 해소된 것은 아니었다. 1999년과 2002년에는 금강산 관광을 떠나는 유람선이 동해에서 출항하는 바로 그 바다에, 서해안에서는 남북이 총칼을 맞대며 유혈 사태가 벌어지기도 했다. 2차 북핵문제 역시 아직도 한반도의 안보를 불안케 하는 위협요인이다.

경제적 협력과 사회문화적 교류는 늘었지만 정치적 군사적 차원의 화해와 협력은 여전히 넘어야 할 산이 많다. 상호 적대와 부인 및 군사적 대치와 긴장 상태에서 반세기 이상을 지내왔기 때문에 경제적 필요에 의한 협력과 감정적 정서에 의거한 사회문화적 교류접촉은 쉽게 진전시킬 수 있지만 정치적 차원의 적대를 넘어 진정한 의미의 화해협력으로 나가기는 여전히 힘들고 군사적 차원의 대치를 해소하고 평화체제로의 확고한 전환을 만들어내기는 여전히 어렵다.

정치적 군사적 차원의 화해와 협력이 진전되지 않는 한 남북관계는 항상 불안정성을 내재하게 되고 조성된 대내외 상황에 의해 언제든지 관계가 중단되거나 경색될 수 있음을 우리는 쉽게 발견할 수 있다. 10년 동안 축적된 남북관계가 이명박 정부 출범 이후 순식간에 기반부터 위협받고 있는 작금의 현실도 사실은 한반도 차원의 정치군사적 평화가 만들어지지 못한 근본적 취약성의 반증이다.

탈냉전의 완성으로서 한반도 평화가 공고해지는 것은 또한 대내적 차원에서 북의 선군주의와 남의 반북(염북)주의 및 남남갈등의 해소를 통해 갈등과 반목의 정치 대신 화해와 공존의 정치 문화가 정착되어야 함을 필요로 한다. 한반도 평화는 비단 군사적 차원에서만 이뤄지는 게 아니다. 남과 북 각각의 대내적 차원에서도 한반도 평화는 진전되어야 하고 그것은 북한의 정치적 집단주의와 획일주의를 약화시키는 것과 남한의 반북주의와[5] 염북주의 그리고 남남갈등을 약화시키는 것을 요구한다.

북은 김정일 체제 이후 선군정치를 내세워 혁명과 건설을 군대에 의거하고 군대를 앞세워 진행하고 있다.[6] 국방위원장 직함으로 북을 공식 통치하고 있는 김정일 위원장은 내부적인 경제위기와 외부적인 안보위기에 직면하여 사회주의 체제와 수령제를 보위 유지하기 위해 선군정치를 불가침의 영역으로 격상시키고 있다. 북의 선군주의는 2010년 9월 당

---

5) 아직도 남아 있는 반북주의의 유제로서 국가보안법이 한반도 평화를 위협하고 민주주의의 발목을 잡고 있음은 새삼 확인할 필요조차 없다.

6) 북한의 선군정치에 대해서는 김인옥, 『김정일 장군 선군정치리론』, 평양출판사, 2003 ; 김봉호, 『위대한 선군시대』, 평양출판사, 2004 참조.

대표자회를 통해 세계 역사상 유례가 없는 3대 세습의 기반을 구축함으로써 더욱 공고화되고 있다(이기동, 2010). 후계자로 지목된 김정은의 첫 직함이 바로 인민군 대장과 당중앙군사위원회 부위원장임은 김정일에서 김정은으로 이어지는 선군주의의 확고한 계승을 염두에 둔 것이다. 북의 선군주의는 핵무기 보유에 집착하는 체제유지 경향성과 수령제와 후계자론을 고수하는 정권유지 경향성이 결합된 고도의 전체주의와 획일주의의 표현이다. 따라서 김정일 체제의 선군주의를 약화시키고 체제보수 성향의 정책기조를 근본적으로 수정하지 않는 한 북한에서 민주주의 토양은 처음부터 기대할 수 없게 된다.

남한 역시 남북관계 개선에도 불구하고 오히려 그에 비례해서 염북의식이 확산되는 기이한 양상을 볼 수 있다. 냉전 시대의 악의적 반북의식은 탈냉전 이후 화해협력으로 인해 상당부분 약화되었다면 북한과의 접촉이 늘고 교류협력이 늘면서 오히려 북의 실상을 알고 북이 점점 더 애물단지가 됨으로써 북을 혐오하고 염증내는 이른바 '厭北意識(염북의식)'이 늘어나고 있다. 북을 미워하기보다 북을 싫증내고 짜증내는 것이다. 핵문제의 고질화, 퍼주기 논란, 북의 도발 지속, 남한의 경제적 부담 등이 중첩되면서 한국 내에 북을 거부하는 염북의식이 확산되고 있음은 향후 통일과정이나 한반도 차원의 평화 달성에 상당한 부담으로 작용할지 모른다.

더불어 남한 내부의 남남갈등 또한 남북의 화해협력 진전에 비례해서 더욱 첨예화되고 있다. 대북인식과 대북정책을 둘러싼 한국 사회 내부의 갈등으로 정의되는 남남갈등은 냉전 이후 북한과의 화해협력이 진전되면서 오히려 더욱 심화되었다. 대북정책이 국내 정치와 연결되어 불필요한 균열 구조를 재생산해낸 것이다. 남남갈등은 곧바로 여와 야, 보수와 진보의 정치적 갈등으로 증폭되었고 관용과 인정의 정치문화를 저해하는 첨예한 대립 전선으로 자리매김되어 버렸다.[7] 한쪽은 포용정책을 반대하는 논리와 진영의 비판을 진지하게 경청하지 못했고 다른 쪽 역시 포용정책을 특정 지도자와 특정 정치세력에 대한 비판의 무기로 정략적으로 활용함으로써 찬성과 반대 입장 모두 대내적 포용의 자세가 부족했음을 부인하기 힘들다. 평화는 모든 요소가 평화로운 관계를 유지할 때 가능한 것이고 보면 남측 내에 광범위한 염북의식이 자리 잡고 남남갈등이 갈수록 심화되고 있다면 그 자체로 한반도 평화는 불완전한 것이 될 것이다.

북핵문제 해결을 통한 북미 북일 적대관계 해소, 남북의 정치적 화해와 군사적 협력의 진전, 그리고 북한의 선군주의 약화와 남한의 염북의식 및 남남갈등 해소야말로 지금 불완전한 모습의 한반도 평화를 질적으로 발전시키기 위한 최소한의 필요조건들이라 할 수 있다. 그리고 이를 통해 한반도 평화가 온전히 정착되어야 탈냉전이 완성될 수 있고 이는 곧 확장된 평화의 항구적 제도화를 통해 한반도 민주주의가 완성될 수 있음을 의미한다.

5. 한반도 평화체제의 핵심: 남북관계의 진전

지금까지 한반도 평화체제에 관한 논의는 주로 군사안보적 측면의 신

---

7) 극명한 예로 개성공단에 대해 한편에서는 북한을 시장경제로 훈련시키는 南風의 성공적 사례로 평가하는 반면, 다른 편에서는 남측 기업이 인질로 잡힌 퍼주기의 대표적 사례로 비판하고 있다.

뢰구축과 군비통제 및 평화협정 체결문제와 한미동맹과 주한미군 문제 등의 전통적 영역에 집중되었다.[8)] 군사안보 전문가들의 주도로 한반도 평화체제 논의가 진행됨으로써 군사적 신뢰구축 조치의(CBMs) 필요성과 내용, 운용적 군비통제와 구조적 군비통제의 필요성과 쟁점 및 정전협정의 평화협정으로의 전환 문제, 주한미군과 유엔사 문제 등에 대해서만 평화체제 논의가 한정되는 경향을 보인 것이다. 이처럼 군사적 차원의 안보 담론으로만 평화체제를 접근할 경우 앞에서 논의한 탈냉전 이후 한반도 평화의 진전, 확장된 한반도 평화와 탈냉전의 완성을 위한 내용들이 종합적 입체적으로 그려지지 못하는 한계가 있다.[9)]

오히려 한반도 평화체제 정착으로 탈냉전을 완성하기 위해서는 북핵문제 해결과 남북의 정치군사적 화해협력 그리고 남북 내부의 비평화적 갈등요소들을 해소해내야 하고 이는 군사안보적 영역을 뛰어넘어 보다 포괄적인 차원의 한반도 평화를 접근하고 논의해야 한다. 좁은 의미의 한반도 평화체제는 남북의 군사적 적대 관계를 해소하고 전쟁의 일시 중단인 정전상태를 전쟁의 공식종료와 항구적 평화 상태로 전환하는 것을 의미하지만 우리는 여기에서 그치지 않고 탈냉전의 완성으로서 보다 넓은 의미의 한반도 평화체제를 정의하고자 한다. 이제 탈냉전의 완성으로서 확장된 평화로서 한반도 평화체제를 접근해야 하는 것이다.

---

8) 대표적으로 송대성, 『한반도 평화체제: 역사적 고찰, 가능성, 방안』, 세종연구소, 1998 ; 곽태환 외, 『한반도 평화체제의 모색』, 경남대극동문제연구소, 1997 ; 한용섭, 『한반도 평화와 군비통제』, 박영사, 2004 등을 들 수 있다. 조성렬, 『한반도 평화체제』, 푸른나무, 2007은 군사안보 관점과 함께 동북아 차원과 남북관계 차원의 평화체제를 다양하게 접근하고 있다는 점에서 진일보한 것으로 평가된다.

9) 군사안보 중심의 평화접근을 비판하고 평화적 방법에 의한 평화와 평화국가를 주장하는 대표적 논의는 구갑우, 「비판적 평화연구와 한반도」, 후마니타스, 2007, 10~32쪽 참조. 비슷한 맥락에서 시민사회의 눈으로 안보와 평화를 접근한 논의도 있다. 참여연대 평화군축센터 엮음, 『2008 평화백서: 시민, 안보를 말하다』, 아르케, 2008.

포괄적 의미의 한반도 평화체제에는 우선 북핵문제 등 안보 이슈의 해결과 북미관계 정상화를 통한 동북아 차원의 냉전 구조 해체를 포함해야 한다. 북핵문제 해결 없이, 북미 적대관계 해소 없이 한반도에서 평화는 본질적으로 불안정할 수밖에 없기 때문이다.[10] 동북아 차원에서 북미 북일 적대관계가 온존하고 있음은 냉전적 대결의 유제가 그대로 남아 있음을 의미하고 이는 곧 한반도를 둘러싼 대외적 적대 구조가 유지됨을 의미한다. 따라서 한반도 평화체제의 완성은 우선적으로 북미 북일 적대관계의 해소를 필요조건으로 한다.

아울러 남북의 군사적 적대관계 해소와 정치적 화해협력 그리고 돌이킬 수 없는 남북관계의 진전으로 한반도 평화의 물적 토대를 마련하는 것도 포함된다. 단순한 군사안보적 신뢰구축과 평화협정 체결에 머물지 않고 한반도적 차원의 남북간 대결과 갈등을 궁극적으로 해소하는 통합의 진전까지를 항구적 평화체제로 정의하고자 하는 것이다. 남북관계가 유동적이고 언제라도 적대와 대결의 긴장된 관계로 환원될 수 있는 구조라면 이 역시 항구적인 한반도 평화에는 충족되지 못한다. 군사적 신뢰구축을 진전시킨다 하더라도 대결의 남북관계로 회귀할 가능성은 얼마든지 존재한다.[11] 화해와 협력의 남북관계가 돌이킬 수 없는 지점을 지나서 평화와 공동번영의 경제공동체 진입까지 나아간다면 한반도 차

10) 2005년 합의된 9·19공동성명에 비핵화와 함께 한반도 평화정착이 동시에 명시되어 있음은 북핵해결이 곧 한반도 평화와 본질적으로 연계되어 있음을 의미한다. 북한 역시 2005년 7월 22일 외무성 성명을 통해 한반도 비핵화의 핵심노정으로서 한반도 평화체제 정착을 일관되게 강조하고 있다. 김근식, 「한반도 비핵화와 평화협정은 동전의 양면」, 『위클리 경향』 제860호, 2010.1.26.

11) 2004년 남북합의에 의해 군사분계선에서의 상호 선전활동 중단과 서해상 통신교신에 합의했음에도 이번 천안함사태를 통해 한순간에 군사적 신뢰구축의 합의가 무력화되었다.

원에서 남북관계로 인한 갈등과 대결은 사실상 종지부를 찍게 된다고 할 수 있다.

북미관계 개선을 통한 대외적 차원의 냉전구조 해체와 화해와 공동번영의 남북관계를 통한 한반도 차원의 평화의 진전은 그 결과로 남과 북 내부에 집단적 획일적 적대의식과 갈등요인을 해소할 수 있는 긍정적 토대로 작용할 것이다. 궁극적인 의미의 한반도 평화체제는 사실상 대외적 차원의 갈등요소, 남북관계 차원의 갈등요소뿐 아니라 남북 각각에 대내적 차원의 갈등요소까지가 제거된 상태로서 항구적 평화를 만드는 것이어야 한다.

결국 한반도에서 '소극적' 평화를 넘어 '적극적' 평화로 그리고 종국에는 '항구적' 평화로 나아가는 것이 바로 한반도 평화체제의 완성이라 할 수 있는 것이다.[12] 일반적으로 소극적 평화(negative peace)는 정전체제에도 불구하고 전쟁이 억지되고 군사적 충돌을 방지하며 한반도에 긴장완화가 이루어진 상태를 의미한다. 이는 군사적 긴장 가능성이 존재하지만 갈등을 예방(conflict prevention)할 수 있는 것으로서 '불안정한 평화'(unstable peace)를 말한다. 주로는 군사적 신뢰구축 조치와 군비통제를 내용으로 할 수 있다. 여기에서 진전된 적극적 평화(positive peace)는 평화협정 체결로 정전이 아닌 전쟁의 공식적 종식을 이룸으로써 갈등의 종결(conflict termination)을 이룬 상황이다. 이는 전쟁 가능성이 없는 갈등 부재 상태로서 안정적 평화(stable peace)를 의미하는 것으로 정전체제의 평화체제로의 법제도적 전환을 요구한다. 더 나아가 항구적 평화(durable peace)는 남북관계의 적대적 대결이 해소되어 갈등의 해소

12) 소극적 평화와 적극적 평화의 개념에 대해서는 요한 갈퉁, 『평화적 수단에 의한 평화』, 들녘, 2000, 22쪽.

(conflict resolution)를 이룬 상황으로서 정치군사적 화해협력을 넘어 경제공동체 수준의 통합이 가능하게 됨으로써 남북간 평화의 물적 토대가 형성되는 수준을 요구한다(김근식, 2010, 27~28쪽).

여기에서 확장된 차원의 한반도 평화체제를 이루는 데 가장 핵심적인 역할은 바로 남북관계일 수밖에 없다. 원론적으로 한반도 평화는 현재의 남북관계에 토대해야 하고 평화의 진전 역시 남북관계의 진전과 연동될 수밖에 없기 때문이다.

한반도 평화체제와 관련해 소극적 평화는 군사적 차원의 억지와 신뢰구축 외에도 결국은 남북관계 개선에 따라 상호 화해협력이 증대되어야 가능하다. 냉전 시대의 전쟁 방지와 긴장 완화는 군사적 대치 속에 전쟁은 공멸이라는 상호 억지에 의한 것이지만, 탈냉전 이후 소극적 평화는 민족화해의 개선과 남북관계의 진전에 따른 측면이 주요하게 작용했음을 부인하기 힘들다. 개성공단과 금강산관광 등 남북의 경제협력이 가시화되고 상호 윈윈의 사업이 확대될수록 남북은 평화시 경제적 이익의 추구와 분쟁시 경제적 이익의 손실이라는 합리적 타산에 의해 군사적 충돌을 방지하고 갈등을 예방할 수 있다. 2007년 남북정상선언에 담긴 이른바 '서해평화협력지대' 구상은 남북의 경제적 협력 증진으로 NLL 이라는 군사적 갈등 상황을 뛰어넘으려는 발상으로서 한반도 평화 증진과 남북관계를 상호 결합시킨 대표적 접근법이라 할 수 있다. 남북이 상호 경제협력과 교류를 활성화하면서 그 결과로 상호 분쟁을 방지하고 긴장을 완화하며 갈등을 줄일 수 있다는 기능주의적 접근도 소극적 평화를 가능케 하는 남북관계의 필요성을 언급한 것이다.[13]

---

13) 기능주의에 대해서는 David Mitrany, *A Working Peace System*, Chicago: Quadrangle Books, 1966 참조.

탈냉전 시기의 남북관계가 이른바 대북포용정책으로 진전되면서[14] 상호 체제인정에 의한 화해협력 증진과 남북관계 개선으로 경제협력과 인적교류 및 상시적 남북대화가 이뤄짐으로써 남북은 군사적 긴장완화를 증진시킬 수 있었다. 서해에서의 군사적 충돌에도 불구하고 동해에서 금강산관광은 지속되었고 개성공단에서 남북의 경제협력은 지속되었던 것이다. 경제협력으로 군사분계선을 통한 남북의 인적 물적 교류가 활성화되면서 이를 보장하기 위한 남북의 군사적 조치와 합의가 진전되고 다시 군사적 신뢰구축이 남북의 경제협력을 추동해내는 상호 선순환 과정이 바로 남북관계 진전이 한반도 평화를 증진시키는 상징적 사례라 할 수 있다. 2007 남북정상회담에서 노무현 대통령이 걸어서 군사분계선을 넘는 장면 자체는 남북관계의 진전이 한반도 평화의 중요한 요인임을 상징적으로 보여주는 것이기도 하다.

현 시기 한반도 평화체제와 관련해 적극적 평화로서 평화협정 체결 논의가 여전히 시기상조인 이유는 지금의 남북관계가 적극적 평화를 논할 수 있는 단계가 아니기 때문이다. 상호 군축, 평화협정 당사자 문제, 평화협정의 조항, 주한미군 주둔 여부, 유엔사 해체 여부, 한미동맹의 변화 등이 적극적 평화를 위한 주요 쟁점이지만 이들 논의가 겉돌 수밖에 없고 매번 제시되는 과제들이 공허하게 들리는 이유는 아직 그것을 구체적으로 논의하고 고민할 한반도 상황이 아니기 때문이고 그 핵심에는 남북관계의 현 단계가 자리 잡고 있는 것이다.

적어도 남북이 경제공동체를 형성하고 자본과 기술, 인력과 자원이 상호 결합하는 상호 관계라면 적극적 평화로서 평화협정 체결 등의 논

---

14) 탈냉전 이후 대북포용정책의 진화에 대해서는 김근식, 「대북포용정책의 개념, 평가, 과제: 포용의 진화 관점에서」, 『한국과 국제정치』 제24권 제1호, 2008 참조.

의가 자연스러울 것이지만, 이와 별개로 남북관계의 진전 여부와 상관없이 평화협정 당사자 등이 논의되는 것은 현실성이 결여될 수밖에 없다. 그동안 수많은 평화체제 정착의 논의가 있었지만 매번 평화협정 당사자 문제, 각국의 입장, 우리의 입장 등 반복적이고 공허한 주장만 계속된 것은 바로 적극적 평화의 토대로서 남북관계가 아직 진전되지 못했기 때문이었다. 상호 경제적 이익이 맞물려 돌아가는 거대한 톱니바퀴처럼 남북이 '경제 공동체'를 형성한다면 공동의 이익을 위해, 그리고 공동의 손실을 회피하기 위해 최소한의 안보 공동체(security community)[15]를 이뤄야 한다. 즉 경제공동체의 형성 단계는 이미 남북의 갈등이 평화적으로 해결되고 더 이상의 분쟁과 군사적 갈등이 발생할 수 없는 구조화 단계이므로 자연스럽게 한반도 평화 역시 적극적 평화의 단계를 필요로 할 수밖에 없는 것이다. 한반도 평화를 적극적 평화로 진전시키기 위해서도 부득불 남북관계의 진전이 필요충분조건이 되어야 하는 이유이다.

한반도 갈등의 핵심이 바로 남북 대결이고 그 토대는 바로 분단구조인 바, 한반도에서 항구적 평화의 구축은 결국 남북 갈등의 해소, 즉 사실상의 통일 달성으로 완성될 수 있다. 궁극적으로 분단을 해소하고 통일이 달성되는 것 자체가 한반도의 항구적 평화의 구축을 의미하는 것이다. 남북이 높은 수준에서 교류와 협력과 통합이 진행되어 자유롭게 오가고 주고받고 돕고 나누는 이른바 '사실상의 통일'(de facto unification)

---

15) 일반적으로 안보공동체는 미국-캐나다처럼 평화적 방식을 통한 갈등해결에 합의하는 다원형(pluralistic) 안보공동체와 통합의 수준이 높은 합병형(amalgamated) 안보공동체로 분류할 수 있다. Karl Deutsch et al., *Political Community and the North Atlantic Area*(Princeton: Princeton Univ. Press, 1957), 칼 도이치 외, 「정치적 공동체와 북대서양 지역」, 김우상 외 『국제관계론 강의 1』, 한울, 1997.

단계가 되면 이는 곧 남북의 대결과 갈등의 근본 원인을 해소하는 것으로서 항구적인 평화를 달성하는 것이 된다. 즉 남북관계의 진전과 통합이 한반도에서 평화의 진전 및 완성과 분리될 수 없는 것이다.

결국 한반도 평화의 단계적 발전은 핵심적으로 남북관계의 진전과 맞물려 진행될 수밖에 없다. 한반도 평화의 필요조건인 북핵문제 해결에서도 마찬가지로 남북관계의 역할은 매우 중요하다. 본질적으로 북핵문제가 북미간 적대관계의 산물이지만 그럼에도 불구하고 북핵문제의 악화로 인한 한반도 긴장고조를 막아내는 안전판이자 완충장치가 바로 남북관계이며 동시에 북핵문제의 평화적 해결을 추동해내고 북미간 수용가능한 접점을 찾도록 협상을 촉진시키는 역할 역시 남북관계의 몫이기 때문이다.[16] 한반도 평화의 대외적 환경 즉 북핵 해결과 북미관계 개선을 이루는 과정에서도, 또한 한반도 평화의 대내적 환경, 즉 남북 내부의 적대와 갈등을 해소하는 과정에서도 남북관계는 중요한 역할과 막대한 영향력을 갖고 있다. 남북관계가 불가역적으로 진전되어 상호 공존과 공동 번영의 단계로 들어서면 북에서도 대남 적대의식에 기반한 선군주의가 약화되고 남에서도 염북의식과 남남갈등이 자연스럽게 해소될 것이다. 확장된 한반도 평화를 만드는 과정에서 남북관계가 핵심임은 두말할 나위가 없다.

16) 부시 행정부의 대북 강경정책에도 불구하고 한반도의 평화가 관리되고 북핵상황 악화로 인한 긴장고조를 막아낼 수 있었던 것은 노무현 정부가 유지했던 남북관계의 끈 때문이었다. 동시에 북미 갈등을 극적 협상으로 촉진시키는 데서도 남북관계를 통한 한국 정부의 적극적 역할이 기여하기도 했다. 2005년 6월 17일 면담을 통한 북한의 6자회담 복귀와 9·19공동성명 도출이 대표적인 사례이다.

6. 한반도 평화체제 정착과 민주주의의 진전

남북관계가 질적으로 개선 발전되면 한반도 평화의 주요 내용들이 순기능적으로 진전된다. 그리고 한반도 평화체제의 완성은 한반도에 민주주의의 진전을 가져오게 된다. 남북관계의 공고한 발전은 북핵문제의 평화적 해결과 북미관계 정상화를 추동하고 북미관계 개선은 곧 북한의 근본적 변화를 가능케 한다.

북한과 미국의 상호 적대관계가 해소되고 평양에 성조기가 휘날리며 미국인과 미국 기업이 북한 곳곳에 투자와 교역을 하게 되면 북에서 반미주의는 근본에서부터 약화될 것이다. 북미관계 정상화로 미국으로부터의 안보 위협이 해소되는 조건에서 북의 선군주의 역시 약화와 해체의 방향으로 갈 수밖에 없다. 수령제와 선군주의의 정당화 기제였던 이른바 '피포위의식'(under-siege)이 완화됨으로써[17] 정치적 변화의 토대가 마련되는 것이다. 오랫동안 북을 획일적 집단주의로 결속시켰던 반미주의가 내부로부터 와해되고 외부의 안보위협을 이유로 강조되었던 선군주의가 해소된다면 이는 북한에 민주주의가 자생할 수 있는 중요한 토대가 형성됨을 의미한다.

북미관계 정상화로 한반도 평화의 대외적 조건이 마련될 경우 북에서는 실리주의가 전면에 나설 것이다. 체제보수적인 '先軍'과 체제개혁적인 '實利' 사이에서 매번 고민을 해야 했던 김정일 위원장으로서는 미국의 대북 적대정책이 철회되고 체제인정과 안전보장으로 북미관계가 정상화될 경우 실리주의를 전면에 내걸고 본격적인 개혁개방을 통해 북한

---

17) 이른바 유격대 국가를 건설하게 되는 북한의 피포위 의식에 대해서는 와다 하루끼, 『역사로서의 사회주의』, 창작과 비평사, 1994, 137~140쪽 참조

의 경제회생과 경제발전을 추진하게 될 것이다.[18] 선군 노선의 폐기와 실리주의의 선택 그리고 개혁개방의 본격화는 장차 북한에 시민사회의 토대를 형성하고 성장시킬 것이다. 시민사회의 태동은 결국에 수령제 정치체제의 변화 요구로 나타나고 급기야 민주주의의 씨앗으로 발전할 것이다.

한반도 평화의 진전은 남쪽에도 민주주의의 공고화에 기여하게 된다. 북핵해결과 북미 적대관계 해소를 추동해낸 남북관계의 질적 발전은 남한 내부에 대북 적대의식을 해소하고 남남갈등을 풀어낼 수 있는 유리한 환경으로 작용한다. 정치군사적 화해협력이 증진되고 공동체 수준의 윈윈의 경제협력이 진전되어 한반도 차원의 남북의 평화가 안정화될 경우 남한 사회에 북을 적대시하는 반북주의나 북을 혐오하는 염북의식은 사라지게 될 것이다. 북핵문제가 평화적으로 해결되고 본격적인 개혁개방으로 북이 경제회생과 함께 정상국가화된다면 그리하여 북의 고질적 행태들이 개선되고 진정성을 갖고 남북관계가 진전된다면 지금 존재하고 있는 반북 및 염북의식은 대부분 자취를 감출 것이다.

집단적 적대의식과 염북의식이 해소된다면 이는 곧 남남갈등의 근본적 해결을 의미한다. 북을 바라보는 관점과 북을 대하는 입장을 둘러싼 남남갈등인 만큼 북핵의 평화적 해결, 북한의 개혁개방 본격화, 평화적인 남북관계 진전의 경우 북한문제는 더 이상 갈등의 요소가 될 수 없게 된다. 북을 미워하고 북을 경계해야 하고 북을 타도해야 한다는 보수적 대북관과 대북정책은 북한의 근본적 변화 앞에서 설 땅을 잃게 되기 때

18) 지금 북한이 취하고 있는 선군 중심의 실리사회주의에 대해서는 정영철, 『북한의 개혁개방: 이중전략과 실리사회주의』, 선인, 2004 ; 김근식, 「김정일 시대 북한의 신발전전략: 실리사회주의를 중심으로」, 『국제정치논총』 43집 4호, 2003 참조.

문에 굳이 진보 진영과 남남갈등을 유발할 필요도 근거도 없게 된다. 첨예한 쟁점이었던 국가보안법 개폐 역시 한반도 평화가 진전되고 그로 인해 북이 변화하게 되면 역사적 뒤안길로 자연스럽게 퇴장할 것이다.

남북의 적대관계가 해소됨으로써 반북주의와 염북의식 그리고 남남갈등이 해소된다면 이는 곧 민주주의 공고화에 기여하게 된다. 특정 상대에 대한 집단적 반대와 적대 의식은 민주주의적 가치를 훼손하는 가장 큰 적이다.[19] 북을 상대로 한 반북 및 염북주의와 진보 보수 각 진영을 상대로 한 남남갈등은 그래서 한국의 민주주의 공고화 과정에서 반드시 넘어야 할 장애물이다. 이질성까지도 포용하는 관용의 정치문화와 상대방의 존재를 인정하는 공존의 가치야말로 민주주의가 제도적 차원을 넘어 실질적으로 공고화되는 핵심 요소들이다(하버마스, 2000, 9~10쪽). 따라서 남북관계의 질적 발전과 남북 적대관계의 해소 그리고 북한의 근본변화로 인해 반북(염북)의식과 남남갈등이 사라진다면 남한 내부의 대표적인 갈등 요인들이 종결됨으로써 관용과 공존의 가치가 정착되는 데 결정적으로 기여하게 될 것이다. 그리고 이는 곧 민주주의 공고화에 기여함을 의미한다.

7. 결론: 민주평화론을 넘어 평화민주론으로

평화와 민주주의의 관계를 설명하는 대표적인 국제관계 이론으로 '민주평화론'을 들 수 있다. 기본적으로 무정부 상태인 국제정치에서 민주

---

19) 상호 인정에 의한 대화와 협상을 통해 적대세력 간에도 신뢰구축과 평화체제 수립이 가능하다는 머튼 신부의 평화론이 의미하는 바가 크다. 토마스 머튼 지음, 조효제 옮김, 『머튼의 평화론』, 분도출판사, 2006 참조.

주의 국가들 간에는 전쟁을 피하고 평화를 선택한다는 주장이다. 즉 민주주의 체제는 국가들 간의 평화를 보장한다는 것이다. 민주평화론의 근거는 크게 두 가지이다. 민주주의 국가들은 갈등을 협상과 타협을 통해 평화적으로 해결하려는 규범을 공유하고 있기 때문에 국가 사이에 갈등이 존재하더라도 전쟁 없이 문제를 해결하려 한다는 규범적 설명이 그 하나다. 또한 민주주의 정치체제는 견제와 균형, 권력의 분산, 여론의 역할 등을 제도적 특징으로 갖고 있기 때문에 정치지도자가 군사적 행동이나 전쟁을 일방적으로 선택하기 힘든 제약성을 갖고 있다는 구조적 설명이 다른 하나다(Michael Doyle, 1986; Bruce Russet, 1993; 이호철, 2004).

민주주의가 평화를 보장하는 주요한 제도적 규범적 장치라는 민주평화론의 설명에 동의하면서도 지금 한반도에는 역관계의 논리가 설득력이 있음을 알 수 있다. 즉 민주주의 체제가 전쟁을 피하고 평화를 보장하듯이 한반도 평화가 역으로 한반도의 민주주의를 진전시키고 공고화시킬 수 있는 것이다. 한반도 평화가 증진될수록 민주주의가 증진되고 역으로 한반도 평화가 후퇴할 경우 민주주의도 위협받게 된다. 한반도 평화와 민주주의는 비례 관계에 놓여 있는 셈이고 결국 평화가 민주주의인 것이다.[20] 남북의 민주화가 진행되고 민주주의 체제가 완성되면 궁극적으로 한반도에 전쟁 대신 평화가 정착되는 것이 이른바 '민주평화론'이라면 이제 우리는 한반도 평화가 진전되면 그 결과로 남과 북에

20) 민주주의를 진전시키기 위한 주요한 조건으로서 평화의 중요성을 강조한 것이지 평화를 극단적으로 강조한 나머지 국가의 권력행사까지도 부정하는 무정부주의의 평화론과는 구별된다. 극단적 평화론의 대표적 논의는 토다 키요시 지음, 김원식 옮김, 『환경학과 평화학』, 녹색평론사, 2003.

민주주의가 증진되거나 공고화될 수 있다는 이른바 '평화민주론'을 제안할 수 있다. 한반도는 민주주의 완성을 통해 평화를 보장하는 것보다 오히려 작금의 불안정한 평화와 남북관계의 유동성 그리고 적대와 대결의 잔존을 고려할 때, 평화체제의 정착, 즉 확장된 의미의 한반도 평화가 진전되고 발전함으로써 민주주의가 증대될 수 있는 역의 구조를 갖고 있기 때문이다.

북한이 민주화되고 남한의 민주주의가 공고화됨으로써 전쟁이 사라지고 평화가 보장되기 위해서라도 지금 필요한 것은 남북의 민주주의를 제고시킬 수 있는 필요조건으로서 한반도 평화체제를 정착시키고 완성하는 것이 우선일 것이다. 남북은 민주주의 국가들 사이의 관계가 아니기 때문에 평화를 보장하기 어렵고 따라서 비민주 국가를 민주화시키는 것이 민주평화론을 적용하는 것이라면 이를 위해서는 한반도 평화의 진전이 필수적이다.[21] 민주평화론을 내세워 비민주 국가를 민주화시키기 위해 평화를 위협하고 긴장을 고조시킨다면 오히려 그것은 반평화적이다.[22] 평화의 진전으로, 평화적 방법으로 민주주의를 제고시키고 이를 통해 민주주의 체제가 완성됨으로써 국가간 평화를 보장하는 것이야말로 가장 평화적이고 민주적인 경로가 될 것이다. 평화민주론에 기초한 민주평화론의 결합이어야 하는 것이다.

남북의 적대관계가 재연되고 군사적 긴장이 고조되고 한반도 평화가

21) 평화의 조건으로서 남북의 민주주의를 정착시키는 것이 필요하지만 그럼에도 불구하고 북한 민주화를 위해 외부의 직접 개입은 신중해야 한다는 주장 역시 일맥상통한다고 볼 수 있다. 김수민, 「한반도 평화의 조건: 평화문화의 창출」, 안청시 편, 『비살생정치학과 지구평화운동』, 집문당, 2004, 208쪽.

22) 부시 행정부가 강조했던 이른바 "폭정 종식론"과 "민주주의 확산론"이 대표적인 것이다.

위협받을 경우 그로 인해 대북 적대감에 기초한 집단적 획일주의가 대북 강경정책을 부채질하고 여기에 이의를 제기하고 평화의 중요성을 강조하는 세력을 탄압하는 것은 우리 역사에서 가까운 시기에도 존재했던 일들이다. 박정희 정부가 유신을 선포하고 종신독재를 강행하는 과정에는 항상 북한과의 대치상황과 총력안보의 중요성이 강조되었다. 전두환 정부는 북한과 연계된 체제전복세력 진압을 이유로 광주시민을 학살했다. 이른바 반공 이데올로기와 안보 이데올로기를 통해 독재를 강화하고 민주주의를 위협하는 구조와 논리들이 횡행했던 것이다. 천안함사태 이후 이명박 정부가 군사적 긴장을 오히려 고조시키고 대북 적대의식에 기초한 무대책의 강경정책만을 고집하면서, 합리적인 이견을 제기하고 평화지키기의 중요성을 강조하는 세력에게 오히려 여론몰이와 법적 조치를 통해 재갈을 물리는 최근의 모습을 보면서 한반도 평화가 위협받고 남북의 적대관계가 지속될 경우 민주주의도 위협받을 수 있음을 새삼 깨닫기도 한다. 천안함 이후 안보이데올로기의 횡행과 이명박 정부의 반민주적 행태의 우려는 사실상 남북관계 경색이 한반도 평화를 위협하고 다시 한반도 긴장고조가 민주주의를 위협할 수 있음을 적나라하게 보여주는 것이다. 지금 우리에게 민주평화론보다 평화민주론이 더 현실적으로 다가오는 이유도 여기에 있다.

[참고문헌]

곽태환 외, 1997 『한반도 평화체제의 모색』, 경남대극동문제연구소.

구갑우, 2007 『비판적 평화연구와 한반도』, 후마니타스.

김근식, 「MB의 평화무능」, 『경향신문』 2010년 5월 25일자.

김근식, 2000 「남북정상회담과 한국 민주주의의 공고화」, 『평화논총』 제4권 2호.

김근식, 2003 「김정일 시대 북한의 신발전전략: 실리사회주의를 중심으로」, 『국제정치논총』 43집 4호.

김근식, 2004 「남남갈등을 넘어: 진단과 해법」, 경남대극동문제연구소 편, 『남남갈등: 진단 및 해소방안』.

김근식, 2006 「남북정상회담과 6·15 공동선언: 분석과 평가」, 『북한연구학회보』, 10권 2호.

김근식, 2007a 「북핵문제와 6자회담 그리고 제도화」, 『한국동북아논총』 12권 1호.

김근식, 2007b 「2007 남북정상회담을 결산한다, 『창작과 비평』 35권 4호.

김근식, 2008 「대북포용정책의 개념, 평가, 과제: 포용의 진화 관점에서」, 『한국과 국제정치』 제24권 제1호.

김근식, 2010.1.26 「한반도 비핵화와 평화협정은 동전의 양면」, 『위클리 경향』 제860호.

김근식, 2010.4.1 「평화체제와 남북관계: 상호연관성과 향후 과제」, 『한반도 평화와 남북관계』, 통일맞이 토론회 발표문.

김봉호, 2004 『위대한 선군시대』, 평양출판사.

김수민, 2004 「한반도 평화의 조건: 평화문화의 창출」, 안청시 편, 『비살생정치학과 지구평화운동』, 집문당.

김인옥, 2003 『김정일 장군 선군정치리론』, 평양출판사.

동북아시대위원회, 2006 「동북아 구상과 남북관계 발전전략」, 통일연구원.

송대성, 1998 『한반도 평화체제: 역사적 고찰, 가능성, 방안』, 세종연구소.

심지연, 2001 『남북한 통일방안의 전개와 수렴』, 돌베개.

와다 하루끼, 1994 『역사로서의 사회주의』, 창작과 비평사.

요한 갈퉁, 2000 『평화적 수단에 의한 평화』, 들녘.

이기동, 2010 「제3차 노동당 당대표자회 이후 북한 권력구조 확립의 쟁점 및 과제」, 『한국과 국제정치』 제26권 제4호.

이호철, 2004 「민주평화론」, 우철구 박건영 편, 『현대 국제관계이론과 한국』, 사회평론.

정영철, 2004 『북한의 개혁개방: 이중전략과 실리사회주의』, 선인.
조성렬, 2007 『한반도 평화체제』, 푸른나무.
참여연대 평화군축센터 엮음, 2008 『2008 평화백서: 시민, 안보를 말하다』, 아르케.
토다 키요시 지음(김원식 옮김), 2003 『환경학과 평화학』, 녹색평론사.
토마스 머튼 지음(조효제 옮김), 2006 『머튼의 평화론』, 분도출판사.
하버마스 지음(황태연 역), 2000 『이질성의 포용』, 나남.
한용섭, 2004 『한반도 평화와 군비통제』, 박영사.

Bruce Russet, 1993 *Grasping Democratic Peace*, Princeton: Princeton University Press.
David Mitrany, 1966 *A Working Peace System*, Chicago: Quadrangle Books.
Karl Deutsch et al., 1957 *Political Community and the North Atlantic Area*, Princeton: Princeton Univ. Press(칼 도이치 외, 1997 「정치적 공동체와 북대서양 지역」, 김우상 외, 『국제관계론 강의 1』, 한울).
Michael Doyle, 1986 "Liberalism and World Politics", *American Political Science Review*, vol. 80, no. 4.

[찾아보기]

[ㄱ]

가부장이데올로기 254
가부장주의 125
가사화 112
가사화의 정치(necropolitics) 111
가족주의 125
가톨릭농민회 117
간첩단사건 203
간첩사건 92
감청제도 170
강영훈 61
강한 국가 84
강한국가론 88
강화청소년유격대 260, 264
강화특공대 260
강화향토방위특공대 260
개발국가 84, 92, 123
개발독재 156
개발동원체제 90
개성공단 288, 289
개혁개방 293
개혁적 개입 21
거주 · 이전의 자유 174, 198
걸프전 138
결사의 자유 180, 183
경제개발계획 106
경제공동체 289
경제교류 · 협력공동위원회 134
경제발전 145
경제자유화 23
경제협력 288, 289, 293
경찰국가 56
경찰전투대 55
경향성 이론(bad tendency theory) 195
경향신문강제매각사건 103
계엄령 93
고르바초프 136
공공지대 232
공동 번영 291
공동체운동 117
공무원연금법 118
공보부 101
공비소탕작전 67
공산주의 29
공안문제연구소 165
공안사건 188
공안세력 157
공업입국 124
공영방송 216
공장새마을 운동 114
공주형무소 239

과거사기본법제정 163
과거사청산운동 228
과대포섭효과(slipping slop effect) 183
과잉금지의 원칙 176, 187
과잉사회화 206
과잉제한 189
과잉확장효과 195
관변단체 116
관여(engagement) 152
관용과 공존 278, 294
광주학생운동 118
광주항쟁 123
교과서 포럼 90
교련반대시위 96
교련반대투쟁 119
교류협력 276
교수재임용제 120
교육법 시행령 개정안 95
구속수사의 원칙 197
구술사방법론 254
구조적 군비통제 285
구체성 178, 197
국가 폭력 39, 47
국가검열 103
국가계속성 186
국가보안 157
국가보안법 48, 50, 92, 108, 155, 208, 294
국가보안법폐지국민연대 164
국가보위에 관한 특별조치법 96, 113
국가보위입법회 160
국가비상사태 96
국가안전기획부 190
국가안전보장 186
국가재건최고회의 92, 160
국가정통성 186
국가주의 145, 146
국가폭력 156, 229
국민계몽운동 117
국민교육헌장 105
국민대회준비회 69
국민생활 안정을 위한 대통령 긴급조치 98
국민투표 98
국방경비법 50
국적법 112
국제체육회담 209
국회프락치사건 69, 71
군부엘리트 123
군비통제 285
군사공동위원회 134
군사권위주의 정권 26
군사독재 274
군사동맹 25
군사문화 109, 123
군사적 긴장완화 289
군사적 신뢰구축 285, 286
군사정권 156, 26
군사주의 145, 272
군사쿠데타 94
군사혁명위원회 93
군인연금법 118
권력분립 187
권승렬 62
권위주의 229
권위주의 정부 143
권위주의체제 149
그레고리 카자 116
근대화 21, 87
글라스노스트 136

금강산관광 288, 289
기능주의적 접근 288
기독교농민회 117
기본권제한목적개념 188
기본적 인권 187
기본합의서 132
기억사회학 85
기억투쟁 252
긴급조치 93
긴급조치 4호 98, 121
긴급조치 7호 99
긴급조치 9호 99, 122
긴급처분 · 명령권 99
김근태 194
김대영 122
김대중 정부 213, 221, 277, 279
김병걸 120
김병원 238
김상진 99
김양사 254, 255, 266
김용준 120
김익렬 60
김정은 283
김정일 147, 211, 215
김정일 위원장 292
김정일 체제 282
김종원 63
김주언 103
김준연 40, 52, 57, 58, 68
김준태 56
김지웅 57
김지하 104
김찬국 120
김창룡 57, 238
김호중 54

[ㄴ]

남남갈등 152, 280, 282, 283, 293
남로당 69
남민전준비위사건 166
남방 삼각 동맹 273
남북 대결 290
남북고위급회담 134, 139
남북관계 139, 271, 276, 278, 287, 291, 292
남북교류협력법 176, 198
남북기본합의서 134, 139, 150
남북방송교류 220
남북방송통신교류추진위원회 220
남북연합 146, 150
남북장성급회담 217
남북적십자회담 138
남북정상선언 288
남북정상회담 150, 277, 289
남북조절위원회 138
남북학생회담 149
남북한 유엔동시가입 134
남북합의 271
남북협상 69
남북화평통일에 관한 긴급결의안 70
남북화해 214
남북화해와 불가침 및 교류협력에 관한 합의 171
납본제도 101
내란목적단체조직죄 164
내란죄 162, 186
내란행위특별조치법 159
냉각효과(Chilling effect) 183
냉전 문화 278
냉전구조 274, 279, 287

냉전문화정치 16, 18
냉전발전론 88
냉전시대 227, 232, 234, 266
냉전체제 15, 21, 27, 106, 203, 206, 221, 273, 274, 279
노동기본권 113
노동법 113
노동위원회 및 근로기준법 113
노동쟁의 113
노동쟁의 조정법 113
노동조합법 113
노동통제 112, 114
노명식 120
노무현 대통령의 평양방문에 관한 남북합의서 171
노무현 정부 213, 221, 264, 279
노사협의회 113
노태우 정부 275
농업조합운동 251
농지개혁 117, 258
농촌공동체 117
농촌진흥운동 117
뉴 라이트 90
뉴델리밀회사건 57, 58, 69
닉슨독트린 96

[ㄷ]

다두제 27
다리지 필화사건 103
다이쇼체제 155
단결권 113
단독정부수립 208
단정반대운동 159
단체행동권 113
달러외교 138
대결문화 274
대구10월항쟁 41
대구폭동 53
대구형무소 58
대남적화노선 177
대남혁명전략 138
대량학살계획(program of mass slaughter) 67
대북단체 217
대북방송 217
대북정책 133, 152, 283
대북포용정책 289
대안적 권위 125
대외전략 152
대의적 민주주의 39
대의정치 75
대의제 188
대의제적 민주주의 38
대의체제 141
대중독재 89, 92
대중독재론 90
대중동원사회(conscription society) 116
대한노농당 71
대한노총 113
대한청년단 246
대한항공기 폭파사건 133
독재체제 232
동백림 간첩단 사건 95
동백림사건 166
동성회 71
동아시아적 시간 107
동아일보 광고탄압 및 강제해직사건 103

동원형 통제 124
디아스포라 112

[ㄹ]

랭군 폭탄 테러사건 133
레드 콤플렉스 168, 170, 197
레드헌터사건 197
르니에르(Jacques de Reynier) 73
리영희 104

[ㅁ]

마르크스 230, 191
마르크스-레닌주의 148
막걸리보안법 195
망탈리테(mentalités) 252
매카시선풍(McCarthyism) 227
맥아더 237
명백성 192, 193
명백하고도 현존하는 위험 192
명예훼손죄 160
명확성 178, 183, 185
명확성 · 구체성의 원칙 176
명확성의 원칙 180
모스크바 3상회의 20
모호성 181, 195
몰타회담 137
무장공비 침투사건 95
무죄추정의 원칙 193, 198
문규현 178
문동환 120
문민화 21
문언상 무효(void of vagueness) 184
문익환 146
문인간첩단 사건 98
문학검열 103
문화검열 101
문화공보부 102, 105
문화통제 104
물치노농동맹회 244
미군정 37
미그달 88
미소공동위원회 20
미소정상회담 136
미일안보체제 15
미제국주의 206
미중 수교 107
미필적 고의 156
미필적 인식 181
민간인 학살 44
민간인학살 유족운동 111
민국당 69
민정이양 94
민족공동생활권 150
민족공동체헌장 150
민족공조 214
민족담론 131, 132, 145
민족민중주의 149
민족일보 94
민족주의 85, 125, 145
민족주의 담론 149
민족주체성 105
민족통일 144
민족화해 278
민주공화당 95
민주교육 228
민주교육선언 120
민주국민당 52, 71

민주노동당 164
민주발전을 위한 법률개폐특별위원회 161
민주수호 전국청년학생연맹 96
민주수호국민협의회 121
민주언론실천위원회 219
민주정부 144
민주주의 국민연합 122
민주통일국민연합 122
민주통일민중운동연합 144
민주평화론 294, 295, 296
민주헌법쟁취국민운동본부 144
민주화 141
민주화운동 133, 139, 149, 229
민주회복 국민선언 120
민주회복국민회의 98, 121
민중 121, 230
민중민족주의 146
민중민주주의혁명 191
민중의식 88
민청학련 사건 98, 119
밀그램 230

[ㅂ]

박경훈 66
박병배 52, 63
박정희 시대 84, 232
박정희 체제 83, 84, 90, 105, 125
박종호 104
박진경 65
박찬길 61
박태준 100
반공법 92, 108, 124, 156, 160
반공이데올로기 139, 168, 208, 274
반공임시특별법안 160
반공주의 37, 39, 44, 45, 74, 79, 85, 91, 228, 274
반공체제 65, 155
반국가단체 156, 171, 172, 175, 180, 274
반국가단체구성죄 160, 181
반국가사범 111
반독재 146
반독재 투쟁 53, 78
반미운동 149
반미주의 274, 292
반민족행위자 처벌법안 70
반봉건 146
반북의식 280, 283
반북주의 282, 293
반유신 재야운동 122
반제 146
발전국가 84, 105
방송교류 204, 213
방송교류추진위원회 213
방송법 개정 213
방송위원회 213
방송통신심의위원회 199
방송통신위원회 205
배제와 대결 278
배제의 원리 116
백기완 98
범죄단체구성죄 182
법치주의 49, 183, 190
베트남 전쟁 107
베트남 파병 106
병역법 112, 115
보도연맹원 학살 68

보도요강 209
보도지침 209
보수세력 168
보수신문 216, 223
보수정당 168
보수주의 124
보안관찰법 110
보안대 249
보안사령부 103
보호관찰 112
복수정당제도 187
봉쇄정책 20
부국강병 124
부마항쟁 122
부산 금정산 공비위장사건 58
부산정치파동 58
부역혐의자 249
부일장학회사건 103
부정선거 규탄운동 95
부정성 194
부툴(G. Bouthoul) 252
북경 아시안게임 138
북미관계 286, 292
북방 삼각 동맹 273
북방외교 275
북방정책 132, 135, 139, 150
북일관계 281
북핵과 남북관계 병행론 277
북핵문제 280, 285, 291, 292
북핵위기 280
분단구조 290
분단의식 206
분단체제 15, 107, 108, 140, 149, 278
분단체제론 105, 110
불고지죄 160
불법왕래죄 160
비상계엄 97
비상사태선언 93
비상시향토방위령 261
비상조치 92, 99
비에리(Frederick Bieri) 73
비적대적 타자화 210
비판성 194
비핵지대화론 134
비핵화공동선언 134

[ㅅ]

사립학교법 163
사법권의 독립 187
사사오입개헌 160
사상계 필화사건 102, 103
사상보안관찰 235
사상의 자유 272
사상의 자유시장 194
사상통제 105
사상통제정책 111
사실상의 통일(de facto unification) 290
사유재산제 188
사회문화교류·협력공동위원회 134
사회민주주의 188
사회안전법 110
사회운동 125
사회적 배제 93
사회적 타자 111
사회정의 189
사회주의 체제 282
사회주의시장경제 135
사회통제 83, 85, 86

삼권분립 37
상호 공존 291
상호 군축 289
상호 체제인정 289
상호비방금지 216
새마을운동 116, 124
새천년민주당 164
색깔론 168, 169
샌프란시스코 강화조약 15
생의 정치 111
생활개선운동 117
생활보호법 118
서남동 120
서벌턴 110, 126
서북청년회 40
서울대생 내란예비음모사건 96
서울의 봄 122
서해교전 218
서해평화협력지대 288
선거제도 187
선군정치 282
선군주의 280, 282, 283, 292
선우종원 52
성내운 120
세계 시간 107
세계체제론 88
소극적 평화(negative peace) 287, 288
소년단 260, 261, 266
속초경찰서 247
송요찬 40, 41, 52, 64, 65
송진우 69
송호성 60
수령제 274, 282, 283, 292
수령체제 274
시민권 165
시장경제체제 188
식민지근대화론 90
식민지적 근대성 117
신간회 사건 256
신간회 철산지부 사건 234, 235
신나치즘 229
신냉전 26
신동아 필화사건 102, 103
신뢰구축 284
신민주주의 75
신보수주의 90
신상옥 104
신식민지국가독점자본주의사회 191
신익희 57
신자유주의 24
실리주의 292
심리전 206
심정형법(心情刑法) 173

[ㅇ]

아비투스 18
안병무 120
안보 공동체(security community) 290
안보국가 92
안보국가론 105
안보위기론 91
안재홍 60
안전보장 292
알박스(M. Halbwacks) 252
압축적 근대 125
압축적 근대성 117
애매성 181, 194, 195
양민학살사건진상조사위원회 62

양사특공대 260
양심의 자유 170
양양농민조합사건 244
양조항등가설 177
억압적 배제체제 112
언론 문화통제 100
언론 탄압 102
언론검열 102, 103
언론관계법 163
언론윤리위원회 법 102
언론자본검열 103
언론정책 요강 208
언론통제 102
언커크 보고서 100
엄상섭 56, 72
엘리트주의 74
여순사건 40, 42, 45, 47, 50, 93, 155
연방국가 147
연방제 138, 147
연성권력 25
연좌제 112, 248
연평도사태 205
연평도포격 30, 271
열국체제 15
열린우리당 163
염북의식 283, 293
영화검열 103
영화법 101
예방혁명 21
예비검속법 238
예술적 표현의 자유 184
예외상태 93
예측가능성 183
오적 사건 104
외교정책 142
외국인 투자기업의 노동조합 및 노동쟁의에 관한 임시특례법 113
외환죄 162, 186
우리민족제일주의 147
우리식사회주의 147
우리의 교육지표사건 120
운용적 군비통제 285
울진·삼척 무장공비 침투사건 95
원풍모방 114
위수령 93, 94
위축적 효과(chilling effect) 185
위헌무효 184
위화의 효과 197
유교자본주의론 88
유신반대투쟁 119
유신체제 26, 105, 108, 122
유신헌법 89, 97, 166
유엔조선임시위원단(UNTCOK) 55
유정회 121
음벰베 111
의료보험법 118
의료보호법 118
의회제도 187
의회주의 74
이구수 71
이만희 103
이명박 정권 221
이명박 정부 215, 217, 220, 271, 297
이문영 120
이문원 71
이승만 정부 238
이우정 120
이장희 교수사건 197
이적단체 172, 180
이적단체구성죄 181

이중예방 182
인과성 192
인민공화국 53
인민위원회 236
인민혁명당사건 166
인심혹란죄 160
인정과 공존 278
인혁당재건위사건 166
일반예방론 197
일심회 157, 199
일제 강점기 234

[ㅈ]

자기검열효과 183, 195
자유당 156
자유민주적 기본질서 156, 162, 168, 187
자유민주주의 29, 87, 188
자유신문 257
자유주의 통치성(liberal governmentality) 14
자의성 195
자주국방 109, 120
작은 사람들(kleine Leute) 228
잠입·탈출죄 198
장명순 244, 266
장준하 98
장택상 56
재냉전의 시대 223
재래식무기감축협상(CFE) 137
재분배정책 189
적극적 평화(positive peace) 287, 289
적대성 178
적대적 공존 105
적대적 타자화 210
적색농조운동 244
적화통일론 177
전국언론노동조합 218
전두환정부 133
전략핵무기감축협상(START) 137
전체주의 280, 283
접적(接敵)지구 263, 266
정경분리 원칙 138, 277
정국은사건 50
정권유지법 161
정당정치 75
정보독점 142
정보수집죄 160
정부통제 101
정신문화연구원 육성법 105
정전협정 285
정치민주화 23
정치적 표현의 자유 184
정치행위자 143
정현정 234, 266
제2의 물결(New Wave) 228
제2차 인혁당 사건 98
제3세계 정체성 87
제7대 국회의원 선거 95
제국주의 19
제도적 민주주의 38
제주4·3사건 40, 41, 47, 50
제헌국회의원 선거 49
제헌헌법 48
젠킨스 88
조국근대화 22, 26, 124
조국통일 3대원칙 151
조국평화통일위원회 147

조병옥 40, 52, 53, 59, 60
조봉암 56, 59
조봉암사건 50
조산농민조합 244
조선민족제일주의 148
조선방직사건 50
조선사상범보호관찰령 110
조선일보 강제해직사건 103
조선일보 광고탄압사건 103
조소앙 57
조재천 52
조직적 동원 93
종교적 표현의 자유 184
종북좌파 168
종속이론 88
종속적 발전론 88
종속적 자본주의 26
좌우합작 69
좌익단체 159
죄형법정주의 161, 179, 190
죄형원칙 180
주권재민 48
주민등록법 115
주변부정체성 88
주사파 191
주체사상 191
주체사상총서 148
주한미군 138, 149, 285, 289
중앙정보부 102
중앙학도호국단 120
지구화 14, 27
지도교수제 119
지역패권주의 123
진보진영 157
진보집단 169
진실화해를위한정리위원회 99
집단적 획일주의 297
집단주의 274, 282
집시법(집회 및 시위에 관한 법률) 112
집회결사의 자유 101

[ㅊ]

찬양고무죄 172, 184
참여정부 157, 163
참전유공자 264, 266
창조지 필화사건 103
천안함사태 205, 217, 223, 271, 297
철산청년회 256
청계피복노조 114
청우회사건 103
체제경쟁 106
체제생존전략 139
체제인정 292
초과개념 186
초토화작전 41, 66
총동원체제 105, 108
총력안보 108, 109, 120, 274, 297
총리급 회담 276
총화단결 109, 274
최경록 65
최능진 50
최보경 교사사건 199
최소민주주의 87
최천 40, 52, 59
최태규 71
출판검열제 101
출판사 및 인쇄소의 등록에 관한 법률 101

치안대 261
치안유지법 110, 155, 161
치안정책연구소 165
친교의 자유 174
친일반민족행위 236
친일파 55, 70

[ㅌ]

탄성외교 138
탈냉전시대 205, 278
탈냉전체제 221
탈북단체 217
탈정치화 232
텍스트 검열 104
통신비밀보호법상 170
통신의 자유 174
통일국회 150
통일담론 149
통일민주공화국 150
통일방송국 221
통일운동 28, 132, 140
통일정부 150
통일주체국민회의 92, 97, 123
통일채널 221
통일헌법 150
통치(governing) 14
통치성 13, 117
팀스피리트 훈련 135

[ㅍ]

파시즘독재 232
판 옵티콘 170
페레스트로이카 136
편의성 195
평화공존 106, 278
평화교육 228
평화민주론 294, 296
평화성 178
평화애호국(peace-loving state) 171
평화체제 15, 171, 172, 282
평화협정 172, 285, 289
포고 1호 93
포괄성 173
포섭의 원리 116
포용정책 284
포이케르트 231
폭압론 89
표현의 자유 101, 162, 170, 174, 184, 268, 272
푸에블로호 피납사건 95
푸코 111
풍기단속 104
풍속통제 104
피관리 대중단체 116
피쉬그룬트 66
피포위의식(under-siege) 292
피학살유족 232
필화사건 104

[ㅎ]

하우스만(James Hausman) 42
하지 237
학도호국단 119
학문의 자유 170
학생운동의 시대 118

학술표현의 자유 184
학원방위단 95
한국노동조합 총연맹 113
한국사회의 이해사건 197
한국적 민주주의 26
한국전쟁 15, 93, 107, 108, 117, 216, 229, 232, 241, 254, 258
한미관계 14, 17, 19, 25, 26, 30
한미군사동맹 15, 30
한미동맹 14, 285, 289
한미상호방위조약 29
한미합동 군사훈련 30
한민당 53, 69
한민족공동체 통일방안 134, 150
한반도 평화체제 272, 279, 280, 281, 284, 285
한반도적 시간 107
한센병 110
한소수교 138
한소정상회담 136
한일수교 106
한일협정 반대투쟁 119
한일회담 94, 107
한일회담반대
한정합헌결정 162
한중수교 138
함상훈 57
함흥형무소 246
항구적 평화(durable peace) 287, 290
해안초소 및 해안취약지구 263
핵통제공동위원회 134
햇볕정책 218, 221, 271, 277
향도 자치대 261
향토예비군 설치법 115
허담 147
허정 52
헌법기관 186
헌법기본질서 186
헌법재판소 162
헤게모니 균열론 90
헬싱키프로세스 228
혁명공약 6장 93
혁신계 111
현대성 18
현대적 주체성 18
현재성 194
현존성 192, 193
형사사법권 165
형식적 민주주의 39, 75
홀로코스트 228
홍제리 학살 사건 73
화해공동위원회 134
화해협력 276, 281, 285, 293
회색지대 232
획일주의 282, 283
후계자론 283
후계체제 147
후진국 정체성 87
후진국·근대화 담론 87
휴교령 97
휴업령 95
흡수통일 28, 277

[기타]

10·4남북정상선언 277
10월 유신 91, 97
1·4후퇴 239
2·13합의 277

2 · 4 파동 156
2차 남북정상회담 277
2차 북핵 위기 277, 281
3 · 1만세운동 251
3 · 1운동 118
3대 세습 283
3선개헌 91, 95, 119, 166
4 · 19혁명 160
4 · 24공동선언 146
4 · 26총선 149
4월혁명 85, 87, 93
5 · 16쿠데타 83, 85, 156
5 · 16혁명공약 208
6 · 15남북정상회담 204, 211, 216, 221, 223
6 · 29선언 132
6 · 2지방선거 219
6월항쟁 132, 139, 144, 203
7 · 4남북공동성명 97, 151, 171, 178, 216
7 · 7선언 133, 138, 276
87년 체제 161
88서울올림픽 151
9 · 28수복 258
DJ납치사건 103
INF 협정 137
KBS 218, 219
ML당 72
NLL 288
UN남북한 동시가입 178
UN인권이사회 194
UN한국임시위원단 178
YH노조 114

저자소개

정일준 | 고려대 사회학과
김득중 | 국사편찬위원회
정근식 | 서울대 사회학과
전재성 | 서울대 정치외교학부
한상희 | 건국대 법학과
이창현 | 국민대 언론정보학부
김귀옥 | 한성대 교양학부
김근식 | 경남대 정치외교학과